道路交通安全主动预警与智能化管控

吴明先 张志伟 单东辉·著

MONITORING AND WARNING OF
DANGEROUS TRAFFIC BEHAVIOR ON
ORDINARY HIGHWAY

普通公路不良交通行为监测及预警预报技术

上海科学技术出版社

图书在版编目（CIP）数据

普通公路不良交通行为监测及预警预报技术 / 吴明先，张志伟，单东辉著. -- 上海 : 上海科学技术出版社，2023.1
（道路交通安全主动预警与智能化管控）
ISBN 978-7-5478-5913-1

Ⅰ. ①普… Ⅱ. ①吴… ②张… ③单… Ⅲ. ①公路运输－交通运输管理－预警系统 Ⅳ. ①U491

中国版本图书馆CIP数据核字（2022）第233267号

普通公路不良交通行为监测及预警预报技术
吴明先　张志伟　单东辉　著

上海世纪出版（集团）有限公司 出版、发行
上海 科 学 技 术 出 版 社
（上海市闵行区号景路159弄A座9F－10F）
邮政编码 201101　www.sstp.cn
上海盛通时代印刷有限公司印刷
开本 787×1092　1/16　印张 18.5
字数 320 千字
2023年1月第1版　2023年1月第1次印刷
ISBN 978-7-5478-5913-1/U·134
定价：110.00 元

本书如有缺页、错装或坏损等严重质量问题，请向印刷厂联系调换

内容提要

本书针对普通公路交通安全特点,结合人工智能分析、海量数据传输等新技术,介绍了不良交通行为特征及参数表达、交通行为立体监测及布设方法、交通行为监测数据传输、交通行为特征提取与不良交通行为识别、交通安全风险预警预报架构体系等内容,并在交通安全决策方面注重前沿性、科学性、实践性、可复制性和可推广性。最后,还介绍了道路交通行为立体监测与预警预报系统在云南、陕西、江苏等地开展的示范工程应用。本书是根据"十三五"国家重点研发计划项目"道路交通安全主动防控技术及系统集成"的子课题研究成果总结而成,以期为普通公路交通安全提供新的思路和探索,为国省干线公路安全管控提供新的范式。

本书读者对象为交通工程、智能交通、交通安全等方向相关技术的研究人员。

丛书序

安全,是交通的永恒主题。近 20 年来,随着智慧公路、自动驾驶、车联网、车路协同等技术的兴起,主动安全防控也成为道路交通研究的重点方向之一,旨在通过车载、路侧设备实时检测不良驾驶行为与交通风险,对驾驶员进行主动预警与干预,从而避免交通事故发生。这对降低我国交通事故发生率、维护交通运输行业安全运营具有重大意义。

我国交通安全状况总体上处于事故稳中有降阶段,而美、日、德等发达国家已处于事故全面控制阶段。主动安全防控系统涉及交通参与者行为、车辆运行状况、道路状况等交通安全组成要素,涉及面广,内容复杂。与发达国家相比,我国在道路交通安全主动防控研究方面还有一定的差距,缺乏关键技术的突破、必要的分析平台和特殊的监测手段。特别是在适合中国国情的主动安全防控系统基础理论与应用技术研究方面,存在着明显的短板。

本丛书基于"十三五"国家重点研发计划项目"道路交通安全主动防控技术及系统集成"的研究成果,全面介绍了面向人、车、路的点、线、面相结合的综合防控干预成套理论与技术体系,包括驾驶行为谱表征方法、车辆运行安全隐患在线评估与预警方法、无线激光/微波混合传输技术等一系列覆盖城市道路和等级公路的交通安全综合主动防控体系关键技术与方法,具有前沿性和引领性。丛书兼顾交通安全主动防控的理论与应用,对交通数据采集、驾驶行为建模、人工智能辨识、道路风险评估、车辆主动安全等诸多方面都进行了深入的论述,并给出了具体的研究案例,具有科学性和实用性。这些内容,对相关从业者具有一定的参考借鉴价值。

丛书编写团队聚集了我国一批优秀的交通安全研究工作者与工程应用专家，他们为我国交通事业的发展，特别是道路交通安全主动防控技术的研发和应用付出了辛勤的努力。这套丛书，就是他们创新性研发成果的生动展现。开卷有益，希望本丛书的出版，能为致力于道路交通安全主动防控工作的各位学生、教师、科研人员及工程技术人员提供一个入门的指导和有力的工具，共同促进未来我国道路交通安全主动防控技术向高效、精准、全方位服务方向健康发展，并通过一批重大科技成果、设备和装备的研发，孵化出与之相适应的新型产业体系，为我国道路交通安全水平的提升和建设人民满意、保障有力、世界前列的交通强国做出积极贡献。

2022 年 9 月 14 日

周伟：教授，交通运输部原总工程师、交通运输部专家委员会主任委员。

前　言

截至 2020 年年底,中国公路里程达到 519.81 万 km,是名副其实的"交通大国"。2019 年和 2021 年,中共中央、国务院先后印发《交通强国建设纲要》《国家综合立体交通网规划纲要》,提出到 2035 年基本建成"交通强国",开启了加快建设交通强国的新征程。国家数据统计资料显示,截至 2020 年年底我国道路交通事故死亡人数为 61 703 人,万车死亡率为 2.5,交通事故总量依然大、形势依然严峻,与发达国家仍存在较大差距;以上数据客观地反映了现阶段我国"交通大国"与"交通强国"之间的矛盾,说明了平安交通建设仍然任重而道远。

普通公路是交通运输系统的重要组成部分,具有连接运输大动脉、完善路网通达性的重要功能;同时,还具有道路设施开放、交通组成混合多元、机非冲突严重、不良交通行为显著等特点,其交通安全防控难度大、交通事故规模占比较高。数据统计资料显示,截至 2020 年全国国省道里程仅占公路总里程的 15%,而事故数量、死亡人数却分别占公路总量的 47% 和 50%;其中,国省道事故死亡人数占全国事故死亡人数的 34%,百公里事故数达公路平均水平的 3 倍以上。由此可见,普通公路运营安全管控压力依然巨大,如何有效提升普通公路交通安全水平成为交通强国建设亟须解决的客观问题。

本书根据"十三五"国家重点研发计划项目"道路交通安全主动防控技术及系统集成"的子课题研究成果总结而成。该课题针对普通公路交通安全特点,开展了交通行为立体监测及布设方法、交通行为监测数据传输、交通行为特征提取与不良交通行为识别、交通安全风险预警预报等关键技术研究,并在云南、陕西、江苏等地开展了工程应用及示范,实现了典型路段交通监测全覆盖、不良交通行为高准确提取、交通安全风险前端闭环主动预警预报。本书对交通行为监测、人工智能应用、系统装备研发、示范应用等成果进行了归纳和梳理,以期为普通公路交通安全提供新的范式。

本书共分为8章,第1章总体介绍本书背景、国内外研究现状、主要内容和技术路线、成果应用等内容;第2章介绍普通公路不良交通行为的表现形式和参数化表达方法;第3章介绍交通行为立体监测技术及设备布设方法;第4章介绍交通监测数据信息传输方式和网络架构;第5章介绍不良交通行为视频智能化提取技术;第6章介绍普通公路不良交通行为预警预报系统;第7章介绍示范工程应用;第8章介绍创新成果的应用前景。

全书由吴明先主持撰写完成。张志伟、单东辉、张雪涛、马小龙、邓涵月等所做相关研究为本书提供了很大支持,周伟、郑南宁、邓中亮等对本书提出了许多宝贵的意见和建议,在此一并表示感谢。

感谢国家出版基金给予的支持,感谢上海科学技术出版社的专业出版。限于作者水平,书中难免有不足和错误之处,恳请读者予以批评指正。

作 者

2022 年 9 月

目 录

第 1 章 绪论

1.1 交通行为监测技术发展现状 _3
 1.1.1 交通检测器布设方法 _3
 1.1.2 交通行为海量数据传输网络技术 _10
 1.1.3 基于视频的不良交通行为识别技术 _18
 1.1.4 交通安全风险预警预报技术 _30

1.2 主要研究内容及技术路线 _32
 1.2.1 主要研究内容 _32
 1.2.2 技术路线 _34

第 2 章 不良交通行为特征及参数表达

2.1 普通公路交通安全特征分析 _39
 2.1.1 普通公路交通事故特征分析 _39
 2.1.2 普通公路交通风险要素分析 _48
 2.1.3 普通公路交通安全原因分析 _49

2.2 普通公路不良交通行为分类 _53

2.3 普通公路交通行为参数化表达 _55
 2.3.1 交通行为的参数化描述方法 _55
 2.3.2 普通公路交通行为参数表达方法 _56

第 3 章 交通行为立体监测技术与设备布设方法

3.1 交通信息监测及获取方式 _65
    3.1.1 基于传感器的交通监测 _65
    3.1.2 基于射频的交通监测 _68
    3.1.3 基于视频的交通监测 _69
    3.1.4 基于空间定位的交通监测 _71
    3.1.5 无人机在交通监测中的应用 _72
3.2 路网交通监测设备布设方法 _74
    3.2.1 路网交通监测问题 _75
    3.2.2 路网单一类型监测设备优化布设模型 _79
    3.2.3 路网多类型监测设备组合优化布设模型 _81
3.3 路段交通监测设备优化布设方法 _83
    3.3.1 路段交通监测设备布设问题 _84
    3.3.2 路段交通监测设备布设模型 _85
3.4 节点交通监测设备布设方法 _90
    3.4.1 节点交通监测常用方法 _90
    3.4.2 交通行为节点监测试验 _93
    3.4.3 交通行为节点监测试验结论 _107

第 4 章 交通信息数据传输技术及网络构建方法

4.1 交通信息数据传输技术 _111
    4.1.1 光纤传输 _112
    4.1.2 无线激光传输 _114
    4.1.3 微波传输 _118

4.1.4　4G/5G 移动通信 _119
4.2　交通行为信息获取和传输网络基本结构 _122
4.3　交通行为信息获取网络传输优化方法 _125
　　4.3.1　影响传输效率的主要因素 _125
　　4.3.2　多源异构数据获取网络传输优化方法 _126
　　4.3.3　实例与分析 _134
4.4　交通行为海量数据长距离无线传输网络布设方法 _136
　　4.4.1　不同环境条件对无线传输通信链路的影响特征 _137
　　4.4.2　无线传输骨干节点合理设置间距 _150

第 5 章　基于视频的不良交通行为识别与提取技术

5.1　基于深度学习的车辆检测技术 _157
　　5.1.1　车辆检测数据集构建 _158
　　5.1.2　基于深度学习的车辆检测方法 _165
　　5.1.3　跨摄像头车辆多目标跟踪 _170
5.2　交通行为特征提取与不良交通行为识别方法 _179
　　5.2.1　数据预处理 _179
　　5.2.2　车辆交通参数提取方法 _186
　　5.2.3　车辆不良交通行为检测方法 _189
5.3　基于多尺度卷积网络的驾驶员姿态估计 _195
　　5.3.1　基于多尺度卷积操作的模型设计与分析 _195
　　5.3.2　驾驶员姿态检测的详细设计与实现 _197
　　5.3.3　数据采集模块的设计与实现 _204
　　5.3.4　动作识别模块的设计与实现 _204
　　5.3.5　车载系统实现 _205
　　5.3.6　车载系统测试 _208

第6章 普通公路不良交通行为预警预报系统

6.1 新型视线诱导系统 _213
    6.1.1 系统架构 _213
    6.1.2 系统功能 _214
    6.1.3 典型场景布设方案 _215

6.2 雷达全域感知预警系统 _216
    6.2.1 系统架构 _216
    6.2.2 系统功能 _216
    6.2.3 典型场景布设方案 _217

6.3 雷达视频融合感知与主动安全防控系统 _218
    6.3.1 系统架构 _218
    6.3.2 系统功能 _219
    6.3.3 典型场景布设方案 _224

6.4 不良交通行为监测及发布系统 _225
    6.4.1 系统架构 _225
    6.4.2 系统功能 _226
    6.4.3 典型场景布设方案 _226

第7章 示范工程应用

7.1 示范工程概况 _229

7.2 示范工程方案 _230
    7.2.1 示范内容 _230
    7.2.2 总体布局 _231
    7.2.3 分项设计方案 _233

  7.3 示范工程建设 _247
    7.3.1 前期调研 _247
    7.3.2 外场设备施工、安装和调试过程 _248
    7.3.3 交通行为监测系统测试 _251
  7.4 示范效果评估 _260
    7.4.1 评估方法 _260
    7.4.2 试验测试结果 _261

第 8 章 创新成果及前景效益

  8.1 科技成果与创新 _269
  8.2 应用前景与效益 _269

参考文献

第 1 章 绪 论

随着感知技术、通信技术和计算机技术的发展,利用科技手段缓解交通安全问题,已成为效益比较优的管控策略之一。普通公路交通事故形式主要为机非冲突碰撞、行人碰撞等。沿线村镇密集、接入口较多、超速行驶、行人不良交通行为突出等是普通公路的共性特点,也是导致交通事故频发的主要原因。因此,为了提升普通公路交通安全水平,国家重点研发计划项目"道路交通安全主动防控技术及系统集成",通过研究交通行为监测传感器布设方法、交通行为立体监测与数据传输、交通行为特征提取与不良交通行为识别、交通安全风险预警预报等关键技术,开展不良交通行为监测和交通安全主动防控示范应用,实现主线全天候、实时交通运行状态全息感知,实现主路、支路交通风险及隐患预警,为普通公路智慧化管控提供高精度的感知单元、智能的前端闭环决策系统,以期促进被动安全向主动安全转变,以点带面为普通公路交通安全提供新的范式。

1.1 交通行为监测技术发展现状

1.1.1 交通检测器布设方法

国内外许多学者致力于研究检测器优化布设问题,以达到用最少的检测器获得最全面、最精确的交通信息。对于检测器位置优化问题,依据检测器应用背景和获取交通参数服务对象,可分为路网、路段、节点三个层面,其实质是获取交通参数在宏观、中观、微观层面的应用。本书主要根据已有研究和应用层面,从路网、路段、节点(即点、线、面)三个层次梳理交通检测器布设方法的研究成果。

1.1.1.1 路网交通监测设备优化布设方法

路网监测数据的实时、全面获取是路网运行状态评估的基础,也是交通管理部门宏观管控、调度、诱导路网交通流的关键。路网交通监测设备布设,宏观层面主要用于观测路网交通流(路径流、路段流、OD)。随着交通检测技术、计算机技术和通信技术的发展,如何在路网中布设不同类型的交通监测设备,已成为交通监测领域热点研究的问题。

1) 国外研究现状

Gentili 和 Mirchandani(2012)对路网监测设备布设问题进行了详细的综述,并将路网检测器布设问题划分为两类:监测设备位置的交通流观测问题和检测器设备位置的交通流估计问题。监测设备位置的交通流观测问题是指:如何在路网中布设有限的监测设备使得路网交通流能够实时监测,这里又分为监测部分交通流和监测全部交通流两个子问题。检测器设备位置的交通流估计问题是指:如何在路网中布设交通监测设备,才能更好地根据先验信息估计路网整体交通流状态。

Castillo 等(2015)进一步总结了路网监测设备布设问题,考虑不同的约束条件和目标函数,进一步将此问题划分为:交通流观测问题、交通流估计问题和交通流预测问题。

根据文献梳理,目前路网传感器位置问题主要划分如图 1-1 所示。

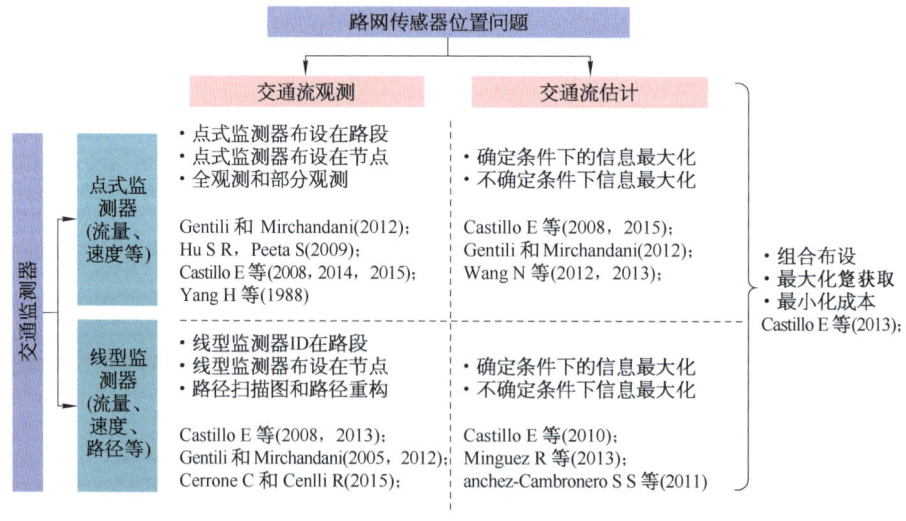

图 1-1 路网传感器位置问题的分类及相关文献

如图1-1所示,针对两种不同类型的交通监测设备布设问题,根据研究目的不同(观测、估计),目前已有不同的相关研究备受关注;但在最小化监测成本条件下,组合布设不同类型监测设备以获取交通信息最大化问题,目前研究相对较少。

针对上述分类问题模型和算法求解方面,Castillo E 等(2013)通过实例研究和矩阵公式变换,证明了在路径流量非独立的条件下,依靠点式监测设备提取全路网的路径流是不可能的。

Castillo E 等(2008,2010,2014,2015)对路网传感器位置的交通流观测问题,提出了系列数学模型和算法,模型方法包括图论、矩阵工具等,算法包括贪婪算法、禁忌算法等。

Cerrone C, Cerulli R 和 Gentili M(2015)针对车辆自动识别设备布设问题,通过增加时间序列先后顺寻约束,建立了路网车辆路径重构的规划模型,并提出了对应求解的贪婪算法和禁忌算法。

Klein L A(2017)以路网交通流观测为目标,分别分析了点式监测设备和线型监测设备的成本效益问题,提出了路网优化组合设备布设的原则和策略。

2) 国内研究现状

国内许多学者致力于研究检测器优化布设问题,以达到用最少的检测器获得最全面、最精确的交通信息。

杨海、周晶等提出了以 OD 估算为目的的检测器位置优化四原则。原则一(OD 覆盖原则):在任何一个 OD 对之间至少有一个路径需要安装检测器。如果某一 OD 对没有一个路径被观测到,则无法获得该 OD 对的流量信息;原则二(最大流量部分规则):对于一个特定的 OD 对,应该把检测器安装到能够覆盖尽可能多的流量的道路上;原则三(最大拦截流量规则):在给定检测器数量的情况下,应该把检测器安装到能覆盖尽可能多的流量的道路上;原则四(道路独立规则):在交通网络上,安装了检测器的道路应该是相互线性独立的。对于如上所述的四个规则,杨海在论文中都提出了相应的数学模型,该论文提出的四个规则在检测器优化领域有着广泛而深远的影响。

东南大学柴干教授提出了高速公路路网交通检测器的三级布设准则。王谷、过秀成等人在分析数据层次性需求的基础上,研究符合采集点布设实际需要的高速公路信息采集点的分级布局策略。一级采集点主要布设在重要路段,用来推算整体/局部路网的 OD 量,为路网交通调度提供依据;二级采集点需要与一级采集点协调布设,主要是为了满足道路交通状态估计的要求;在此基础上,在各路段上以 1~2 km 为间距对布设点进行加密,形成三级布设点,用来提供路段交通运行信息和交通事件检测。

张墨逸、曹洁、牛建强等以图论为基础,提出了基于图论与矩阵论的交通检测器布设新方法;邵敏华、孙立军、邵显智等基于路网节点转弯比例,提出了路网检测器布设的模型和算法;孙智源、陆化普在大数据背景下,考虑系统成本、多源数据共享、数据需求、检测器故障、道路基础设施和检测器类型等因素,构建了交通检测器布置的影响因素集。综合分析各个影响因素,提出了由最小系统成本优化、最大截断流优化、最小包含路径优化和 OD 覆盖约束构成的多目标优化模型,并提出了基于遗传算法的宽容分层序列法求解模型。

综上所述,路网检测器选址问题(network sensor location problem,NSLP)是目前路网监测研究的热点,路网交通检测器的布设方法主要包括基于 OD 估计的布设方法、流量相似性分析方法和图论法等;但是,目前大多研究集中在单一类型监测设备位置优化问题,在多种类型监测设备组合优化布设方面,国内外研究成果还相对较少。

1.1.1.2 路段交通监测设备优化布设方法

路段交通监测设备优化布设主要是为了提高路段管理和应急响应能力,针对布设位置的选择,可基于事件检测或行程时间估计来综合考虑路段监测设备选址问题。其实质是中观层面道路管控数据支撑的需求,通过不同的目标函数,确定路段布设监测设备的间距、密度和位置等方法。

1) 国外研究现状

1979 年,美国联邦高速公路管理局提出了根据高速公路事件检测算法来确定检测器布设位置和布设间距的指导方针,其考虑道路的几何线型、安装成本以及事故检测算法的性能,平衡各种检测器布设费用和效益,以此求得最优的布设间距。研究结果表明:当检测器间距低于 1 000 ft(304.8 m)(1 ft = 0.304 8 m)时,检测器的效益将不会或很少增加;当检测器间距超过 2 500 ft(762 m)时,检测器获得的数据精度及完整性会有所欠缺;当检测器间距在 1 000 ft(308.4 m)~2 500 ft(762 m)之间时,任选一点都符合最低要求,但需要考虑成本和效益的权衡问题。

Edara 等利用经验法,如基于基因算法的混合整数规划最小化行程时间估计误差和预测误差,来研究检测器的最优布设间距。Edara 等发现检测器的最优位置随交通状况和道路几何条件的变化而变化,在拥堵区域以及近入口匝道的交织区域,特别是加速车道较短区域,交通检测器的布设密度较高。Ban 等提出了利用动态规划模型来确定高速公路交通检测器的最优布设位置,并利用最短路算法求解该模型。通过最小化高速公路的路段估计行程时间与实际行程时间的误差,来确定最优的检测器布设方案。研究结果表明,交通拥挤路段需要布设大量的检测器,而自由流路段仅需要布设少量的检测器(一般布设一个就足够了)。

Sherali 等提出用线性混合整数规划模型和分支定界算法来确定自动车辆识别(automatic vehicle identification, AVI)探测器的最优位置,以便获得精确的路段行程时间。Bartin 等提出了利用时空离散模型和聚类分析方法来确定检测器的最优布设位置,以获得精确的路段行程时间估计和预测。Bertini 等通过改变路段上检测器的数量,来求得路段行程时间的最大和最小估计误差,进而求出行程时间的惩罚值,通过最小化总惩罚误差来求出交通检测器的最优布设密度。

Henry X. Liub 等构建了以环形线圈检测器在瓶颈路段的采集效益(即一段时间内平均速度在两个相邻检测器间的变化)最大化为优化目标,以费用和间距为约束的高速公路信息采集点布设模型,并认为只有信息采集点布设在路网中适当的位置上才能准确反映交通运行的效果。但由于费用的约束,信息检测点并不能布满整个路网,因此,需要确定检测器布设的数量和位置,以满足交通运行数据的需求。该文献发现交通延误主要是路段交通瓶颈导致的,将信息采集点布设在这些交通复杂的瓶颈路段有助于保证道路交通运行分析的精度。该研究以环形线圈为研究对象,通过优化道路信息采集点的布设来准确地反映交通运行状况。

2) 国内研究现状

长安大学王静考虑到事件检测效果与检测器的布设成本之间存在一定的合理值,便利用仿真平台模拟多种间距布设方案,并将获得的检测点处的数据进行分类、整理,代入事件检测算法中,求出事件检测灵敏度最高的布设间距,综合检测器成本选取性价比较高的布设方案。

东南大学罗时春通过仿真实验分析了交通事件自动检测算法的性能与检测器布设间距之间的关系,参考高速公路服务水平等级,设置四种不同服务流量下的交通事件,并设置多种检测器的布设方案,从而确定了在各种高速公路服务水平条件下,算法性能与检测器布设间距的关系。

东南大学刘政威在其硕士论文中提出了考虑事件检测性能指标和布设成本约束下的交通检测器布设方法。该论文分别利用车流波动理论以及信号采样理论估算出固定式交通检测器的合理布设间距;利用 VISSIM 仿真软件模拟高速公路上的交通事件来获取仿真数据;基于 BP 神经网络算法,利用 MATLAB 编程对交通事件自动检测模型进行训练和检验,得到不同检测器布设间距下事件检测算法的性能指标;从而确定交通检测器的合理布设间距。

张萌萌等运用一种基于偏差阈值(有无事件发生情况下的交通参数的偏差)的交通事件检测算法,选取了 200 m、400 m 和 600 m 三种间距布设交通检测器,利用 VISSIM 仿真软件进行仿真验证,通过分析有无事件情况下交通参数的变化趋势,确定高速公路检测器最优布设间距。

长安大学杨梅在其硕士论文中介绍了结合环形线圈检测器和视频检测器对高速公路的交通事件进行检测。该论文以交通事故自动检测算法的精确性和检测参数的质量关系作为布设目标,通过 TransModeler 仿真工具和单截面、双截面算法确定线圈检测器的布设间距;通过 BP 神经网络融合线圈和视频检测器采集的两种类型的数据,对交通事件进行检测。结果表明,检测器布设间距为 500 m 的情况下,线圈检测器和视频检测器的检测率低、误判率高,使用融合检测算法的事故检测率比使用单个检测器的检测率有所提高,误判降低。

吉林大学姜桂艳教授研究了固定交通检测器优化布设的方法,即预先给定若干种检测器的等间距布设方案,使用交通仿真工具获得路段交通信息,利用速度数据对路段行程时间进行估计,通过与实际行程时间对比,选取符合预测精度要求的布设方案。该文献的研究结果表明:检测器布设间隔为 500 m 时,能够满足交通管理系统对动态交通信息的精度要求;检测器布设间隔为 700 m 时,既能够满足行程时间估计误差在 5% 以内的要求,又可以减少检测器的布设数量,该方案最为合理;当检测器布设间距为 1 000 m 时,行程时间估计误差值在 10% 以上。

储浩研究了基于行程时间估计的检测器布设密度最优的方法,他指出检测器布设越密,计算的行程时间越接近真实行程时间,但是检测器布设密度存在一个合理值。从合理投资和行程时间估计精度的角度出发,并不是检测器布设密度越大数据获取效果越好,而是存在一个合理范围。

综上所述,路段交通监测设备布设方法主要包括时空单元法、基于行程时间估计和车辆轨迹重构等;但以上方法均停留在研究层面,实际应用过程还是以经验为主,缺乏系统的路段交通监测设备布设原则、方法等理论支撑,就会导致局部关键路段未能覆盖或重复设置等问题。

1.1.1.3 节点交通监测设备优化布设方法

城市交通拥堵、道路交通事故频发等交通问题,大多是交叉路口(交叉口)通行能力不足、情况复杂等造成的。根据美国得克萨斯有关学者的研究,虽然交叉口仅占公路网的很小一部分,但是交叉口碰撞事故占到车辆碰撞事故的25%~45%。美国加州伯克利大学研究表明,在交通事故中约40%的碰撞事故、50%的严重碰撞事故,以及20%的致命事故发生在交叉口。还有研究表明:90%以上的交通事故是由人的驾驶行为导致的。因此,交叉口的交通行为监测预警是提高交通安全水平的重要途径,而监测预警的效果在很大程度上依赖于交叉口监测设备的布设和可靠性。

智能交通设备的广泛布设为此类方法提供了条件。Chen 等基于浮动车数据提出了交通网格模型,标定交叉口各向延误总和、平均行驶速度等以表征交叉口运行状态;SeJoon 等基于蓝牙数据估计车辆行程时间实现交叉口运行评价;Almohanna 基于可自动定位和乘客计数的公共交通工具提出了估计平均延误以及排队长度的方法,可标定低效交叉口;刘磊等以低频定点检测器采集流量、占有率和速度,结合交叉口离线信号配时方案,以路段平均行程速度为标签变量,提出了基于分类回归树模型的交叉口状态估计方法。

对比其他检测方式,视频数据信息量大、可溯源,随着图像识别技术发展与终端产品成本下降,城市核心区域交叉口视频采集设备覆盖率已达到较高水平,这引起国内外学者的关注。张惠玲等提出了基于视频双截面的交叉口延误检测方法。Zheng 等采用视频图像处理器配合特定系统提出观测排队长度和延误的方法,以仿真验证了该方法的可靠性。郑来等基于计算机视觉构建信号交叉口排队车辆静态间距测算模型。曹倩霞等提出了一种融合背景差分、块级帧间差分等视频图像处理技术的方法以检测排队车辆,进而获得延误、停车次数等参数,能较好地满足交叉口运行性能评价需要。

以上研究都实现了利用视频数据获取交叉口运行关键指标并可关联交叉口效率评价,但对视频设备布设条件或图像分析处理技术依赖较强,应用于多交叉口大规模路网时对算力要求高,实时性难以保证;环境变化可能影响图像清晰度导致算法精度下降;仅检测排队长度、车速和流量等基础交通参数,对交通行为参数提取的研究较少。

综上所述,节点交通监测主要围绕排队长度、行程时间和车辆轨迹提取等方面,而交通行为参数提取的节点监测研究较少;且实际应用过程中监测设备布设以经验为主,缺乏交通行为监测相应布设方法和原则的研究支撑。

1.1.2 交通行为海量数据传输网络技术

1.1.2.1 海量交通信息传输技术

国内外交通数据传输目前采用电缆传输、光纤传输和微波传输的方式,激光传输还未开展应用。电缆传输和光纤传输属于有线传输,微波传输和激光传输属于无线传输。

有线传输一般受干扰较小,可靠性、保密性强,但有线传输方式建设费用大;故障发生时,需要检查沿途有线通信链路的维护情况,通常很难找到故障点;用户设置通信网络后,由于系统的需求,通常会添加新设备,如使用有线传输则可能需要重新布线。

无线传输的优点是综合成本低,性能更稳定。无线传输只需一次性投资,无须挖沟埋管,特别适合室外距离较远及已装修好的场合。在许多情况下,用户往往由于受到地理环境和工作内容的限制,例如山地、港口和开阔地等特殊地理环境,会给有线网络、有线传输的布线工程带来极大的不便,若采用有线传输,其施工周期将很长,甚至根本无法实现。而采用无线监控则可以摆脱线缆的束缚,不仅安装周期短、维护方便、扩容能力强,可以迅速收回成本,而且组网灵活、可扩展性好、即插即用。管理人员可以迅速将新的无线监控点加入现有网络中,不需要为新建传输铺设网络、增加设备,从而轻而易举地实现远程无线监控。无线监控的维护费用低,其维护由网络提供商维护,前端设备是即插即用、免维护系统。无线监控系统是监控和无线传输技术的结合,它可以将不同地点的现场信息实时通过无线通信手段传送到无线监控中心,并且自动形成视频数据库以便于日后检索。在无线监控系统中,无线监控中心可以实时得到被监控点的视频信息,并且该视频信息是连续的、清晰的。在无线监控点,通常使用摄像头对现场情况进行实时采集,摄像头通过无线视频传输设备相连,并通过无线电波将数据信号发送到监控中心。采用微波传输,频段在 1 GHz 以上,传输环境是开放的空间,如果在大城市使用,无线电波比较复杂,容易受外界电磁干扰。微波信号为直线传输,中间不能有山体、建筑物遮挡;如果有障碍物,需要加中继解决,Ku 波段受天气影响较为严重,尤其是雨雪天气时,波段会有比较严重的雨衰现象。采用激光传输,其特点是高带宽容量,重量轻、体积小,而且激光通信不受电磁频谱限制,占用的资源非常少。光通信载波频率可以比一般的微波高三个数量级,且光打到的地方才能收到,保密性强,但恶劣天气会影响激光性能,传输时不能有障碍物。

本书首次引入了激光通信技术来解决西部通信不发达地区、有线通信设备覆盖困难地区的海量交通数据传输需求。自由空间激光通信由于具有通信速率高、重量轻、体积小、功耗低等特点,国外自 20 世纪 90 年代以来已进行了大量的研究,主要研究单位包括美国 NEC 实验室、美国南加州大学和沙特国王大学等。在地面高速无线激光传输系统研究方面,2009 年,美国 NEC 实验室基于 QPSK 调制技术,在室内实现了 100 Gbit/s 的空间激光通信,通过在信道中加入衰减器,等效室外通信距离为 1~1.5 km,实验框图如图 1-2 所示。2014 年,美国南加州大学采用 12 路 QAM-2 路偏振-42 路波分技术,基于 QPSK 调制方式,在室内 1 m 的距离上实现了 100 Tbit/s 自由空间光通信,实验框图如图 1-3 所示。2016 年,沙特国王大学采用 12 路波分复用和 16QAM 调制技术,在室外 11.5 m 的距离上实现了 2.2 Tbit/s 自由空间光通信,实验框图与实验结果如图 1-4 所示。随着技术的逐渐成熟,国外自由空间激光通信逐步由试验阶段转入应用。无线激光通信与地面应用成熟的无线微波通信相结合以实现无线激光/微波多源链路通信,这将在海量数据传输领域扮演极为重要的角色。

在便携式无线光传输装备研制方面,1989 年美国 FARANTI 仪器公司成功研制出一种短距离、隐蔽式的紫外光波大气激光通信系统,可应用于特种战争和低强度战争。试验表明,这种通信系统完全符合战术任务的要求,如果对其光束进行适当处理,其通信距离可达 5~10 km。1989 年,巴西 ACIBRAS

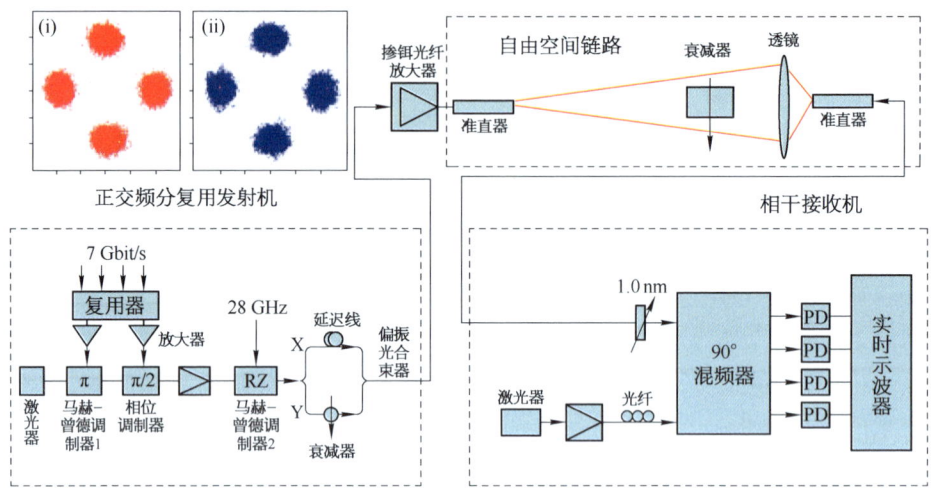

图1-2 美国NEC实验室100 Gbit/s激光通信系统框图

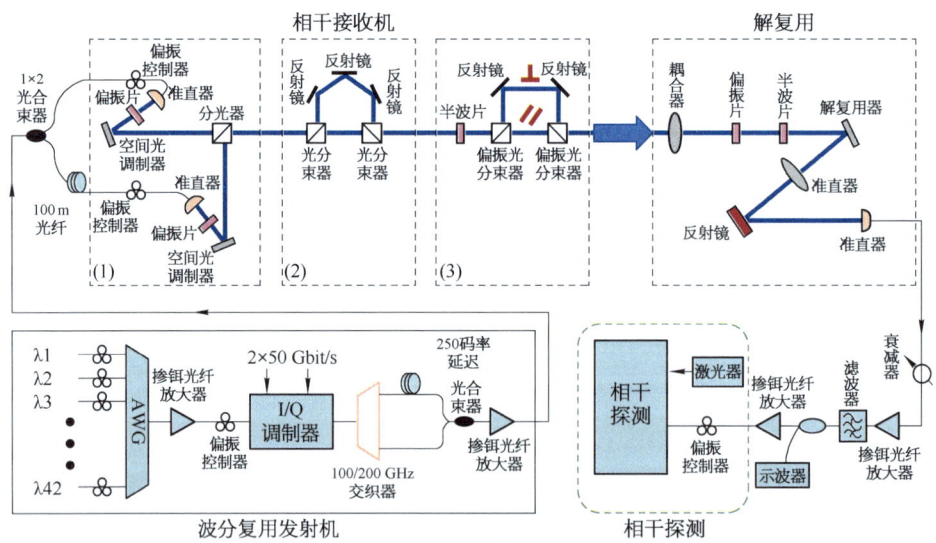

图1-3 美国南加州大学100 Tbit/s传输系统实验框图

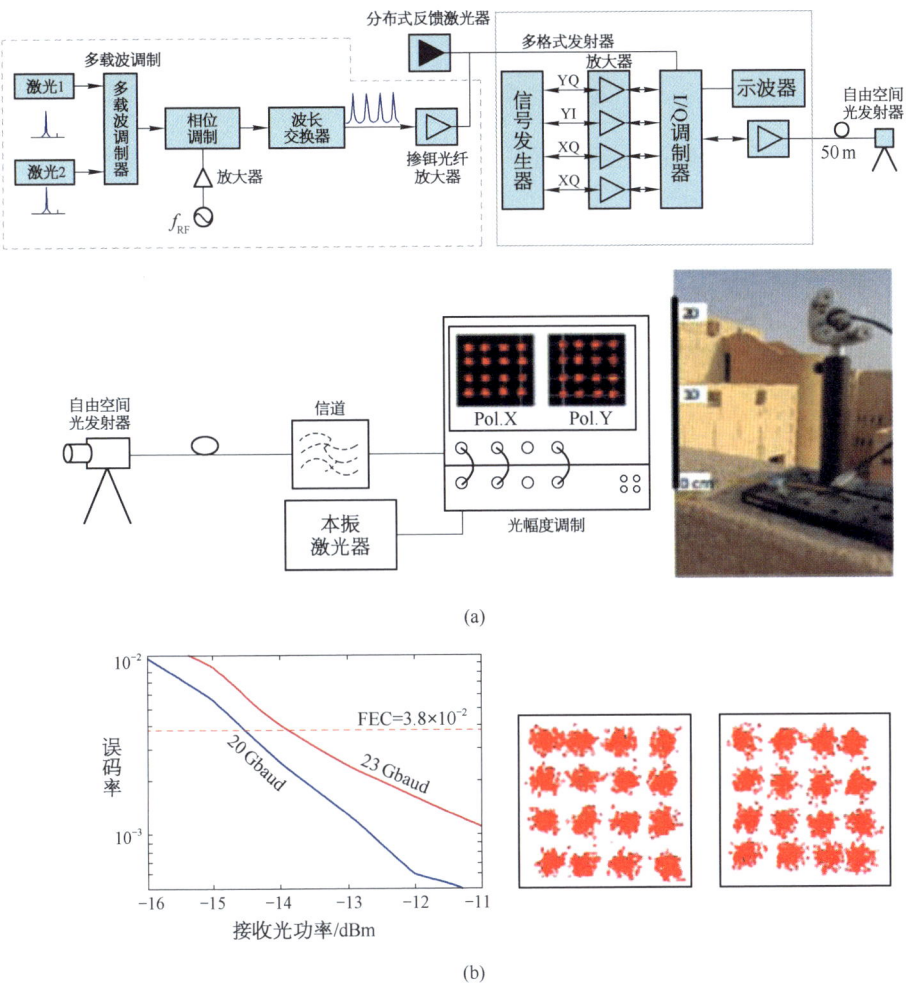

图1-4 沙特国王大学2.2 Tbit/s自由空间光通信系统
(a) 沙特国王大学高速自由空间通信系统框图；(b) 沙特国王大学高速自由空间通信实验结果

宇航公司研制出一种便携式半导体激光大气通信系统,其通信距离为15 km。俄罗斯进行的大气激光通信技术的实用化研究也取得了实质性进展,推出了10 km以内的半导体激光大气通信系统。

国内从事自由空间激光通信研究的单位主要有中科院西安光机所、北京邮电大学和长春理工大学等科研单位。其中,中科院西安光机所采用IM/DD通信体制,于2013年在西安地区开展了多次激光通信传输试验,通信速率3 Gbit/s、通信距离12.8 km(图1-5)。2015年,北京邮电大学基于N-OTDM 4路光时分复用技术,开展实验室模拟传输试验,通信速率达到160 Gbit/s(图1-6)。2016年,长

(a)

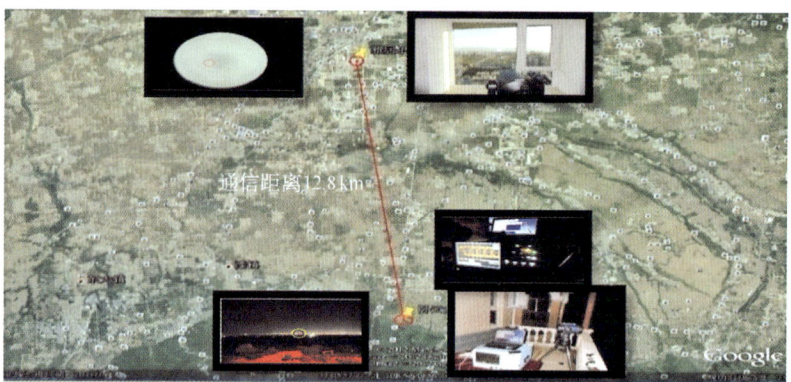

(b)

图 1-5 西安光机所 3 Gbit/s、12.8 km 外场激光通信传输实况
(a) 西安光机所空间激光通信收发终端样机；(b) 西安光机所 12.8 km 外场激光通信传输示意

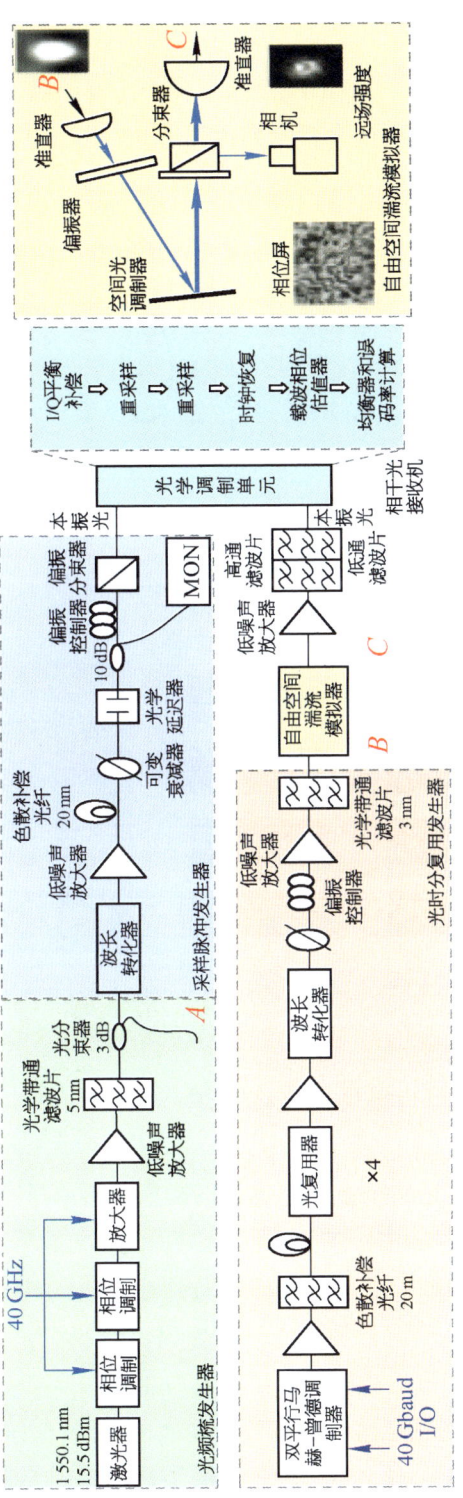

图 1-6 北京邮电大学 160 Gbit/s 传输系统实验框图

春理工大学采用3路波分复用技术,基于 QPSK 调试方式,实现了通信距离为 1 km、速率为 60 Gbit/s 的自由空间光通信(图 1-7)。以上研究单位主要在实验室环境下开展了高速数据无线激光传输关键技术的初步研究,与实际应用仍有差距。

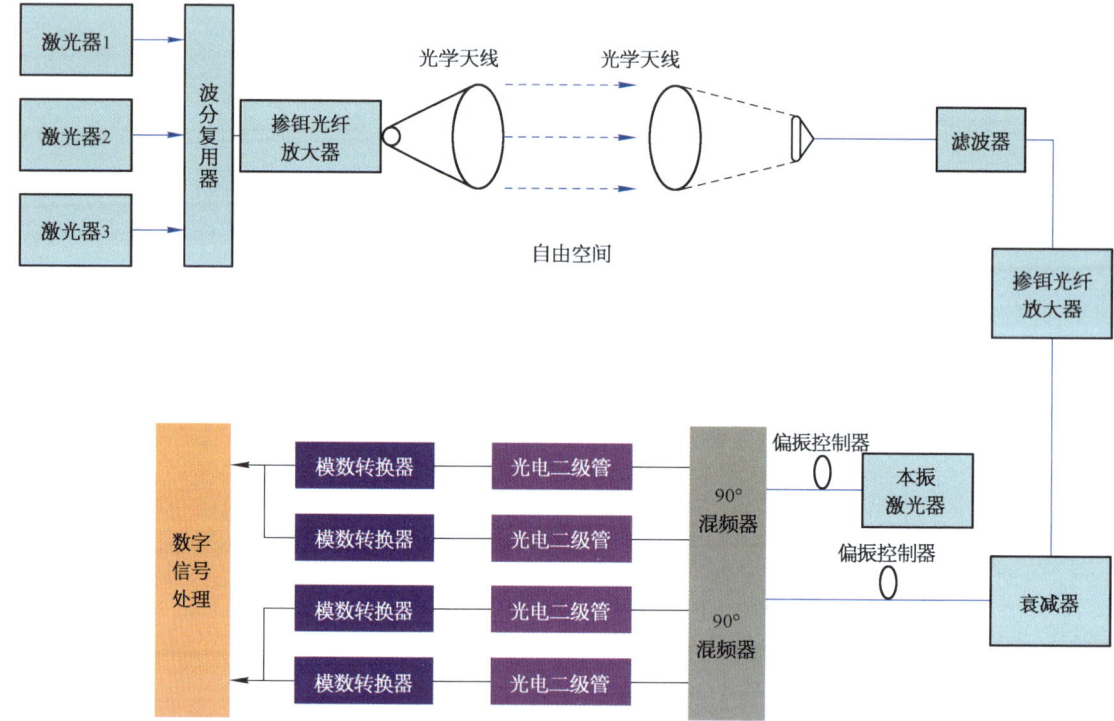

图 1-7　长春理工大学 60 Gbit/s 自由空间光通信系统实验框图

1.1.2.2　交通信息传输网络优化技术

1) 国外研究现状

国外对交通传感器网络信息传输优化的研究相对广泛,从数据压缩到传输网络结构优化以及传输协议等方面都有研究,尤其在数据压缩方面的研究比较深入。早在 1952 年,霍夫曼就给出了最佳变长码的构造方法,即著名的霍夫曼编码。这种编码被称为最佳的信源编码,后被称为"熵编码",属于冗余度压缩,压缩效率高,提出后得到了广泛的应用。

20 世纪 80 年代中后期,语音编码技术发展迅速,数据压缩技术也进一步发展成为理论和技术上都比较系统、完善的独立学科。1980 年法国科学家

Moelet 最先提出了小波理论。1989 年,Mallat 提出多分辨分析概念,在泛函分析的框架下,得到了与快速傅里叶变换相类似的快速小波算法,即著名的塔式算法。自此,数据压缩技术进入了一个迅速发展和广泛应用的新时期。

2002 年,Nael B. Abu-Ghazaleh 等根据不同的通信功能、数据传输模型和动态网络对无线微传感器网络进行分类。这种分类有助于网络设计者根据给定的应用,选择最适合通信流量特性的传感器网络架构,从而使得网络协议在传感应用中能实现能源的高效利用、低延迟和高精度的特定应用目标。同时,还提出采用局部修补传感器发起的主动路径恢复方法对无线微传感器网络中的有效信息进行传播,为选择网络协议和信息传播模型做出更好的决策奠定了基础。

2004 年,Jonathan W. Hui 等提出一种可靠的数据传播协议,即通过多跳无线传感器网络将大型数据对象从一个或多个源节点传播到其他节点,经过密度感知、机制运行证明了该协议的可靠性;Yu Mei、Wang Long 等针对分析通信网络控制系统中存在数据丢失、通信延迟等问题,利用迭代方法为具有数据丢失和网络延迟的不稳定系统设计稳定的反馈控制器,提出了具有数据和网络延迟的联网控制系统及保障条件,并通过实例验证了所提方法的有效性。

2005 年,Yu 等提出了一种考虑成本效益的路由算法,以网络的初始负载作为初始值,随着交通需求的变化,高速路网上的负载不断加重,该路由算法能够保证传输成本在当前负载下尽可能最低,从而优化网络传输效率。

2) 国内研究现状

相比之下,国内对数据传输的优化研究较多集中在算法以及传输方式上。2001 年顾洪军、张佐等在分析网络控制系统中数据特点的基础上,得出了网络控制系统的典型通信协议模型实时性的特点,分析了信息延迟时间的原因,针对网络控制系统所传数据的特点,详细介绍了令牌传递轮询技术、数据分类技术、优先级集中控制技术、多信道广播技术和 TOD 技术等主要的数据传输技术,为后续数据传输研究奠定了基础。

2008 年,方薇等提出了一种基于高速串口利用抢占任务调度算法和时间片轮转及缓冲池实现大容量数据可靠传输的方法,保证了空中视频图像下载的流畅性、同步性和数据通信的实时性。该方法已应用于空中飞行物对地面的数据通信,对于大范围道路交通形势的监测起到了重要的作用。

2009 年,潘高峰等在传感器节点的簇结构中,提出了一种传输功率优化算法,该算法可以满足数据传输速率和最大节能功率的要求。通过实验表明,该方法可以延长传感器的节点寿命,并可以根据网络背景噪声和最大传输速度进行动态调整。

2011 年,张毅刚针对目前交通信息获取成本高、检测范围有限等特点,提出了将无线传感网络技术应用在道路交通信息获取上,详细地描述了构建道路交通信息获取传感器网络(the road traffic information acquisition sensor network,RTIASN)的通信网络的基本架构,设计了通信网络中所使用的通信地址和通信帧的结构,并通过分析道路无线通信环境,设计了路面下节点与路侧节点间的可靠通信机制。

2012 年,荀亚敏以紫蜂协议(ZigBee)无线传感网络技术为传输载体,选用 ARM7 系列的 LPC2138 为微处理器的主控芯片、HMC1021Z 型磁阻传感器为信息采集传感器,设计了整个信息传输流程,实现了 ZigBee 无线网络的组建以及交通数据的采集,最终完成交通信息的传输与管理,实现了基于无线传感器网络的交通信息采集系统的设计。

2014 年,李海舰针对道路交通信息获取传感器网络(RTIASN)相关理论的研究,提出了一种基于多功能地磁传感器的交通信息获取的方法,讨论了 RTIASN 网络结构及物理拓扑优化方法,得到了通信总功耗最小目标下的最优通信拓扑。

综上所述,如何高效节能地将网络里的数据传输到汇聚节点是数据传输研究的关键技术之一。由于传输网络的通信能力有限,传输过程中传感器节点消耗了大量的能耗,设计并实现高效节能的通信协议对于降低节点能耗、延长网络寿命有着至关重要的作用。通常数据传输要经过先压缩后传输的过程,一般要求在不影响数据精度或可容忍的阈值范围内对数据进行压缩处理,传统的数据压缩算法主要有无损压缩和有损压缩两类,目前已经有大量的有损和无损数据压缩算法被研发出来,然而许多算法需要频繁的读写操作,使得传感器节点的能耗较大、节能性差,因此这些算法也不能很好地适用于海量数据传输。

1.1.3 基于视频的不良交通行为识别技术

1.1.3.1 车辆目标检测技术

车辆目标检测算法的任务是检测出图像中的车辆目标,获取车辆目标在图像中的位置、大小与类别信息。随着智能交通系统的研究,国内外的科研机构也开展了丰富的车辆检测技术研究,研发的车辆目标检测技术主要分为传统车辆目标检测技术和基于深度学习的车辆目标检测技术。

1) 传统车辆目标检测技术

传统的车辆目标检测技术可以大致分为基于背景差分法、基于光流的检测方法、基于特征的检测方法和基于模型的检测方法等,这里主要介绍前三种。

(1) 基于背景差分法。

背景差分法是采用图像序列中的当前帧和背景参考模型比较来检测运动物体的一种方法,其性能依赖于所使用的背景建模技术。在基于背景差分法的运动目标检测中,背景图像的建模和模拟的准确程度,直接影响检测的效果。不论任何运动目标检测算法,都要尽可能地满足任何图像场景的处理要求,但是由于场景的复杂性、不可预知性,以及各种环境干扰和噪声的存在,如光照的突然变化、实际背景图像中有些物体的波动、摄像机的抖动、运动物体进出场景对原场景的影响等,使得背景的建模和模拟变得比较困难。在实际应用中,静止背景是不易直接获得的,同时,由于背景图像的动态变化,需要通过视频序列的帧间信息来估计和恢复背景,即背景重建,因此要选择性地更新背景。

(2) 基于光流的检测方法。

基于光流的方法包括基于帧间差分的方法、基于光流场的方法等。帧间差分法是一种通过对视频图像序列的连续两帧图像做差分运算获取运动目标轮廓的方法。当监控场景中出现异常目标运动时,相邻两帧图像之间会出现较为明显的差别,两帧相减,求得图像对应位置像素值差的绝对值,判断其是否大于某一阈值,进而分析视频或图像序列的物体运动特性。其优点是:算法实现简单,程序设计复杂度低,运行速度快;动态环境自适应性强,对场景光线变化不敏感;缺点是:"空洞"现象(运动物体内部灰度值相近);"双影"现象(差分图像物体边缘轮廓较粗);仅能提取轮廓,不能提取出运动对象的完整区域;算法效果严重依赖所选取的帧间时间间隔和分割阈值。一种改进的方法是利用多帧差分代替两帧差分,如文献中提出了一种自适应背景减除与三帧差分相结合的混合算法,能够快速有效地从背景中检测出运动着的目标。光流法是利用图像序列中像素在时间域上的变化以及相邻帧之间的相关性来找到上一帧跟当前帧之间存在的对应关系,从而计算出相邻帧之间物体的运动信息的一种方法。通常将二维图像平面特定坐标点上的灰度瞬时变化率定义为光流矢量。光流场是一个二维矢量场,它反映了图像上每一点灰度的变化趋势,可看成是带有灰度的像素点在图像平面上运动而产生的瞬时速度场。它包含的信息即是各像点的瞬时运动速度矢量信息。但光流法存在的缺点是:有时即使没有发生运动,在外部照明发生变化时,也可以观测到光流;另外,在缺乏足够的灰度等级变化的区域,实际运动也往往观测不到。

(3) 基于特征的检测方法。

在传统的车辆检测算法中,占据主导地位的是基于人工特征提取的检测方法。该方法由三个步骤构成,首先选取感兴趣区域并通过滑动窗口提取出候选区域,其次对这些候选区域进行手动的特征提取,最后使用分类器进行分类识别。传统的车辆检测算法中,人工特征提取阶段所提取特征的优劣会直接影响整个算法的检测性能。由于这些检测算法需要人工获取有关的目标特征信息,因此伴随着诸多的局限:① 可移植性差,针对特定的检测任务,对于不同的目标或同一目标的不同形态,需要人工设计不同的特征提取方法,这对研究者的经验有很高的要求。② 人工特征提取阶段,如果提取的信息出现漏提的现象,需要的信息将无法从训练中恢复,进而影响检测结果。③ 传统方法多采用滑动窗口进行遍历搜索,先把图片尽可能地分成各种尺度和大小的图片,然后对小块的图片进行识别,对概率大的部分进行保留,将概率小的进行合并删除。这种方法的复杂度高,且存在大量冗余,会严重影响运行速度,在现实中也难得以工程实现。

2) 基于深度学习的车辆目标检测技术

深度卷积神经网络通过自主的学习,从原始的像素信息到高层次的语义信息生成了更多的层次描述特征,这些层次特征具有更强的特征识别和表达能力。此外,得益于深度学习本身强大的深度学习特征检测能力,车辆数据集越大,其层次特征检测的效果越好。这些技术优点使得基于深度学习的车辆检测算法发挥出越来越重要的作用。

目前基于深度学习的车辆检测算法一般分为两大类:一类算法是基于边框回归的目标检测网络;另一类算法则是以 Faster-RCNN (region-based convolutional neural network) 模型网络为理论基础的基于候选区域的目标检测网络。Faster-RCNN 使用特征提取器 [卷积神经网络 (convolutional neural network, CNN)] 先提取整个图像的特征,而不是从头开始对每个图像块进行多次提取。然后将创建候选区域的方法直接应用到提取到的特征图上。例如,

Fast-RCNN 选择了 VGG16 中的卷积层 conv5 输出的 Feature Map 来生成关注区域(region of interest，ROI)，这些关注区域随后会结合对应的特征图被裁剪为特征图块，并用于目标检测任务中。可以使用 ROI 池化将特征图块转换为固定的大小，并馈送到全连接层进行分类和定位。由于 Fast-RCNN 不会重复提取特征，因此它能显著地减少处理时间。基于单阶段的车辆测方法不需要选出候选区域，而是直接将目标的分类和定位转化为回归问题，是一种网络结构简单、实时性更高的车辆检测方法。这种方法的优势在于算法运行速度很快，但是相对降低了检测的准确率。尽管这些算法的精度已经有一定的提高，但在实际应用场景中的检测效果距离满足应用需求仍有一定的提升空间，需要针对项目场景进一步改进算法。

1.1.3.2　车辆多目标追踪技术

在车辆检测模块中，通过基于深度学习的神经网络，可以获取车辆在视频中每一帧的位置、大小等信息。为了观测同一个车辆在视频中的持续行为，需要对视频中各个车辆进行跟踪，即研究车辆多目标跟踪问题。一台摄像机的观测范围有限，为了扩展对车辆行为的观测距离，需要在道路上连续安装的摄像机中，将同一目标关联起来，获得车辆在整个视频监控范围的完整轨迹，因此需要研究跨摄像头多目标追踪问题。

1）单摄像头车辆多目标追踪

当前，许多研究学者对车辆跟踪有所研究。莫舒玥提出了通过构建车辆动态目标位置的运动学模型，研究了车辆弯道保持系统中的动态目标位置跟踪问题，实现了自适应预测。胥中南提出了一种快速分类尺度空间跟踪器，在核算相关滤波算法的基础上融合了卡尔曼滤波器，解决了复杂路况下车辆多尺度变换的问题。王威等人提出考虑控制延时的多协议控制器(multi-protocol controller，MPC)，实现了车辆路径的追踪。刘国辉等人将庞大的 VGG－M 网络模型应用到实时跟踪中，并结合在线观测模型，实现了对前方车辆稳定精准的跟踪。杨妍等提出通过确定车辆的质心位置、最小外接矩形和运动方向，使用基于匹配特征的方法来实现对运动车辆的跟踪。范永昆等提出一种车辆目标的尺度搜索算法，通过比较目标区域内三个特定尺度相关滤波响应的平均峰值相关能量，推断出目标尺度的变化方向，有效解决车辆跟踪过程中尺度变化导致的模型漂移问题。宋士奇等提出了改进 YOLOV3

网络,其采用了密集连接卷积网络的设计思想,实现了车辆的追踪,改善了雨雪天车辆追踪精度不良的情况。随着人工智能技术的不断发展,车辆跟踪算法的性能逐渐得到改善,但在复杂的环境下对运动目标实现实时、稳定的跟踪,仍存在很大的挑战。

目前基于深度学习的跟踪方法主要是利用深层特征强大的表征能力来实现目标跟踪。按照训练方法不同,可分为基于预训练的目标跟踪、基于在线训练的目标跟踪和基于离线训练的目标跟踪三种类型。基于预训练的目标跟踪方法主要是利用现成的深度神经网络模型对数据进行预训练,它是基于深度学习的视觉跟踪方法中最简单的方法。该方法在结构方面,叠加一个简单的适用于车辆跟踪的深度学习神经网络模型,如 AlexNet、VGGNet;或叠加一个有向无环图拓扑,如 GoogLeNet、ResNet、Siamese convolutional neural network 等,可以设计出更复杂的深层结构。这些特征图和模型主要在 ImageNet 数据集等大型静态图像上预先训练过,用于目标检测和任务跟踪。基于在线训练网络的目标跟踪方法能更好地进行目标跟踪,其优点是可以适应目标尺度的变化。该训练方法主要分为三步:首先采用预训练的网络对视频进行初始化,然后用第 1 帧的标注样本训练目标检测部分和特征提取部分,最后根据预测结果生成一定的正、负样本,微调整个网络。基于在线训练的目标跟踪方法跟踪速度十分有限,特征的提取和更新很难做到实时。为解决这一问题,提出基于离线端到端训练的全卷积孪生网络的跟踪方法 SiamFC。SiamFC 主要学习相似度函数,用于目标匹配。

2) 跨摄像头车辆多目标追踪

跨摄像头目标跟踪研究主要有两个分支:一是非重叠区域摄像头跟踪,是指两个摄像头之间的视域没有交叉,目标离开一个摄像头视域运动到另一个摄像头视域的过程中存在监控盲区;另一个是摄像头视域存在重叠的目标跟踪,即同一个目标同一时刻出现在多个摄像头视域中。

无重叠区域的跨摄像头多目标追踪的研究重点在于基于车辆特征的信息关联。Jorge C.等在研究隧道中跨摄像头跟踪车辆时,用 AdaBoost 分类器来加速摄像头间视频帧的全局搜索过程,即每个候选位置框同时被几个特征分类器评估,每个分类器都会剔除一半的候选位置框,从而加快了检测速度。Huang 等提出了一种用于识别高速公路上跨摄像头下的车辆的概率方法,用车辆的颜色均值描述其外观,车辆在摄像头间的转移时间符合高斯分布,并且假设初始转移概率是已知的。该方法在视频图像噪声较大的情况下依然能够取得较好的跟踪效果,然而仅采用平均颜色的外观模型无法描述类似行人这样颜色比较复杂的目标,且该方法的应用场景是车辆运动方向固定的高速公路,在其他复杂场景中高斯分布假设不一定适用。Ellis 等采用非监督方式学习目标在相邻摄像头间转移的时间相关性来构建摄像头网络的拓扑图,其主要是分两步提取时间相关信息,首先识别每个摄像头的进入和退出区,然后统计观测实例的移动轨迹来建立一个摄像头的退出区与相邻摄像头的进入区之间的一致性关系。该方法的优点是基于统计大量轨迹的方法来建立相邻摄像头进入区和退出区的一致性关系,因此是完全无监督的,特别适合实际场景中长时间稳定运行的跟踪系统,而同一个系统在跟踪如人和车辆等速度差别很大的目标时则效果不理想。

对于有重叠区域的跨摄像头多目标追踪,除外观信息外,也可以利用时空信息,因其具有较高的稳定性。最简单的检测方法是特征匹配法,利用目标的颜色、纹理和方向梯度直方图(histogram of oriented gradient, HOG)等特征或特征组合作为模板,对各个摄像头的视频帧进行匹配。另外,摄像头校准信息对于目标检测也有帮助。Khan 和 Mubarak 将跟踪同一个目标的一致性问题看作对目标的连续标记,其论文中先自动计算具有重叠区域的每个摄像头的视域线(field of view lines, FOV lines)——一种在其他摄像头中观察到该摄像头的视域边界,然后可求得各摄像头视域间的单应性关系,从而建立目标在相邻摄像头之间的一致性。Zhang Z 等在研究头盔跟踪系统中,将三个布置在同一个头盔上的摄像头采集的视频图像通过几何变换缝接成一个广域视频,然后在这个视频中跟踪目标。由于头盔上的摄像头位置相对固定,因此很容易对摄像头进行标定,也容易计算得出摄像头之间的单应性关系,在此基础上缝接多个视频图像的速度也较快。

1.1.3.3 驾驶员姿态估计

1) 传统的人体姿态估计方法

传统的人体姿态估计方法可以分为早期的方法、基于图结构的方法(pictorial structure, PS)和基于 Poselets 的方法这三种。

(1) 早期的方法。

人体姿态估计出现于 1980 年,当时是使用基于模型的方法。Forsyth 和

Fleck 提出了身体图(body plan，BP)方法，身体图是指在颜色、纹理以及几何属性的限制下从图像数据中学习到的一系列人体特征，使用身体图可以实现复杂环境中人体的分割与识别。Mori 和 Malik 通过匹配形状的方式获得人体姿态，该方法不仅能够获得人体关节点的位置还能实现运动中关节点的跟踪。Ren 等首先使用分割方法获得人体各个部件的特征，然后利用关节点之间的相对位置、尺度一致性和外形一致性等条件约束匹配模型获得人体姿态。Hua 等使用马尔科夫网络对人体关节点的位置进行建模，通过图像中的外形、形状、边缘和颜色等信息推断出人体姿态。

(2) 基于图结构的方法。

相比早期的方法，基于图结构的方法具有求解复杂度低、推理速度快等优点。该方法被用于人体跟踪、人体姿态估计和视频中物体区域的自动发现等领域。为了进一步提升推理速度、降低求解复杂度和提升性能，基于图结构方法的研究主要从三个方面展开：如何实现模型的快速求解，如何提升外观模型(appearance model，AM)的建模能力以及如何提升人体部件检测器的性能。

基于图结构的方法使用条件随机场对人体的关节点进行建模，该方法中关节点的参数包含坐标、方向、尺度和人的肢体这四个部分。基于图结构的方法使用一元函数表示关节点在图像中某位置处的可能性，使用二元函数表示关节点之间的关系。为了进行快速求解，Fischler 等提出使用树状的人体结构降低模型求解时间，在分析中发现树状的人体结构可以用正比于关节点数量的求解时间获得人体姿态。Felzenszwalb 和 Huttenlocher 提出限制二元函数的形式降低求解时间，即通过将二元函数的类型限制为某种距离度量函数以在线性时间内求解。Eichner 等提出使用身体中不同部件之间的外形的关系(人体不同部件的外形是相关的，例如人的手臂的上半部分通常和躯干的颜色是一样的)去改善外观模型的建模性能。Johnson 等提出使用方向梯度直方图(HOG)改善人体部件检测器的性能。Sapp 等提出对关节点进行建模，而不是人的肢体并使用若干树状结构的子模型在视频帧之间跟踪关节点。Felzenszwalb 等基于图结构框架提出了形变部件模型(deformable part-based models，DPMs)改善外观模型的建模能力。Yang 和 Ramanan 在树状结构模型中引入混合的形变部件提升外观模型的建模能力，该方法使用基于部件的模型以及结构化的支持向量机(support vector machine，SVM)进行学习。

(3)基于 Poselets 的方法。

传统的人体姿态估计方法中另一主流的为基于 Poselets 的方法。该方法首先需要构建包含三维人体姿态信息的数据集,然后使用聚类的方式将该数据集中具有相同姿态的样本划分至同一子数据集中,并使用子数据集训练若干线性 SVM 分类器,这些训练好的分类器即为 Poselets。在获得 Poselets 之后,即可使用 Poselets 在多个尺度对图像进行扫描,扫描过程中对 Poselets 的输出使用霍夫投票进行融合以确定当前的图像块是否包含关节点以及所包含的关节点类型。Gkioxari 等基于 Poselets 方法的思想提出了 Armlet 方法,根据双臂的姿态对数据集进行划分,然后利用划分的数据集训练 Armlet。Pishchulin 等将 Posetlets 集成到图结构模型中,将 Poselets 检测器所提取的信息作为中层表示直接预测图像中的人体关节点的树状结构、身体部件位置以及旋转角度。为了获得更强的局部多模态外形模型,还使用了与旋转无关的部件检测器,通过将部件检测器所获得的局部外形特征和 Poselets 检测器所获得的中层特征作为图结构模型的输入从而改善图结构模型的性能。

2)基于卷积神经网络的人体姿态估计方法

基于卷积神经网络的人体姿态一般分为三类:基于坐标回归的方法、基于热力图回归的方法和使用热力图表示的坐标回归方法。

(1)基于坐标回归的方法。

在基于坐标回归的方法中,DeepPose 奠定了基于坐标回归的方法的基础,提出了很多实用的数据预处理及网络训练方法。后续的研究主要从应用场景(处理视频还是静止的图像)、数据扩增、多源输入、反馈输入、多任务以及人体姿态的表示这几个方面展开。Toshev 等开创了将卷积神经网络应用于人体姿态估计的先例。Toshev 等基于 AlexNet 提出了一种称为 DeepPose 的级联架构回归人体各个关节点的坐标。为了避免卷积神经网络产生过拟合,使用数据集中提供的人体边界框对关节点坐标进行归一化,并将归一化之后的坐标作为网络的学习目标。对关节点坐标进行归一化这一操作非常重要,决定了网络能否收敛,这一操作还被后续基于坐标回归的方法沿用。DeepPose 架构有多个阶段,初始阶段的网络负责学习人体关节点的粗糙位置,后续阶段网络的输入是前一阶段网络所输出的粗糙位置,这一部分的网络负责学习粗糙位置相对于真实位置的偏移量。Pfister 等使用卷积神经网络对视频中人体的上半身进行姿态估计。在该方法中将多个视频帧作为网络的输入,为了缓解过拟合现象(网络可能会过拟合人的背景区域),从数据集中随机采样 2 000 个视频帧,利用视频帧计算出均值图像,然后将所输入的视频帧减去均值图像后作为网络的输入。Li 等提出了一种多任务的网络架构将人体部件检测和人体关节点定位同时嵌入网络中,利用人体部件检测任务辅助关节点回归任务。Fan 等进一步提出双源多任务的人体姿态估计方法,将候选关节点区域的局部图像和人体图像同时作为网络的输入,使网络同时学习检测关节和回归关节点的坐标。由于人的视觉系统中包含有反馈连接,为了利用反馈连接改善基于坐标回归的人体姿态估计,Carriean 等提出了迭代误差反馈(iterative error feedback,IEF)的思想。在该方法中将关节点坐标转换为热力图,并将表示关节点位置的热力图与人体图像同时输入到回归关节点偏移量的网络中,经过多次迭代逐步回归关节点的位置。Sun 等对比了数据集中基于骨骼的表示方法与基于关节点的表示方法的方差后发现基于骨骼的表示方法有着更小的方差,于是提出了一种基于骨骼的人体姿态估计方法。该方法不仅具有骨骼表示的稳定性,还能利用关节点之间的连接对各个关节点之间的关系进行建模。

(2) 基于热力图回归的方法。

相比于坐标回归,热力图回归能够保留图像中更多的信息,因此大部分主流的人体姿态估计方法都是基于热力图回归的。本小节分别从先验知识的引入、网络架构的改进和关节点之间的关系建模这三个方面梳理了基于热力图回归的人体姿态估计方法。

① 先验知识的引入。

Ning 等将传统的霍夫变换特征和方向梯度直方图作为先验知识引入卷积神经网络,并设计了一种门控机制用于在训练时控制被引入网络的知识,从而保证在给模型施加几何限制和图像描述信息的同时保留模型的性能。另一种引入先验知识的方法是引入与人体姿态估计相关的任务。Adrian 等将人体检测这一任务产生的检测热力图与原始图像一并作为网络的输入,利用检测热力图引导网络学习人体关节点的位置从而降低网络学习关节点位置的难度。

② 网络架构的改进。

人体姿态估计网络架构的改进可以分为多尺度的特征提取、主干模型的改进和注意力机制的引入这三个方面。

多尺度特征提取：多尺度特征提取包括引入金字塔残差模块，使用级联特征提取模块以及将低分辨率的特征与高分辨率的特征进行融合这三种典型的方法。Yang 等提出使用金字塔残差模块提取多尺度特征，该模块是在原有残差模块的基础上设计的，将残差特征划分为多个分支，每个分支使用不同缩放比例的下采样层产生不同尺度的特征，然后再使用上采样将不同尺度的特征缩放到同一大小，最后将这些特征进行融合形成多尺度特征。Cao 等提出使用级联特征提取模块提取多尺度特征，该模块首先将三种不同分辨率的图像作为输入，提取三种不同大小的特征，然后将低分辨率的特征与高分辨率的特征进行逐步融合获得多尺度特征。申小风等提出使用空洞空间金字塔池化（atrous spatial pyramid pooling, ASPP）来融合不同尺度特征获得多尺度的特征表达。Rafil 等在特征提取网络中将低层特征与高层特征（高层分辨率较小，需要在融合前使用反卷积进行上采样）进行融合以保证特征提取网络所提取特征是多尺度的。

主干模型的改进：人体姿态估计中复杂的环境因素导致网络需要学习复杂的映射，而学习复杂的映射需要使用更强大的主干网络。如何从主干网络角度增强模型的学习能力是一个非常值得研究的问题。主干网络的架构设计主要从扩大模型感受野、区分难易样本、保持高分辨率这几个角度进行设计。下面将分别对几个重要的主干网络进行介绍。

为卷积姿态机（convolutional pose machine, CPM）网络使用多个基于 VGGNet 的子网络构成的多阶段网络提升整个网络的感受野。每个子网络使用中间监督缓解梯度消失问题。关于卷积姿态机的进一步改进是跨阶段卷积姿态机，该网络利用初始特征增强网络的定位能力。

与卷积姿态机中多阶段回归的思想类似，Belagiannis 等人提出使用递归结构去逐步定位关节点的位置从而提升模型的性能。本质上这种递归结构在时间上展开就是级联的网络结构。

随着网络架构的发展，特别是残差网络的提出，Newell 等提出了一种称为沙漏的模块并将若干沙漏模块堆叠起来构成堆叠沙漏网络。堆叠沙漏网络吸收了卷积姿态机的中间监督的思想，在每个阶段的子网络中使用了中间监督以弥补网络的梯度弥散。沙漏模块是基于残差模块进行设计的。沙漏模块中将特征进行多次下采样和上采样，并将下采样与上采样过程中相同分辨率的特征进行融合，沙漏模块不仅能提取多尺度特征，还能在增大整个网络感受野的同时进一步降低模型计算量。值得注意的是,从堆叠沙漏模型开始,后续的主干网络开始吸收沙漏模块设计中先降采样再上采样这一设计思想。

级联金字塔网络(cascaded pose network,CPN)基于残差模块设计了类似的结构。如级联金字塔网络中残差网络的目的是将高分辨率图像转换为低分辨率的特征,随后使用多个反卷积层(4个虚线方块,自底向上)将低分辨率特征逐步恢复到高分辨率的特征。级联金字塔网络使用残差网络作为主干网络进行降采样,并在主干网络的后端加入了多个上采样层。级联金字塔网络除了对多个上采样层的输出使用均方误差损失函数(mean square error, MSE)进行监督学习之外,还将上采样过程中不同分辨率的特征进行融合,利用在线难关节点挖掘损失函数(online hard keypoint mining,OHKM)对难样本进行学习,从而处理数据集中的难样本。

注意力机制的引入:注意力机制分为两种,分别为基于条件随机场(conditional random field,CRF)的注意力机制以及空间-通道间注意力机制。由于条件随机场能够学习特征图中的相互关系,Chu等人使用条件随机场替换传统注意力机制中的Softmax,带有条件随机场的注意力机制可以增强网络学习人体轮廓的能力,避免出现不合理的姿态。Su等人将空间注意力和通道间的注意力同时引入人体姿态估计中,使网络聚焦于需要学习的区域以及相关的特征避免出现不合理的人体姿态。

③ 关节点之间的关系建模。

基于图模型的关系建模方法分为基于马尔科夫随机场和基于条件随机场这两种类型。如果当前预测的热力图中产生假阳性预测区域(热力图中出现多个区域的峰值,峰值不仅出现在关节点所在区域,还出现在其他区域),则假阳性预测区域会降低模型的预测精度。Tompson等首次提出使用马尔科夫随机场去学习关节点之间的关系从而消除假阳性预测区域。Yang等提出使用基于条件随机场构建的树状模型来对关节之间的关系进行建模,将每个关节点看作图中的顶点,关节之间的关系看作边,该方法既考虑了关节的外形特征也考虑了关节点之间的关系。Chu等提出了一种新的基于条件随机场的方法,该方法能够对特征之间以及关节点之间的关系进行建模。使用非图模型对关节点之间的关系进行建模的方法主要使用深度卷积神经网络去学习关节点之间的关系。Chu等提出使用几何变换核来学习某个关节点到另外一个关节点的几何变换关系,并利用几何变换核构成的双向树模型对关节之间的关系进行建模从而改善预测结果。

3）使用热力图表示的坐标回归方法

基于坐标回归的人体姿态估计中最为特殊的一种方法是使用热力图表示的坐标回归方法,该方法保留了热力图表示以及坐标回归这两种方法的优点。基于热力图回归的人体姿态估计方法使用热力图表示关节点的位置,网络学习的是从图像到热力图的映射关系,因此可以充分利用图像中的位置信息,避免丢失图像中的空间信息,获得更好的精度。然而,基于热力图的方法在推理阶段会取热力图中最大激活值位置作为关节点的坐标并使用逆变换将热力图空间的坐标转换到原图空间中的坐标。该过程中取最大激活值位置所引起的量化误差会导致最终原图空间的坐标出现较大的偏移。此外,取最大激活值位置是不可导的,这将使模型无法进行端到端的优化。

为了解决这些问题,Nibali、Sun 等几乎同时提出了将热力图转换为坐标的方法,本书中将该方法称为积分姿态回归（integral pose regression，IPR）。该方法使用热力图作为中间表示,并使用 Softmax 对热力图进行归一化并将其转换为概率图,然后通过对概率图求积分获得精确的关节点坐标。这一改进不仅统一了热力图回归与坐标回归的方法,还能够避免热力图回归方法中所出现的量化误差问题。

当前制约基于卷积神经网络的人体姿态估计研究走向实用的主要问题是如何才能在提升模型推理效率的同时保证模型的精度。针对这一核心问题,将从模型架构、轻量级模型训练策略和高精度定位这三个方面分别进行阐述。

从模型架构角度考虑,现有的模型如 CPM、Hourglass、CPN、HRNet 等在设计模型架构时很少考虑模型效率与精度之间的权衡,这些模型设计的主要目的还是如何提升模型的定位精度。如何从模型设计角度出发设计出在效率与精度之间达到平衡的模型架构是一个值得研究的问题。

从训练策略角度考虑,现有的方法都是采用监督训练的方式以及设计更好的难样本学习函数来改善难样本的学习,提升整个模型的泛化性能,而并没有从训练策略这一角度出发提升模型的推理效率并保留模型的泛化性能。

从高精度定位角度考虑,当前的方法都是从网络架构设计、多尺度特征提取、注意力机制、关节点之间的关系建模这几个角度提升模型的定位精度的,但这些方法都给模型带来了不小的计算开销。如何在不增加现有模型的计算开销的前提下,提升模型的定位精度是人体姿态估计研究中所必须解决的问题。

1.1.4 交通安全风险预警预报技术

道路交通安全风险预警预报技术是一种多学科交叉的边缘学科,是将风险理论与交通理论相结合的一门技术,涉及风险识别、风险评价、风险控制、指标预警以及一体化的交通安全风险管理系统等。2002 年,陈艳艳、刘小明、任福田将风险评价与管理引入交通路网灾害影响分析中,主要针对地震、洪水等自然灾害、恶劣气候及严重交通事故等交通路网灾害进行了风险评价,进而根据风险程度及减灾措施的效益成本来评价减灾措施的可行性。这里仅用风险度量的方法对交通路网的自然灾害进行初步的评价,但其意义在于将风险度量引入道路交通灾害的评价中。2004 年,彭建华、金哲龙对道路交通系统进行了风险定性分析。他们分析了道路交通系统的不安全因素,包括人、车辆和道路的不安全因素,并针对这些不安全因素提出了控制与管理措施。他们尝试用风险分析的方法分析道路交通系统组成要素的危险因素,这将风险分析引入道路交通安全的研究中,使得传统的道路交通安全分析理念受到了冲击并开始了道路交通安全的风险研究。然而,他们的研究仅限于道路交通系统组成要素的简单危险的识别。

2006 年,陈庚等运用风险理论研究天津市引发道路交通事故的原因,分别从人、车、路和环境等方面对道路交通风险进行了分类辨识,针对风险辨识的结果,即天津市道路交通安全中可能存在的风险因素,提出了天津市道路交通的风险减缓措施,以减少交通事故的发生。该研究应用了国外关于道路交通安全风险分析,主要是对可能引发道路交通事故的原因进行分析,提出将所有可能引发道路交通事故的因子都统称为"风险因子",然后针对风险因子进行风险控制。之后,唐洪、孙慧芝、王炼等认为风险理论对提高事故预防的效果有显著的意义和作用。他们分析了风险控制理论在道路交通安全研究中的应用,在对人、车、路进行风险识别的基础上,提出了风险控制和安全措施。他们的研究使得风险理论在道路交通安全预防的研究中得以展开,真正推动了风险理论向道路交通研究领域的渗透,也赋予道路交通安全研究新的内涵。然而,由于这仅是将风险理论与道路交通安全的初步结合,因此,他们的研究仍然受到传统道路交通安全研究理念的过多约束,使得道路交通安全研究只是机械式应用简单的风险理论与方法,并未真正实现二者的有机结合。

何寿奎在综合考虑交通安全风险影响因素的前提下,从设施脆弱性、道路运行承载能力、环境条件、人员、组织与管理方法、车辆六个方面建立城市交通安全风险三级评价指标体系,利用 D-S 论据融合法确定指标权重,对交通安全风险的模糊多属性进行了评价及实证分析。该研究将风险评价引入道路交通安全的研究中,提出了城市交通安全风险评价指标体系,选择了相应的评价方法,提出了确定各地区的交通安全风险评价等级的思路与方法。这些内容的研究使得道路交通安全的风险研究突破了前期研究范围,在纵深和内涵上有了一定的发展。牛学军等的《道路交通安全风险预控管理对策》一文中,在陈述我国道路交通安全现状的基础上,根据国内外有关风险研究领域的研究状态,提出了道路交通安全风险的理解性概念,并根据道路交通安全风险的不确定性程度进行了分类,最终提出了道路交通安全风险预控管理对策。该研究第一次提出道路交通安全风险的概念及分类,赋予了道路交通安全风险研究新的内涵,使得道路交通安全风险的研究更加完善与系统化。杨耀武则在充分考虑影响道路交通安全的因素上,结合风险管理及政府职责理论,阐释了道路风险管理中政府的职责,并对政府如何进行道路交通安全风险管理评价、沟通及体制建设做了研究。赵震在风险分析框架的基础上,综合运用风险认知、风险评价、风险管理和风险沟通理论,以北京市的城市道路交通为例对城市道路交通安全进行了研究。

随着预警理论在道路交通安全领域的应用,以及对安全风险预警的研究,道路交通安全风险预警研究也成为一个备受关注的课题。预警理论作为一种先进的理念,在交通安全研究领域发挥了重要的启迪作用。李大龙在他的论文《道路交通安全预测与预警系统的研究》中,提出了道路交通安全预警系统的组成。罗云、宫运华、宫保森等人在安全风险预警方面开展了研究,对安全风险预警技术予以定义,并提出了安全风险预警的具体方法。该研究将选用的危险源作为预警要素,通过实时监控、综合评价,建立预警模型,发出预警信号。这一研究为安全风险预警理论探索了一条走向实际应用的技术捷径,也为安全风险预警开辟了一个崭新的研究方向。

综上所述,国内外在交通安全风险和主动预警方面都有一定的成果积淀,但在结合人工智能、边缘计算、全息感知等新技术实现普通公路不良交通行为的主动预警预报示范应用方面,研究成果还相对较少。本书针对普通公路交通安全特点,开展不良交通行为监测、提取、辨识、决策、预警和评估,以科技兴安助力平安交通建设。

1.2 主要研究内容及技术路线

1.2.1 主要研究内容

1.2.1.1 道路交通行为立体监测技术及设备优化布设方法

通过多种交通监测方式获取的交通信息位于整个智能交通系统的底层,是交通管控的触觉末梢网络,其获取交通信息的准确性、实时性和可靠性决定了交通管控策略响应的实效性;交通管控根据服务对象和需求的不同,可分为路网、路段、节点(点、线、面)三个维度,而不同维度的交通信息参数表达和获取是对道路进行宏观、中观、微观三个层面交通管控的基础。因此本书主要聚焦宏观路网、中观路段、微观节点监测设备布设方法,以期为道路交通安全主动防控提供基础交通信息采集网。

1) 路网交通监测设备组合优化布设方法

针对单一类型的连续监测设备优化选址问题,以宏观交通流信息获取为目的,以最小化监测设备数量为目标,建立流信息全覆盖的单层规划约束模型,提出路径区分矩阵和路径覆盖矩阵的概念,求解此模型的贪婪算法以寻求最优布设位置;针对多种类型的交通监测设备(如传感线圈和视频)优化选址问题,在单层规划约束模型的基础上,以流信息不损失为前提,以路网监测设备总成本最小化为目标,建立路网交通监测传感器优化组合布设的非线性规划约束模型,利用路径区分矩阵和路径覆盖矩阵,逐步用点式传感器替换连续监测设备,提出逐步替代消减的贪婪算法,以及求解路网交通监测传感器流信息全覆盖的成本优化组合方案。

第 1 章 绪 论

2）路段交通监测设备布设方法

针对路段交通监测传感器优化布设选址问题，以中观路段交通流信息获取为目的，以路段行程时间估计误差最小化为目标，通过划分路段监测子单元，建立路段交通监测设备行程时间误差估计最小化的 0-1 整数规划模型，并提出求解此问题的最短路径求解算法；以约 18 km 路段实际调查断面速度数据为基础，借助 Vissim 仿真平台，以 100 m 长度为检测单元，仿真输出断面速度数据，验证模型和算法的可行性。

3）节点交通监测设备布设方法

针对道路交通节点（高速公路出入口、平交口等）交通监测设备布设问题，以微观交通行为信息获取为目的，以节点范围交通行为信息全覆盖为目标，通过选取典型路段（如高速公路出入口、平交口等）试验验证对比研究的方法，提出道路交通节点设备布设安装原则，提出无人机视频交通行为参数获取方法。

1.2.1.2 海量交通信息数据传输技术与网络构建方法

针对交通行为立体监测海量数据实时全面传输的需求，提出包含有线和无线传输的多种海量交通信息传输系统的结构方案及其适用条件，首次开展激光/微波混合传输技术在交通行业领域的应用，基于极弱光信号低噪声、高增益的放大技术手段，对超长距离传输引入的光信号功率大幅度衰减和受损海量交通数据的高质量光信号中继再生技术进行研究；制备大数据高速激光/微波混合发射机、大数据高速激光/微波混合接收机、透明光中继器等核心通信装备，为海量交通数据激光传输提供技术支持和装备支撑。针对交通行为立体监测海量数据实时全面传输的需求，研究监测设备通信终端的布设方法、网络节点分布优化方法，优化多数据链路空-地-车一体化光电信息混合立体网络，构建海量数据传输网。

1.2.1.3 大数据交通监测视频识别与提取关键技术

针对车辆交通行为特征视频提取问题，通过自上而下的反向干预机制引导视皮层各层的信息流和调整人眼的视焦点对目标潜在区域进行聚焦，并使用多尺度特征构建区域候选网络的思路，并引入自上而下的特征金字塔来进行多层特征融合，实现对不同大小车辆的准确检测；构建多通道卷积神经网络分别提取全局和局部特征,使用改进的 triplet 损失函数训练整个连接层,有效学习目标特征间的相似度度量,实现多车辆目标的跨摄像头的连续跟踪;基于多尺度卷积神经网络和时空图卷积网络,有效估计驾驶员骨架及识别驾驶员的不良行为动作。

1.2.1.4　基于多源信息融合的不良行为高准确提取技术

针对不良交通行为管理与风险干预需求,构建不良交通行为大数据监控平台,将路侧监控视频、无人机监控视频等多种来源的视频数据进行实时处理;在相机参数精确标定的基础上,计算车辆道路运行轨迹并提取车辆行为特征,根据危险驾驶行为参数(measure of risk,MOR)准则识别车辆的不良交通行为;驾驶员的不良行为通过车载嵌入式计算装备对车内视频进行分析,实时推送或查询不良交通行为信息,为交通安全风险干预提供支撑。

1.2.1.5　普通公路交通安全风险预警预报技术

针对普通公路机非冲突、交叉口密集、视距不良和急弯陡坡等特点,基于交通冲突理论和不良交通行为精准识别技术,研发新型视线智能诱导系统、雷达全域感知声光预警系统、雷视全息感知与主动防控系统、不良交通行为监测与发布系统,并提出不同系统适用的场景和功能;同时,结合云南元双二级公路交通安全特点,开展不良交通行为监测与预警预报示范应用。

1.2.2　技术路线

首先,针对道路交通行为监测的需求,查阅国内外相关文献,通过现场调研、走访相关部门,掌握研究现状及相关技术应用情况。其次,围绕研究目标设计课题研究方案,选择示范地点及路段,制定示范工程实施方案。再次,分别在道路交通行为立体监测网、海量交通数据传输网络、基于视频的车辆交通行为识别与取证三个方面开展关键技术攻关。针对不同交通管控层面数据获取需求,结合不同监测设备获取宏观、中观、微观交通参数特性,分别研究点、线、面(节点、路段、路网)多层次道路监测设备布设方法;针对现有交通行为信息获取途径单一和数据传输时效的问题,研究基于空-地、空-车、地-车以及空-地-车一体化交通行为信息监测网,提出最优的交通行为信息获取网络;基于深度学习技术,提高车辆检测算法性能,实现跨摄像头车辆目标连续跟踪;基于车辆轨迹提取交通行为特征,并基于车载相机识别驾驶员不良驾驶行为。最后,面向实际应用需求,构建道路交通行为立体监测网和海量交通数据传输网络,开发道路交通行为立体监测与预警预报系统,并开展示范应用。梳理的技术路线如图 1-8 所示。

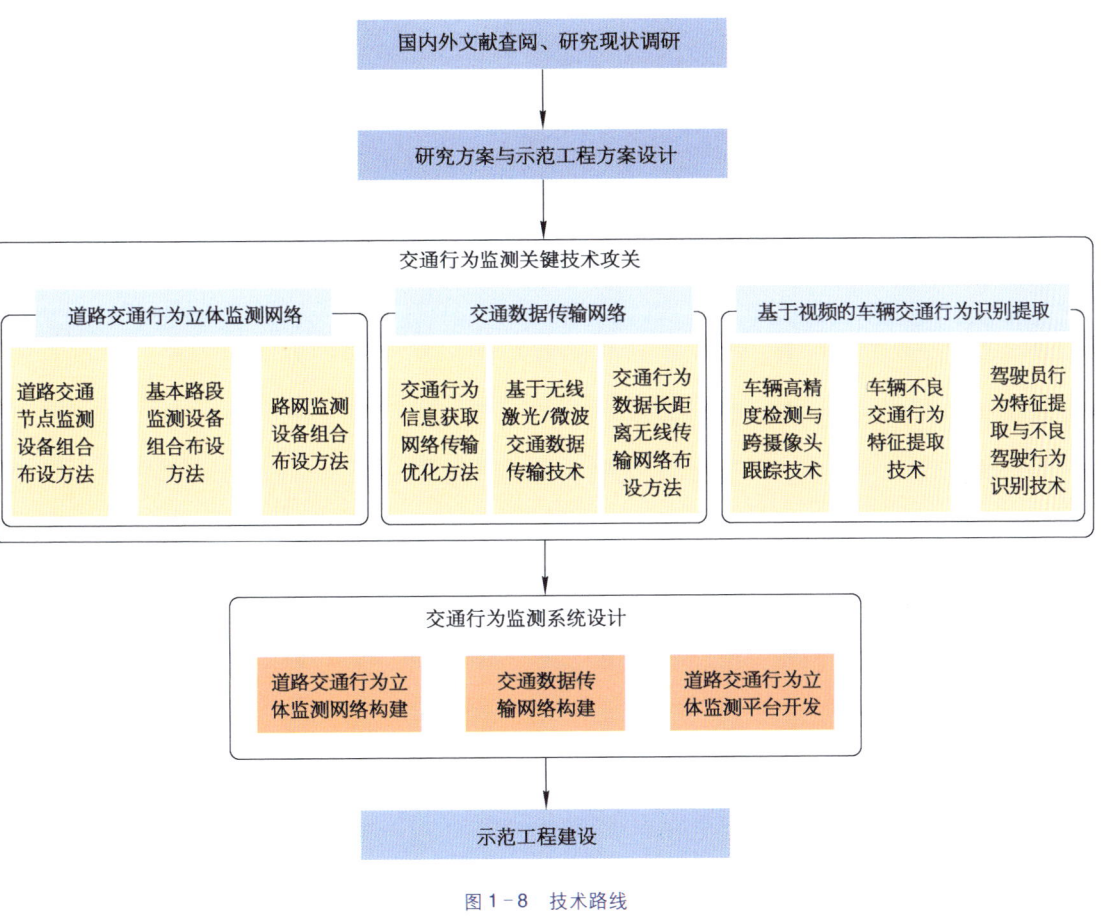

图 1-8 技术路线

第 2 章
不良交通行为特征及参数表达

普通公路是交通运输系统的重要组成部分,具有连接运输大动脉、完善路网通达性的重要功能。近年来,受高速公路收费站入口称重、禁止超限超载车辆进入高速公路政策的影响,大量超限超载车辆改道普通公路,加大了普通公路运营安全管控的难度。普通公路具有道路设施开放性、交通组成混合多元性等特征,交通安全防控难度大、交通事故规模明显高于其他交通运输子系统。资料数据表明,90%以上交通事故是由人的因素导致,因此分析普通公路不良交通行为和参数化表达对安全预警具有重要的支撑作用。

2.1 普通公路交通安全特征分析

2.1.1 普通公路交通事故特征分析

交通事故特征分析是交通安全改善的基础研究之一,从事故本身发现和分析潜在的致险因素是采取针对性措施的必要手段。在整理调研云南省的州、市典型路段事故资料的过程中,共搜集整理1 000余条事故信息,其中楚雄州元双路事故信息相对完整。为了客观反映云南省公路安全特点,以元双公路2011—2017年事故资料为基础、以其他州市座谈资料为辅,分析掌握云南公路交通事故在时间、空间、事故形态等方面的分布特征,为事故预防对策、公路安全管理规划内容的相关研究提供基础。元双公路起于元谋县城,途经牟定县、楚雄市,止于双柏县城,路线全长约163 km,经过元谋、牟定、楚雄、双柏四县(市)的路段按一级公路标准建设,路基宽20 m,其余路段按二级公路标准建设,路基宽8.5 m,设计速度60 km/h。元双公路是云南省典型的干线公路,全线有临崖、急弯、平交口等云南干线公路典型的特征。

2.1.1.1 事故路段分布特征

通过分析云南省元双二级公路桩号 K67+000～K86+000 路段近七年来交通事故数据,如图 2-1 所示。可以看出,桩号 K68+000～K70+000、K81+000～K85+000 段交通事故集中,上述两处事故集中段主要表现出平交口视距不良、线性组合不良(长大坡、急弯、临崖)等特征。

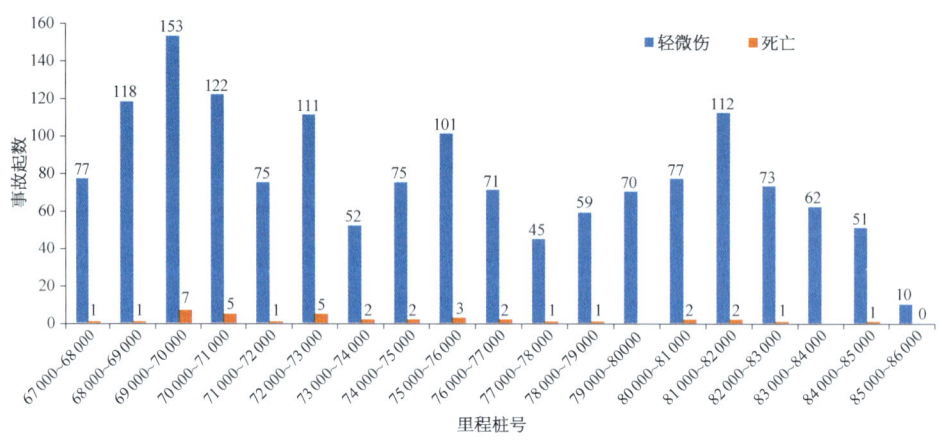

图 2-1　元双公路 K67+000～K86+000 段交通事故分布

结合调研过程资料,云南省普通公路交通安全事故大多发生在急弯、陡坡、交叉路口、长下坡及无交通标识的路段,且道路状况越复杂,交通事故率越高。云南省普通国省公路部分路段交通安全防护措施缺乏或设置不当,达不到安全防护要求的现象时有发生,尤其在低等级公路的一些急弯、陡坡、视距不良等路段缺少道路交通安全标志、标线和标识,无线形诱导设施或减速限速设施等;部分路段坡度较大、狭窄且很多地方道路是临崖、临水的危险路段,缺少诱导设施和防护设施。

2.1.1.2 事故形态和成因分布特征

1) 元双公路 K68+563.2 平交口事故特征分析

元双公路 K68+563.2 平交口卫星俯视图如图 2-2 所示,该路段为一处 X 形平交口,交叉角度为 48°,主线平面线形为直线,纵面位于两段纵坡之间的竖曲线上,两段纵坡坡度分别为 2.8% 和 5%。

通过分析桩号 K68+000～K69+000(2011—2017 年)交通事故数据,进一步分析事故发生的原因及事故形态,如图 2-3 所示。

图2-2 K68+563.2平交口卫星俯视图

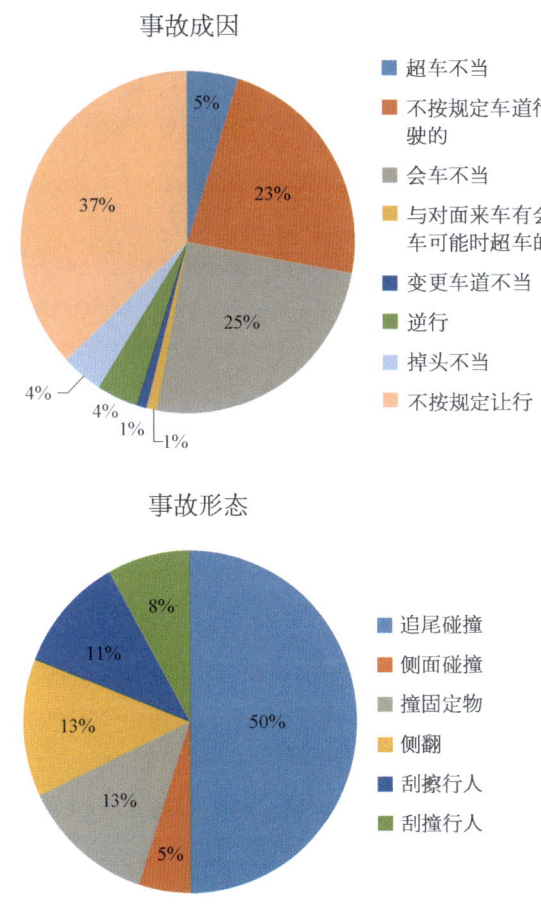

图2-3 交通事故成因与形态分析

从图2-3中可以看出,事故成因中,不按规定让行引发的交通事故最高,达到37%;其次是会车不当,占比25%;居于第三位的是不按规定车道行驶,占比23%;其他原因引发的交通事故所占比例相差不大。事故形态中,追尾碰撞所占比例最高,达到50%;撞固定物与车辆侧翻所占比例一致,均占比13%;刮擦行人占比11%。

2) K81+000~K85+000 线形复杂路段事故特征分析

K81+000~K85+000 线形复杂路段卫星俯视图如图2-4所示,该路段为一处连续下坡的线形复杂路段,路段平均纵坡为3.49%,圆曲线最小半径为251 m。

图2-4　K81+000~K85+000 线形复杂路段卫星俯视图

进一步分析该路段的交通事故空间分布,得到如图2-5所示2011—2017年路段详细事故分布。

由图2-5可知,K81+000~K85+000 事故主要集中的路段分别为K81+000~K81+300、K81+600~K82+100、K82+700~K83+300、K83+800~K84+500。

① K81+000~K81+300。

如图2-6所示为K81+000~K81+300交通事故成因与形态分析,可以看出,事故成因中,超车不当、不按规定车道行驶、会车不当引发的交通事故所占比例较高,其他原因引发的交通事故所占比例相差不大。事故形态中,追尾碰撞所占比例最高,达到81%,其次是撞固定物占比12%,车辆侧翻占比7%。

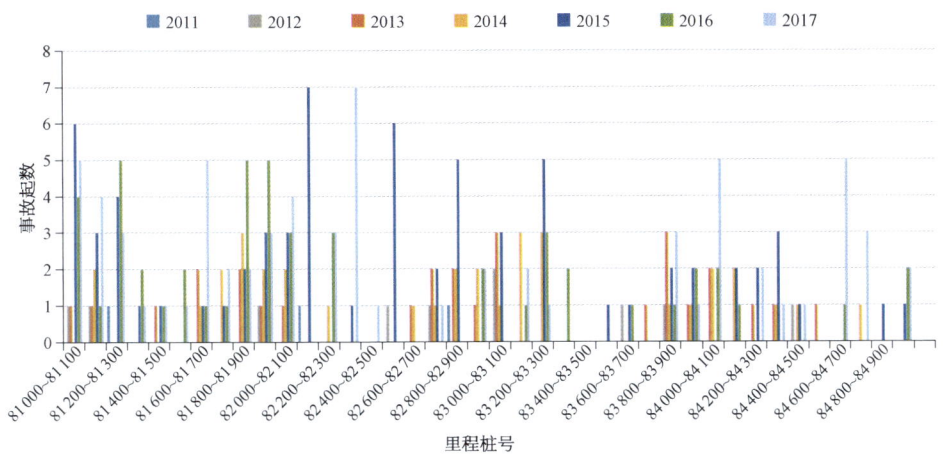

图 2-5 2011—2017 年 K81+000~K85+000 路段交通事故数据

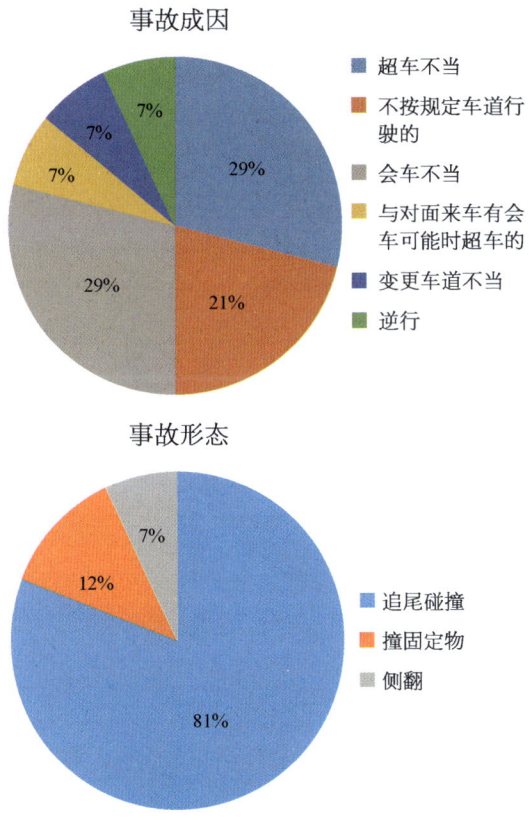

图 2-6 K81+000~K81+300 交通事故成因与形态分析

② K81+600~K82+100。

如图 2-7 所示为 K81+600~K82+100 交通事故成因与形态分析,可以看出,事故成因中,对面来车有会车可能时超车的发生交通事故所占比例最高,达到了 38%;其次是不按规定车道行驶引发的交通事故,所占比例为 19%;第三是超车不当引发的交通事故,占比 14%;其他交通事件引发的交通事故所占比例相差不大。事故形态中,追尾碰撞所占比例最高,达到 81%,其他事故形态相差不大。

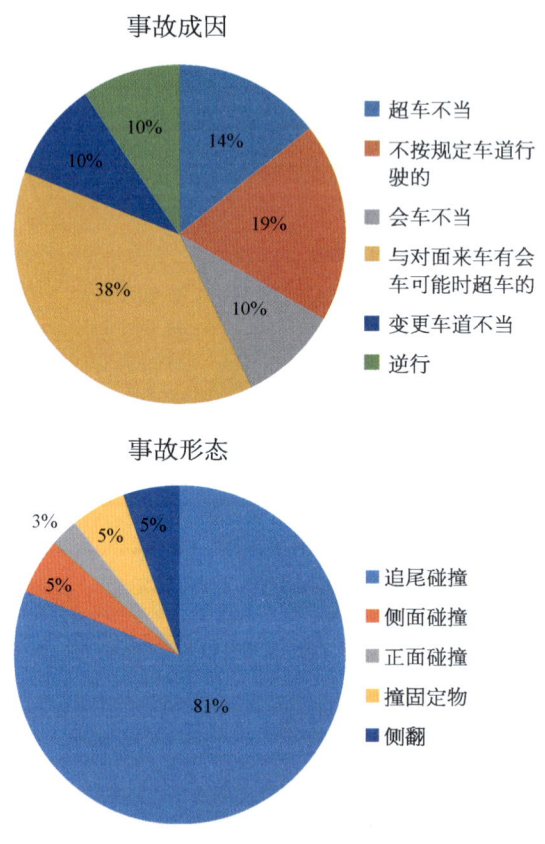

图 2-7　K81+600~K82+100 交通事故成因与形态分析

③ K82+700~K83+300。

如图 2-8 所示为 K82+700~K83+300 交通事故成因与形态分析,可以看出,事故成因中,超车不当引发的交通事故所占比例最高,达到了 29%;其次是与对面来车有可能会车时超车时发生的交通事故,所占比例为 21%;不按规定车道行驶与不按规定让行引发的交通事故所占比例为14%;其他交通事件引发的交通事故所占比例相差不大。事故形态中,追尾碰撞所占比例最高,达到78%,碰撞固定所占比例为8%,其他事故形态相差不大。

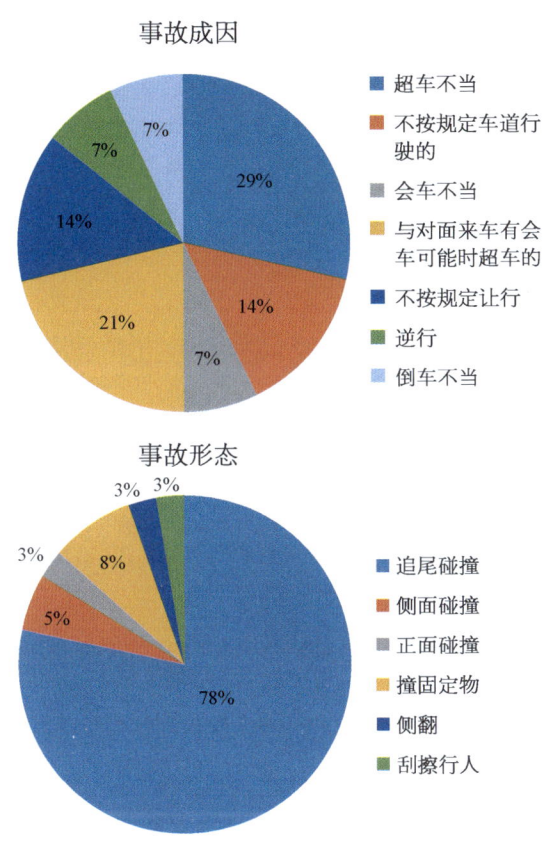

图2-8 K82+700~K83+300交通事故成因与形态分析

④ K83+800~K84+500。

如图2-9所示为K83+800~K84+500交通事故成因与形态分析,可以看出,事故成因中,超车不当引发的交通事故所占比例最高,达到了41%;会车不当、对面来车有可能会车时超车、不按规定让行、逆行时发生的交通事故所占比例相当。事故形态中,追尾碰撞所占比例最高,达到90%,碰撞固定物、侧翻、刮擦行人所占比例相当。

根据以上四个桩号段事故成因与事故形态统计分析可知,事故成因中超车不当发生交通事故所占比例最高,其次是与对面来车有会车可能时超车的

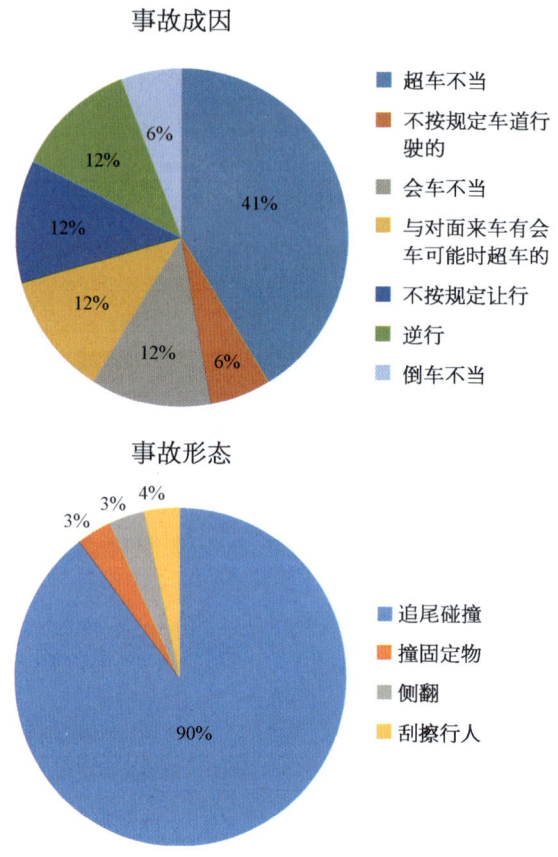

图 2-9　K83+800~K84+500 交通事故成因与形态分析

发生交通事故,第三是不按规定车道行驶时发生的交通事故,会车不当与逆行发生交通事故所占比例相差不大。事故形态中,追尾碰撞所占比例最高,其次是撞固定物和侧翻,侧面碰撞与刮擦行人相对较少。

2.1.1.3　时间分布特征

调研座谈过程中,基于公路管理部门的反馈,分析发现云南省公路交通事故在时间分布上呈以下特征。

从月份方面分析,1—2 月云南雨雪冰冻雾(团)气候等多种气象因素的影响,导致公路驾驶环境恶劣,从而影响驾驶员的正常操作以及车辆的正常运行规律,气象状况的复杂多变及极端恶劣天气的发生极大程度地影响云南公路交通安全状况。此外,1—2 月是我国传统的春节假期阶段,处于在外务工人员的返乡高潮的春运期间,公路交通的客流量较平时有较大增长;还有居民出行拜访亲友、旅游度假的出行强度加大,且多数居民该阶段的出行路径不同于以往正常工作生活,跨市甚至跨省的自驾出行较多,由于对道路线形和驾驶环境的不适应产生陌生的驾驶感受,因此比其他月份的交通事故数、死亡和受伤人数多。

从月内分析,每月1—7日、12日左右事故率较高。特别是5月、10月的"五一黄金周""十一黄金周"假期时间较长,云南是我国旅游产业发展基础雄厚且增长迅猛的省份,由于云南独特的自然美景风光、民俗文化和美食等吸引了大量外省游客观光旅游,其中自驾游的游客占据一定的比重,且居民"黄金周"的旅游度假出行的强度加大,导致一年中平均每月1—7日交通事故率较高,且旅游大巴发生交通事故造成极其严重的群死群伤现象时有发生,相关急救工作难以及时有效地开展。

2.1.1.4　其他事故特征

云南地处云贵高原,高原地区气象复杂多变,海拔梯度变化快,空气密度稀薄,紫外线强烈,天气无常——风、雨、雪、雾、雹变化多端,还有局部雾团(图2-10)等气象特征;除此之外,滑坡、泥石流、地震、崩塌等地质灾害常发,也影响了公路交通系统的正常安全、有序运营。

图 2-10　调研过程突发的团雾现象

2.1.2　普通公路交通风险要素分析

公路上发生的交通事故往往由多种原因综合作用而造成,因此在分析公路交通事故原因时,需从整个系统的角度去分析。结合云南事故资料和座谈资料,普通公路交通风险要素主要包括人为、车辆和道路的因素。

1)人为的因素

研究表明,90%以上的事故是人为因素导致的。云南省调研的事故资料显示,云南省公路交通事故超车不当发生交通事故所占比例最高;其次是与对面来车有会车可能时超车发生的交通事故;第三是不按规定车道行驶时发生的交通事故。事故致因分析可以发现"超速、超车、不按车道行驶"是云南公路交通主要因素之一,其反映了交通参与者安全意识不强,交通安全教育、执法、宣传有待加强。

2)车辆的因素

随着云南省公路交通运输行业的不断发展和货物运输需求的不断增加,超限超载运输问题也随之日益突出。车辆超限超载会对公路交通安全造成巨大的威胁和影响,存在较大的交通安全隐患。车辆超限超载行驶,意味着车辆长期处于超负荷状态,其制动系统和稳定性等安全性能就会迅速降低,很容易引发交通事故。相关数据表明,在载重车辆所发生的道路交通事故中,有约80%由车辆超限超载等违法行为所致,并且约50%的重特大交通事故是车辆超限超载等违法行为直接导致的。车辆超限超载已成为影响公路安全运营的主要因素之一。

3) 道路的因素

(1) 道路几何线形。受云南省地形条件的限制,部分普通国省公路的设计存在线形不良或组合线形不良、平纵线形不良等问题,因此急弯、连续急弯、陡坡、连续下坡、急弯和陡坡组合等典型路段较为常见。例如,车辆行驶在急弯路段会产生较大的横向力,且经常发生驾驶员视距不良的现象,这样轻则会影响驾驶员的情绪和驾驶的舒适性,重则会出现侧滑、冲出车道甚至倾覆等现象。还有连续长大下坡对重型车辆行驶安全的影响也较为明显,大中型载重车辆制动频繁,可能会导致制动系统温度急剧上升,从而出现热衰退、甚至制动失灵现象。

(2) 道路交通安全设施。云南省普通国省公路因受地形地貌的影响存在着各种各样的危险路段,如陡坡、弯急、临水、临崖、高临边等路段,由于受经费制约或条件限制,部分路段缺少必要的交通标志、标线、道路诱导设施和相应的防撞设施,或公路交通标志标线及其他安全设施的设置安装达不到相关标准要求,致使局部路段行车环境不良,安全隐患较大。

(3) 路面状况。路面状况的好坏是影响行车安全的直接因素,提高路面平整度和抗滑性能,可以一定程度减少事故发生的概率,降低严重程度。路面抗滑性是衡量道路路面安全性的重要因素之一。云南省雨季集中在6—8月,在降雨过程中路面湿滑而容易导致交通事故的发生。此外,云南高海拔山区和滇东北地区冬季常有冰雪和霜冻、路面结冰,给道路交通带来极大的安全隐患。

2.1.3 普通公路交通安全原因分析

2.1.3.1 平交口处机非冲突明显,安全隐患较大

交通事故形态分布特征表明,车辆碰撞是最主要的事故形态,其次是碰撞行人,这主要是由于平交口处机动车与非机动车交通冲突明显所导致。调研过程中发现,示范路段平交口绝大多数为无信号灯控制的平交口,且未进

行渠化设计(仅有人行横道),使得被交路的交通出行无指定行迹可循,也不知他人(车)动向,因而抢道、占道行驶,慌乱择道现象频发,致使平交口处机非交通冲突明显,安全隐患较大。

2.1.3.2 不良交通行为突出,对交通安全影响较大

交通事故成因分布特征表明,机动车路口未减速慢行而导致交通事故的比例最高,达到了43%;其次是非机动车未按规定让行导致的交通事故,占比25%;居于第三位的是超载超速,占比11%。这反映了交通参与者的不良交通行为突出(图2-11):机动车通过交叉口时未减速慢行,行车速度较高,导致制动距离明显增加甚至刹不住车,过往行人和非机动车来不及避让,极易引发车辆碰撞和碰撞行人的交通事故;被交路出行的非机动车通过路口转弯时未让直行的车辆优先通行,抢道抢行现象多发亦是引发交通事故的重要原因;车辆超载超速行驶,车辆长期处于超负荷状态,车辆的制动系统和稳定性等安全性能会大幅降低,对公路交通安全造成巨大的威胁和影响。上述不良交通行为是导致平交口处交通事故多发的重要原因,对交通安全具有较大的影响。

图 2-11 交叉口不良交通行为

2.1.3.3 公路基础设施现状

1）部分路段平交口设置密集

部分路段平面交叉口设置密集，多处平交口间距小于 500 m，被交道路交通出行对主线行驶车辆干扰较大，导致交通事故主要发生在无信号灯控制的平交口处。

2）部分交叉口存在视距不良现象

示范路段两侧多为村镇，为方便村民出行，主线接入了较多的乡村道路，同时在路口设置了较多的警示、警告标志，但由于警示、警告标志位置设置不规范，再加上乡村道路两侧种植了较多的树木，导致存在支路出行视距遮挡的现象，如图 2-12 所示。此外，由于主线和支路存在一定的高差，部分支路还存在以陡坡接入的现象，进入主线时可能会出现因下陡坡而速度过快、冲进主线的危险。被交路视距遮挡、陡坡接入等问题给支路出行带来了较大安全隐患。

图 2-12 被交路视距遮挡

交通事故的发生不仅严重威胁道路参与者的生命财产安全、影响公路通行效率,而且还对公路管理部门执政公信力、人民满意度有着消极的影响。从以上分析可以看出,普通公路存在机非冲突明显、行人不良交通行为突出等问题,安全管理压力较大,因此采用科技手段布设监测和预警设备,给机动车和平交口出行人员以提醒和警示,对减少交通事故发生、减轻事故严重程度以及提升道路安全水平具有重要的现实意义。

2.2 普通公路不良交通行为分类

不良交通行为主要分为驾驶员的不良行为和车辆所表现出来的不良行为。其中驾驶员的不良行为主要包括疲劳驾驶、毒驾、醉驾、打电话、注意力不集中、单手握方向盘、开车时捡拾物品、操作导航设备等,与乘客打闹,抽烟,调节座椅/方向盘,违规使用远光灯等。车辆的不良行为主要包括违法停车、逆行、占用应急车道、跟驰距离过近、闯红灯、强行超车、未按规定让行、追逐竞驶、压线行驶、频繁变换车道、急加速、急减速等。

图 2-13 普通公路典型不良交通行为

与高速公路相比,部分国省干线没有中央分隔带,交通环境复杂,除了机动车之外,甚至包括行人以及非机动车,交通环境更为复杂,不良交通行为对交通安全的影响更为突出。数据统计显示,约90%的事故都是由于不良行为所导致,分析总结国省干道历年交通事故致因,可以将国省干道的不良驾驶行为分为超速、跟驰过近、违规超车、蛇形驾驶(横向摆动)、车道侵占、频繁加减速、不良变道和强行插入等。

超速行为对国省干道交通安全性影响十分明显,驾驶人超速行为会导致驾驶人视野变窄,动视力和辨别事物的能力下降,根据实测结果,车速提高1/3,视认距离则降低33%,超速还会影响车辆操纵稳定性;跟驰距离过近会导致在突发情况下给予驾驶员的反应时间过短,容易发生追尾冲突,追尾冲突发生时,会采取制动或变道驾驶行为避险,若操作不当,极易导致车辆刮擦和追尾碰撞等交通事故;超车行为也存在刮擦和追尾碰撞的风险。

频繁变换车道主要是指在一定的时间和空间范围内,多次变换车道。频繁变道会扰乱正常的交通秩序,影响其他车辆的正常行驶,非常容易造成交通事故。同时自身的车辆还容易出现失控。

强行超车,尤其是借用对向车道强行超车的过程中,有可能与对向来车发生正面碰撞,一旦发生碰撞,死亡率较高。一是驾驶员在超车前和超车中必须迅速提高车速,并且在多数情况下其车速超过交通法规的上限规定。二是强行超车通常都是在超车过程中对面有来车可能的情况下进行的,这时的危害性最大,既有可能与对面来车相撞,又有可能与被超车发生碰擦,并且其后果惨重。三是强行超车往往对被超车车辆驾驶员刺激较大,他们可能采取让道不让速甚至加速的办法,形成两辆车并列超速行驶而酿成大祸。我国《道路交通安全法》第四十三条规定:同车道行驶的机动车,后车应当与前车保持足以采取紧急制动措施的安全距离。有下列情形之一的,不得超车:① 前车正在左转弯、掉头、超车的;② 与对面来车有会车可能的;③ 前车为执行紧急任务的警车、消防车、救护车、工程救险车的;④ 行经铁路道口、交叉路口、窄桥、弯道、陡坡、隧道、人行横道、市区交通流量大的路段等没有超车条件的。

当跟驰距离过近即未保持安全间距,前车减速时,由于跟驰距离过近,后方车辆来不及反应,极有可能发生追尾事故。正常天气条件下,当车速达到和超过 100 km/h 时,应当与同车道前车保持 100 m 以上的距离;车速低于 100 km/h 时,与同车道前车距离可以适当缩短,但最小距离不得少于 50 m。此外,在雨、雪、雾等条件下,路面湿滑,制动距离变长,因此需要适当增加跟驰距离。

未按规定让行主要发生在无信号灯控制交叉口处,事故占比高。我国道路交通安全法实施条例对车辆通过无信号灯控制交叉口的交通规则进行了明确的规定,如第五十二条:机动车通过没有交通信号灯控制也没有交通警察指挥的交叉路口,除应当遵守第五十一条第(二)项、第(三)项的规定外,还应当遵守下列规定:① 有交通标志、标线控制的,让优先通行的一方先行;② 没有交通标志、标线控制的,在进入路口前停车瞭望,让右方道路的来车先行;③ 转弯的机动车让直行的车辆先行;④ 相对方向行驶的右转弯的机动车让左转弯的车辆先行。

蛇形驾驶,主要表现为车辆在行车道左右移动,一般由驾驶员疲劳驾驶或酒后驾驶所致。

2.3 普通公路交通行为参数化表达

2.3.1 交通行为的参数化描述方法

正常情况下,驾驶员在驾驶车辆时主要有两种基本驾驶行为状态:一是跟驰驾驶行为,二是变道驾驶行为。

车头时距、车头间距、车速差等驾驶行为变量均能反映各典型场景下的跟驰、变道行为特性,碰撞时间(time to collision,TTC)和碰撞积分时间(integrated time-to-collision,TIT)能较好地反映各典型跟驰场景下的风险情况。反映驾驶行为特征的车辆动力学和驾驶操纵指标则主要包括车辆的速度、加速度、减速度、加速踏板受力和制动踏板受力等。各指标或变量的统计特征值选取原则如下:

(1) 速度(km/h):用速度均值反映各典型场景下驾驶员的速度保持情况,用速度最大值和最小值反映其波动范围,用速度标准差反映其变异性。

(2) 加、减速度(m/s^2):用加速度的均值和最大值反映加速阶段各典型场景下各类驾驶员的行车舒适性和稳定性,用减速度(绝对值)的均值和最大值反映减速阶段的行车舒适性和稳定性。

(3) 加速踏板、制动踏板受力(APA,daN):与加、减速度类似,用加速踏板、制动踏板受力的均值和最大值反映加、减速阶段各典型场景下驾驶员的驾驶熟练度和行车稳定性。

(4) 车头时距、车头间距(s,m):用车头时距、车头间距的均值和最小值反映各典型场景下驾驶员时距、空距的保持情况,用其标准差反映变异性。

(5) 车速差(km/h):用车速差的最大值和最小值反映各典型场景下驾驶员跟驰相对速度的波动范围,用标准差反映其变异性。

(6) 横向偏移(m):车辆横向偏移值的时序变化特征在超车和弯道行驶的识别和预测中应用较多,但其最大值、最小值和均值等统计值意义不大,因此采用横向偏移的标准差反映其变异性。

(7) 方向盘转角(°):用方向盘转角的最大值和最小值反映超车行为阶段各典型场景下驾驶员的转向驾驶熟练度和侧向行车舒适性,用标准差反映其变异性。

(8) TTC(s):用 TTC 的最小值、1%分位值、3%分位值和5%分位值反映各典型场景下各类驾驶员跟驰过程中的风险情况。

(9) TIT(s^2):分别以 TTC 的1%分位值、3%分位值和5%分位值为阈值,用每2s内平均TIT的均值和最大值反映跟驰过程中的风险情况。

2.3.2　普通公路交通行为参数表达方法

所谓交通行为谱特征参数,是指能够表征交通行为特征的一系列参数,它是在交通行为状态指标上进行一系列计算而得到的,采用的计算方法不同,所表示的特征含义也将有所不同,不同的特征参数代表不同的行为规律。例如,对于交通安全,重点关注与安全行驶相关的特征参数,例如超速、跟驰距离过近、频繁变换车道等。由于跟驰行为与变道行为所涉及的相关车辆是有所区别的,因此对跟驰行为与变道行为所对应的交通行为谱特征参数进行分别说明。

交通行为表达参数是由基本参数推演而来,根据不同行为的表现方式存在不同的定义。普通公路交通行为参数(measurement of risk,MOR),见表2-1。

表2-1 普通公路交通行为参数

道路类型	危险驾驶行为类别	危险驾驶行为描述	基本参数	MOR		备注
交叉口	不良变道	车辆行驶至交叉口前未及时变道,而在接近交叉口时强制变道	转弯车辆变道位置L_1,变道区结束位置L_0	$D = L_0 - L_1$		L_0一般为30 m,D理论为负数,越小越好,表示待转弯车辆已提早变道
	直线行驶不减速	车辆直线行驶经过无信控交叉口,理应减速	交叉口车流速度V_0,车辆行驶速度V_1	$V_1 - V_0$		无信控交叉口
	直线通过横向摆动	交叉口区域无车道划线,车辆不按直线行驶,进行横向摆动,发生侧向碰撞	车辆行驶摆动幅度累计值W,交叉口区域长度L	$\dfrac{\sum \lvert W \rvert}{L}$	$\mathrm{Max}\lvert W \rvert$	
	转弯过快或过慢	交叉口车辆转弯速度不宜过快以避免行人、非机动车等侧向碰撞,也不宜过慢,以免后车追尾	车辆转弯时间t_1,理论转弯时间t_0	$\lvert t_1 - t_0 \rvert$		t_0根据交叉口交角及交叉口车辆理论行驶速度确定
普通公路(双车道及低等级公路即双向双车道)	车辆跟驰	车辆跟驰	前后车速度v_f, v_p,前后车间隔$D(t)$	$\dfrac{v_f - v_p}{D(t)}$		
	超车	对向车道无车辆时频繁超车	车辆超车次数T,超车行驶距离D	$\dfrac{T}{D}$		

续 表

道路类型	危险驾驶行为类别	危险驾驶行为描述	基本参数	MOR	备注
普通公路（双车道及低等级公路即双向双车道）	超车	对向车道有车辆时超车	超车车辆初速度 v_0，平均加速度 a，同车道车头间距 D_0，超车时间 t，超车速度 v_1，被超汽车速度 v_2，对向来车速度 v_3	$D = 3D_0 + (v_2 + v_3)t$ $t = \dfrac{2D_0}{v_1 - v_2} + \dfrac{(v_1 - v_0)^2}{2a(v_1 - v_2)}$	超车视距
	蛇形驾驶（横向摆动）	车辆行驶过程中左右摆动，呈蛇形驾驶状态	车辆行驶摆动幅度的累计值 W，摆动频率 f，行驶距离 D	$\dfrac{\sum |W|}{D \cdot f}$	
	车道侵占	事故或堵塞等非紧急情况下占用公路应急车道停车、路肩行驶、违规掉头、行车轧车道分界线等	压线次数 T，行驶偏移中心线累积距离 X，行驶距离 D	$\dfrac{T}{D} \cdot \dfrac{\sum |X|}{D}$	
	速度不稳定	加减速频繁	本车速度 v	$CV = (SD/MN) \times 100\%$	CV：变异系数 SD：速度标准差 MN：速度均值
普通公路多车道	不良变道	频繁变换车道、连续双车道变换	多车道变道距离 D，换车道次数 T，车速 v（单位观测时长 t）	$\dfrac{T}{D}$	
	强行插入	强行变换车道，插入车辆	变道时间 t，变道车辆位置 x_0、速度 v_0，前车位置 x_1、速度 v_1，后车位置 x_2、速度 v_2	$D_1 = (x_1 - x_0) + (v_1 - v_0)t$ $D_2 = (x_0 - x_2) + (v_0 - v_2)t$	

1) 交叉口场景下"不良变道"（图 2-14）

L_0 为交叉口连接道路实线段长度，L_1 为车辆开始变道的位置，选取驶近交叉口时变道的车辆采集这两个指标。实际处理中以车辆发生肉眼可辨的变道行为时车头所在位置确定变道起始点（将视频分帧成图片可以较好地进行人工判别），以周边及道路标线为参考坐标，确定起始点的具体坐标，误差不超过 1 m。

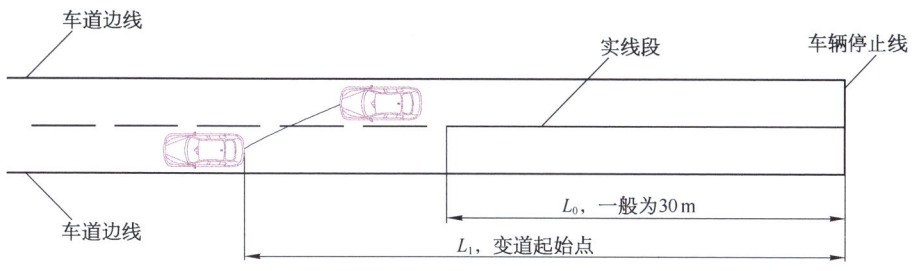

图 2-14 交通行为不良变道示意

2) 交叉口场景下"直线行驶不减速"(图 2-15)

V_0 为交叉口经过车辆在交叉口的平均行驶速度的历史统计值众数(以获取 100 辆车的行驶记录为基准),V_1 为当前车辆在交叉口区域内直线行驶的最大速度。无信控交叉口一般无车辆停止线,故交叉口区域即以人行横道线边缘为基准。

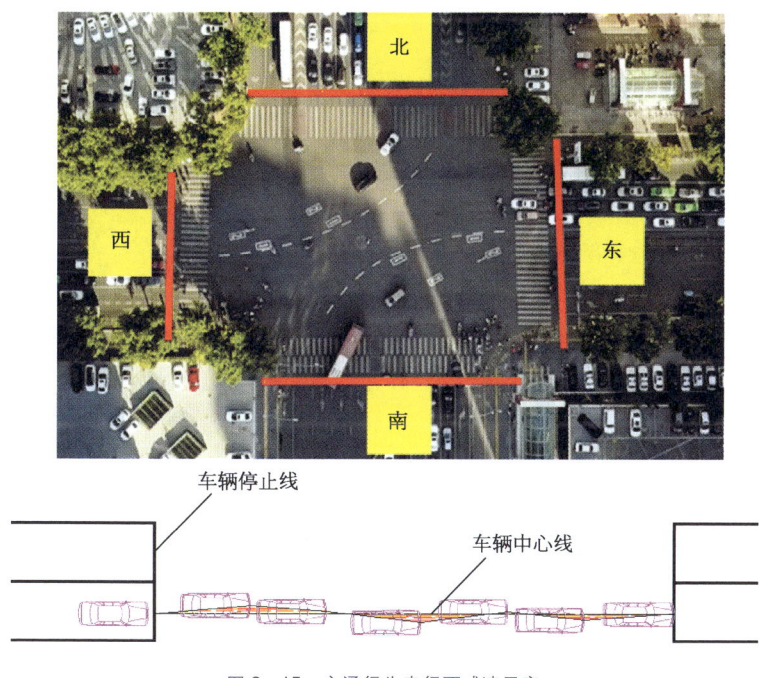

图 2-15 交通行为直行不减速示意

3) 交叉口场景下"车辆直线通过交叉口横向摆动"

交叉口区域大小因采集交叉口不同而不同,无固定大小,因而具体长度因交叉口而异。具体以车辆进口道和出口道停止线距离为长度,即两条平行红线到红线距离。W 初始定义为摆动幅度,实际为车辆轨迹与车道中心线围成的面积,围合面积以采集实际车辆轨迹后绘图所得积分,无计算公式,为近似估计值。路径提取上,按之前项目经验是可行的,车道线也是可识别作为基准参照的。

4) 交叉口场景下"转弯过快或过慢"(图 2-16)

车辆的转弯时间分了八个。以一个车道的车辆停止线到另一个车道的停止线所需时间为转弯时间 t_1,后续研究中决定采取人工计时手段处理该指标数据,放弃机器识别的方法。理论转弯时间 t_0 为转弯半径除以交叉口设计速度(如果无交叉口设计速度,则可按路段设计速度推算)。

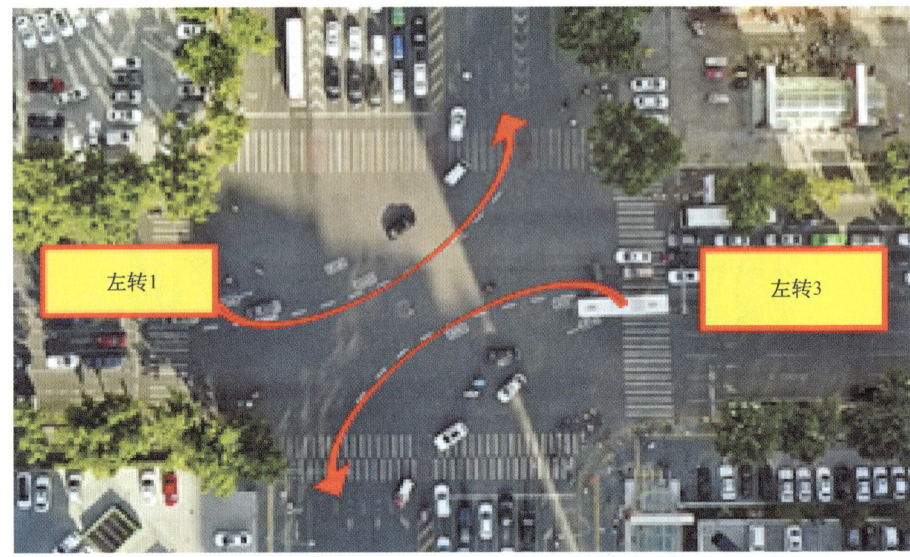

第 2 章 不良交通行为特征及参数表达

图 2-16 交叉口转弯不良交通行为示意

第 3 章
交通行为立体监测技术与设备布设方法

通过多种交通监测方式获取的交通信息位于整个智能交通系统的底层，是交通管控的触觉末梢网络，其获取交通信息的准确性、实时性、可靠性决定了交通管控策略响应的实效性；交通管控根据服务对象和需求的不同，可分为路网、路段、节点(点、线、面)三个维度，而不同维度的交通信息参数表达和获取是对道路进行宏观、中观、微观三个层面交通管控的基础。因此，本章聚焦宏观路网、中观路段、微观节点监测设备布设方法，以期为道路交通安全主动防控提供基础交通信息采集网。

3.1 交通信息监测及获取方式

交通监测信息分类和参数化表达是交通数据量化的基础，而现有交通监测设备针对不同交通参数获取的技术特性决定了其相应的应用场景。因此，本节从交通信息分类和参数化表达出发，分析不同交通监测设备获取交通参数的特性，为建立监测设备优化布设方法模型提供基础。获取交通信息的交通监测技术主要分为四类：一是基于传感器的交通监测技术，如传感线圈、雷达等；二是基于射频的交通监测技术，如射频识别(radio frequency identification，FRID)等；三是基于视频的交通监测技术，如路侧视频、无人机等；四是基于空间定位的交通监测技术，如全球定位系统(global positioning system，GPS)等。接下来，将介绍这四类交通监测技术以及无人机在交通监测中的应用。

3.1.1 基于传感器的交通监测

交通传感器获取的交通信息相关参数，分为路面接触式和路面非接触式两类。接触式传感器具有代表性的监测技术包括环形线圈、磁力探测、压力探测等;非接触式监测技术包括波频探测、激光探测等。以下介绍几种常见的交通监测技术。

1) 环形线圈传感器

环形线圈车辆检测器是基于电磁感应原理获取交通参数的方式,主要由埋设在路面以下的环形线圈、信号检测单元和馈线三部分组成。

当车辆通过埋在路面以下的线圈或停在线圈上时,会引起回路电感的变化,信号检测单元通过信号处理就可以检测车辆的存在,据此可计算出交通流量、车速、时间占有率和行进方向等交通参数。目前,环形线圈检测器在闯红灯违法抓拍系统、事件检测系统、匝道管理系统等均有成熟的应用,如图 3-1 所示为环形线圈违法抓拍应用。

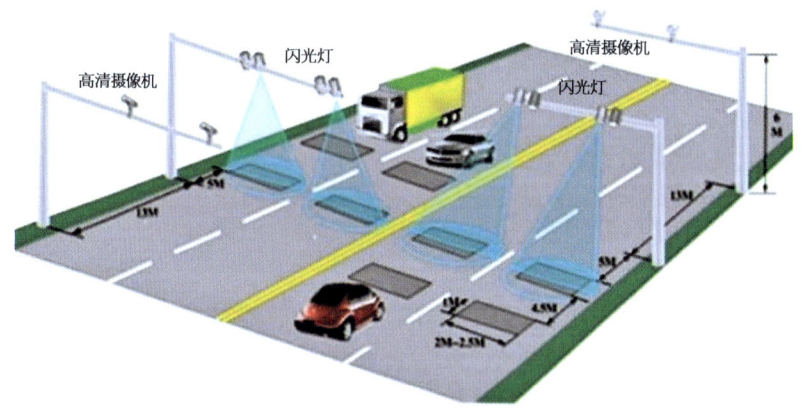

图 3-1 环形线圈违法抓拍应用

2) 地磁传感器

地磁传感器是利用车辆存在或通过传感器时引起地磁场强度的变化来获取交通信息(图 3-2)。任何铁磁性物体都会改变磁场分布,形成地磁干扰,其综合影响是对地球磁场磁力线造成的扭曲或畸变,这个扰动会因铁磁性物体的结构、质量不同而变化,因而可以利用这个特征来检测车辆出现、车型、速度和时间占有率等交通参数。地磁传感监测技术在停车管理系统中已得到了广泛的应用。

3) 微波传感器

微波检测是采用雷达技术实时监测固定区域内交通参数的方法(图 3-3)。

图 3-2 地磁传感器应用示意

微波传感器主要由微波振荡器和微波天线组成。微波振荡器是产生微波的装置,由微波振荡器产生的振荡信号须用波导管传输,并通过天线发射出去。发射天线发出的微波,遇到被测物体时将被吸收或反射,使功率发生变化;利用接收天线接收通过被测物体或由被测物反射回来的微波,并将它转换成电信号,再由测量电路处理,就实现了微波检测。

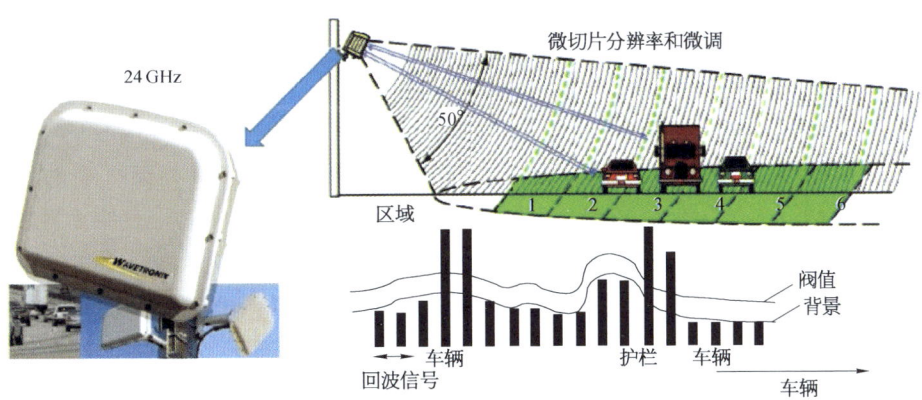

图 3-3 微波检测器侧向安装监测车道交通流

微波检测可以检测多达八条车道的车流量、道路占有率、车型、平均车速等交通参数,目前广泛应用于城市交通和高速公路交通流信息监测。微波车辆检测器的测量方式在车型单一、车流稳定、车速分布均匀的道路上准确度较高,但是在车流拥堵以及大型车较多、车型分布不均匀的路段,由于受到遮挡较多,测量精度会受到比较大的影响。另外,微波检测器要求离最近的车道有 3 m 的空间,如要检测八车道,离最近车道也需要 7~9 m 的距离且安装高度也要达到要求。因此,在桥梁、立交桥、高架路上的安装会受到限制,不仅安装困难,而且价格也比较昂贵。

4)其他传感器

红外检测器是利用被检测物对红外线光束的遮挡或反射,通过同步回路电路来监测物体的存在。

激光检测是利用激光成像原理,对车辆进行扫描,可以采集车辆长度、高度、速度和位置等参数。

3.1.2 基于射频的交通监测

射频识别是一种无线通信技术,可以通过无线电信号识别特定目标并读写相关数据,而无须在识别系统与特定目标之间建立机械或光学接触。

最基本的 RFID 系统,由三部分组成:① 标签(tag),由耦合元件及芯片组成,每个标签具有唯一的电子编码,附着在物体上以标识目标对象;② 阅读器(reader),用于读取标签信息的设备,可设计为手持式或固定式;③ 天线(antenna),用于在标签和读取器间传递射频信号。

1)RFID 的工作过程

读写器在工作时发射特定频率的无线电波,电子标签进入磁场后,接收读写器发出的射频信号,凭借感应电流所获得的能量发送存储在芯片中的信息(无源标签)或被动标签的情况,或者由标签主动发送某频率的信号(有源标签)或主动标签的情况,读写器读取信息并解码后,送至中央信息系统进行有关数据处理。电子标签与读写器之间的数据通信是通过空气介质以无线电波的形式进行的。以被动式射频识别系统为例,其工作过程如下:

(1)读写器通过射频天线发送一定频率的射频信号,当电子标签(或 RFID 射频卡)进入射频天线工作区域时产生感应电流,从而获得能量而被激活。

(2)电子标签(或 RFID 射频卡)将自身编码等信息通过内置的天线发射出去。

(3)系统射频天线接收到从电子标签(或 RFID 射频卡)发送来的载波信

号,经天线调节器传送到读写器,读写器对接收的信号进行解调和解码,然后送到后台主系统进行相关处理。

2) RFID 在交通领域的应用

目前 RFID 技术在智能交通领域得到了广泛的应用,主要有:

(1) 相对位置定位:可以确定车辆进入了哪个区间。其定位的准确度取决于 RFID 读写器安装的密度。

(2) 路线导航:根据事先选定的路线,在抵达某关键路口的前一个路口,通过适当的信息发布机制,可以告诉车辆应准备在哪条行车道行驶或哪个出口驶出。

(3) 信号控制:通过安装在路口的 RFID 读写器可以探测并计算出某两个红绿灯区间的车辆数目,从而智能地计算红灯或绿灯的分配时间。同时,通过对公交车辆类别的识别,可以实现公交优先的交通信号控制。

(4) 不停车收费:通过装在路口的 RFID 读写器,并辅以其他自动控制系统,可实现不停车电子收费功能。

(5) 实时速度统计:可以通过计算两读写器区间的车辆通过时间,进而实时统计出车辆的平均行驶速度;可以推算出该路段的拥堵程度,给驾驶员提供选择路段的参考。

(6) 超速警告:根据两读写器区间的车辆通过时间计算出该车辆行驶是否超速;如果超速,通过适当的信息发布机制对该车辆进行通告或警告。

(7) 自动违章记录与惩罚:在区间出口处识别到在某区间违章的车辆后,可以自动进行违章的记录与惩罚;其费用还可以从自动缴费渠道扣除。

(8) 实时流量统计:根据通过两读写器区间的车辆数量,可以实时进行某路段的交通流量统计;如果交通流量超过某范围,还可以进行相应的警告信息发布以及进入限制。

3.1.3 基于视频的交通监测

视频采集属于非接触式的检测方法,是利用视频、计算机以及现代通信等技术,实现对交通动态信息的采集。视频监测技术是目前发展较快的一种检测方式,该检测方式的检测功能较强大,可以实现多车道同时检测,目前应用较多的是对机动车的运行状态信息采集,可以获取车型分类占有率、车流量、瞬时车速和平均车距等交通参数,并可对监控范围内的交通事件自动报警,从而为交通的信号控制、信息发布、交通诱导、应急指挥提供实时交通动态信息。

视频交通监测技术对视频交通图像的数据处理及特征提取是实时进行的(图3-4)。视频交通信息采集系统通过安装在路口或路段上方的摄像机对车辆及行人进行拍摄,将拍摄到的图像进行存储并数字化。对图像进行初步处理,去掉多余信息,随后对图像进行分区,并对各分区图像进行处理以提取特征信息;根据特征信息进行车辆记数、分类,根据相邻图片计算车速,最后在拍摄区域内跟踪所辨识出的车辆。视频交通信息采集技术中的图像处理通常有两种算法:一种是将摄像机拍摄的区域分成若干小区域,视频交通信息采集系统对各小区域进行图像处理,小区域可以与车道垂直、平行斜交,由于视频交通信息采集系统中一个摄像机的检测区域可跨多车道,因此一个视频交通信息采集系统可以代替许多环形圈或其他检测器,实现对更大区域进行车辆检测;另一种是连续跟踪在摄像机拍摄区域内行驶的车辆,通过对车辆的多次图像信息采集确定车辆,随后对车辆图像进行记录并计算其速度和交通堵塞时车辆排队长度。视频监测技术可以进行事件识别,如交通阻塞、超速行驶、非法停车和不按道行驶逆行等不良驾驶行为或交通状态监测。

图3-4 视频监测技术识别车辆

目前视频车辆检测器可分为三种：点式车辆检测器、线式车辆检测器和面式车辆检测器。

(1) 点式车辆检测器：在图像上设置固定的检测点，通过检测这些检测点的灰度变化情况，推断是否有车通过以及采集交通流的速度、密度和流量，其主要缺点是容易受环境照度变化以及车辆自身阴影的干扰。

(2) 线式车辆检测器：可分为横向线式检测器和纵向线式检测器两种。横向线式检测器是指在图像的特定位置上画取一条垂直于道路方向的检测线，通过检查检测线上灰度变化来判断通过检测线的车辆数目以及车辆的宽度并可根据车辆的宽度来判断车型，若画取两条检测线则可求出车辆速度。纵向线式检测器是指在平行于道路方向上划取检测线，根据线上灰度变化情况来判断车辆的长度。纵向线式检测器往往同横向线式检测器一起使用，从而提高车辆分类的准确率。线式检测器在车辆变换车道时容易误判，且在车距过短时容易漏判，但因为其计算量较小，且比较容易得到车型以及车速等信息，所以目前国外普遍采用的视频车辆检测器为线式检测器。

(3) 面式车辆检测器：通过对所摄取的图像进行诸如边缘检测等运算，提取检测区域中车辆的一些特征，如面积、边缘等信息，采用这些信息进行车辆分类，分析方法比较简单，而且精度可大大提高。由于面式检测器提取的是图像灰度的梯度信息，与点式和线式检测器相比大幅减小了环境照明对检测精度的影响。因此，尽管面式检测器的运算量大大增加，但随着微处理器运算速度的不断提高，面式检测器将成为视频车辆检测器研究的主要方向。

3.1.4 基于空间定位的交通监测

基于卫星定位的动态交通监测技术，已在许多领域得到了成功的应用。在动态交通数据采集方面，基于卫星定位的动态交通数据采集技术可以采集车辆的瞬时车速、行程时间、行程速度等数据。最常用的方法是，在车辆上配备 GPS 接收装置，以一定的采样间隔记录车辆的三维位置坐标和时间数据，这些数据传入计算机后与地理信息系统(geographic information system, GIS) 的电子地图相结合，经过重叠分析计算出车辆的瞬时车速及其通过特定路段的行程时间和行程速度指标。若在给定的时段有多辆车经过特定路段，还可以得到该路段的平均行程时间和平均行程速度。

应用卫星定位的动态交通监测技术的关键是选择合理的采样样本大小。一般情况下,在高速公路上只要浮动车覆盖率为 3%、在城市道路上覆盖率为 5%,即可达到较好的效果。实际上,如果要实现满足基于浮动车信息采集技术的交通流参数估计需求,不仅要有合理的浮动车比例,还要有合理的采样周期、数据上传处理周期等。原则上,浮动车覆盖率低,采集间隔应该缩小;相反,则增大。上传数据时间间隔长,易造成路径曲线不连贯,可以运用一些改进的匹配和搜索估计算法来尽可能地减小其对实时性的影响。一般取采集间隔为 1 min,数据上传至中心的周期为 5 min。

3.1.5 无人机在交通监测中的应用

在很多城市,固定型交通检测设备仅布设在快速路、主干路上,且布设路段数量有限,易造成部分重要路段的交通信息缺失。浮动车与手机数据的有效性和可靠性往往受到抽样率的影响,抽样不足会导致该类数据的可信度不高。无人机的应用较好地弥补了这些不足。无人驾驶飞机(unmanned aerial vehicle,UAV)简称无人机,源于军事领域,当前已在民用领域,包括交通监控和信息采集、交通管理控制、应急救援、港口安全和自然灾害监控(如雪崩和森林火灾)等领域得到了广泛的应用。

在交通领域,国内外学者对 UAV 的交通信息采集、信息提取开展了相关研究。目前,国际上主要有 4 个研究团队在将飞行摄影应用于交通研究和应用领域上成果显著,分别为美国亚利桑那大学 Hickman 教授研究团队、俄亥俄州立大学 Coifman 教授研究团队、荷兰代尔夫特理工大学 Hoogendoorn 教授研究团队和德国宇航中心 Kuhne 教授研究团队。

无人机作为一种空中移动设备,通过装载各类传感器与摄像机或照相机,可实现对道路交通状况的实时监测,其侦测范围较广,机动灵活。无人机数据采集系统是一个综合的系统,主要由无人机、地面监控站和系统载体三部分组成。地面监控站的硬件设备主要包括地面发射机、地面接收机等,软件部分主要有数据通信模块、监控模块和数据处理模块等。无人机交通信息采集技术可以发挥其机动、灵活的优势,突破空间距离因素的制约,克服特殊地理与环境条件的影响(如沙漠公路、大雾天气等)。无人机交通监测框架如图 3-5 所示。运用单 UAV 或多 UAV 的协作方式,实现较大范围内的交通信息采集,结合视频图像处理技术,可直接获取交叉口与路段的流量、速度、占有率、车辆长度与交通基础设施、行人、自行车等交通信息,此外,通过实时的视频监控检测交通事件的发生。相对于传统的交通信息采集方式,UAV 采集技术的环境适应性强,能够采集到广面域、多参数、宏微观兼具的交通信息,可为交通规划、交通仿真、交通控制、交通安全、交通拥堵等研究提供较好的信息源,并可与其他交通信息采集技术相结合,丰富和发展现有的交通信息采集方法。

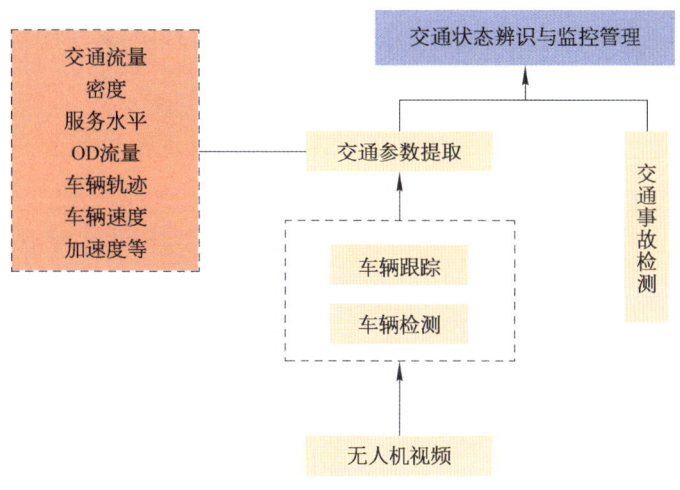

图 3-5 无人机交通监测框架

因此,无人机参与交通管理能够发挥自己专长和优势进行实况监视、交通调控,帮助交管部门解决大中城市交通顽疾、构建陆-空立体交通管控体系,实现区域管控,应对突发事件,确保交通畅通。

1) 无人机在交通监测领域应用的优点

(1) 检测范围广:低空飞行、巡航高度可调、速度快、变换视角灵活,可以实现从局部到域的点、线、面交通检测,有利于交通管理部门快速、高效地控制局面。

(2) 采集信息多样化:通过对感兴趣区域的连续侦查,可以跟踪和检测单个车辆的空间位置和运行状态,也可以采集交通密度、交通流量、平均速度及交通设施分布等宏观交通信息。

(3) 机动灵活:无人机既能够飞行在高速道路和桥梁道路之上,也能穿行在高楼大厦之间,甚至可以穿过隧道进行事故现场的勘查和取证,飞行高度从几十米到数百米不等,不受道路交通影响,表现出特有的灵活性和机动性。

(4) 可应急救援:在遇到地震、洪灾、海啸、暴雪等自然灾害时,地面交通全部瘫痪,无人机可以立即出动,深入现场观察实况,搜索人员,建立通信中继。

(5) 风险低:不用考虑驾驶员风险,能够在灾害天气或污染环境下执行高危任务。

(6) 效率高:无人机作业准备时间短,可随时出动,具有低投入、高效益的特点。

2) 无人机的一些特性也限制其在交通监测领域的应用

(1) 飞行高度:受飞机质量、有效载荷和航空管理限制,无人机的飞行高度一般为 0~200 m。

(2) 有效荷载:无人机的摄像机、云台和通信设备等不能过重,一般在数千克以内。

(3) 续航时间:因产品和载荷而异,无人机的续航时间通常不超过 2 h。

(4) 天气:无人机工作的天气一般要求风力通常在 6 级以下,气温在 -20℃以上,非下雨时间。

(5) 其他:应用无人机对应避免电视发射塔等带来的电磁干扰,避免强烈阳光照射干扰视频接收。

3.2 路网交通监测设备布设方法

交通监测设备从记录数据的时间维度上讲,主要分为两类:点式检测器(如感应线圈、微波、地磁等)和线型检测器[视频、自动车辆识别(AVI)等]。两者的区别在于点式检测器只能记录断面或者节点的流量、速度等基本交通参数,不能记录车辆的唯一标识(identification, ID);而线型交通检测器,除了能够记录速度、流量等基本交通参数以外,还能够记录车辆时间、位置和 ID,能够准确记录车辆的行驶路径和 OD。因此,点式监测设备和线型监测设备在获取路网交通流方式上有着本质的区别。

路网宏观层面交通流监测是路网宏观调控和状态评估的关键,交通流信息获取越全面、路径选择越清晰、OD 数据越准确,路网的宏观管控策略就越有利

第 3 章　交通行为立体监测技术与设备布设方法　　75

于提升路网的运行效率。因此,如何在有限的设备数量前提条件下,最大化获取交通流信息(路径流、路段流、OD 流)是路网监测设备布设考虑的关键问题。

3.2.1　路网交通监测问题

3.2.1.1　路网交通流守恒法则

对于一个特定路网,可抽象为由若干节点(交叉口)和若干路段(连接交叉口)组成的图,其拓扑结构表示为 $N = (V, A)$,其中 N 表示路网节点,A 表示连接节点的路段,具有方向性。交通出行者从起点到终点完成的一次出行,起终点形成了 OD 对、连接起终点的若干连续路段 A 形成了出行的路径 R;因此,对于一个特定路网会产生多个 OD 流、路段流、路径流,其相互关系满足以下守恒方程:

$$v_a = \sum_{k \in R} \lambda_{r_i}^a r_i; \quad \forall a \in A \tag{3-1}$$

$$t_i = \sum_{k \in R} \gamma_{r_i}^a r_i; \quad \forall i \in OD \tag{3-2}$$

式中　$\lambda_{r_i}^a$ ——布尔变量,判断路径 $r_i(r_i \in R)$ 是否经过路段 $a(a \in A)$,当路径 r_i 经过路径 a 为 1,反之为 0,所有 $\lambda_{r_i}^a$ 值形成了路径-路段关联矩阵 H_{rl};

　　　　$\gamma_{r_i}^a$ ——布尔变量,判断路径 $r_i(r_i \in R)$ 是否经过路段 $a(a \in A)$,当路径 r_i 经过路径 a 为 1,反之为 0,所有 $\gamma_{r_i}^a$ 值形成了路径 OD 关联矩阵 H_{ro}。

因此,当有 n 条路径,m 个路段,p 个 OD 对时,H_{rl} 为 $m \times n$ 稀疏矩阵,H_{ro} 为 $p \times n$ 稀疏矩阵。方程(3-1)代表通过路段 a 所有路径流量之和,方程(3-2)代表通过某个 OD 对的所有路径流量之和。因此,理论上当所有路径流唯一确定,路段流和 OD 流可通过守恒方程确定。

3.2.1.2　点式交通监测设备路网流信息获取特性

点式交通监测设备,如传感线圈、微波等,由于其技术相对成熟、稳定,在路网交通流信息获取手段中占主要位置。点式检测器只能记录断面或者节点的流量、速度等基本交通参数,不能记录车辆的唯一标识(ID);根据上述守恒方程,以 5 个节点、7 个路段组成的小型路网(图 3-6、表 3-1)来说明点式检测器提取路网流信息(OD 流、路段流、路径流)的特征。

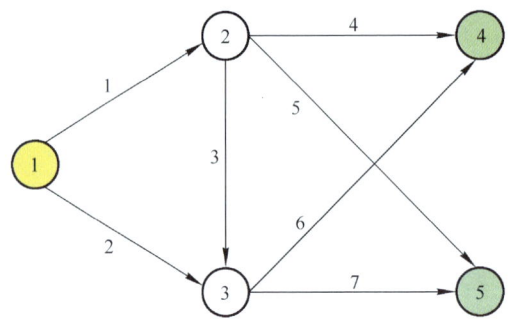

图 3-6　5 个节点和 7 个路段组成的小型路网

表 3-1　图 3-6 小型路网 OD 对、路径、路段相互关系表

OD 对	路径(r_i)	路　段
1, 4	r_1	1, 4
1, 4	r_2	1, 3, 6
1, 4	r_3	2, 6
1, 5	r_4	1, 5
1, 5	r_5	1, 3, 7
1, 5	r_6	2, 7

如图 3-6 和表 3-1 所示,此小型路网产生 2 个 OD 对,即(1,4)和 (1,5);其中,OD 对(1,4)通过路径 $r_1 = \{1,4\}$、$r_2 = \{1,3,6\}$ 和 $r_3 = \{2,6\}$ 连接;OD 对(1,5)通过路径 $r_4 = \{1,5\}$、$r_5 = \{1,3,7\}$ 和 $r_6 = \{2,7\}$ 连接。

假设共有三个交通监测设备可布设在路网中,布设位置为路段 1、3、4,即路段 1、3、4 的路段流可知,记为 v_1、v_3、v_4;通过某路段的所有交通流量等于经过此路段的所有路径流量之和,link 代表路段,根据上述守恒方程,可得到以下方程组:

$$\left. \begin{array}{l} link(1): r_1 + r_2 + r_4 + r_5 = v_1 \\ link(3): r_2 + r_5 = v_3 \\ link(4): r_1 = v_4 \end{array} \right\} \quad (3-3)$$

通过求解此方程组,可得:$r_1 = v_4$、$r_4 = v_1 - v_3 - v_4$,即路径流 r_1、r_4 可唯一确定,但 r_2、r_5 不能得到唯一解,仅能确定 $r_2 + r_5 = v_3$;此时,若不能增加额外监测设备求解 r_2、r_5,则可通过路段 2 和 5 的先验信息(历史数据)来估计 r_2、r_5,即路网交通流估计问题。

考虑极端情况,所有路段均布设点式交通监测设备,即所有路段流量已知,根据上述守恒方程,可得以下方程组:

$$\begin{matrix} link\ 1: \\ link\ 2: \\ link\ 3: \\ link\ 4: \\ link\ 5: \\ link\ 6: \\ link\ 7: \end{matrix} \begin{pmatrix} 1 & 1 & 0 & 1 & 1 & 0 \\ 0 & 0 & 1 & 0 & 0 & 1 \\ 0 & 1 & 0 & 0 & 1 & 0 \\ 1 & 0 & 0 & 0 & 0 & 0 \\ 0 & 0 & 0 & 1 & 0 & 0 \\ 0 & 1 & 1 & 0 & 0 & 0 \\ 0 & 0 & 0 & 0 & 1 & 1 \end{pmatrix} \begin{pmatrix} r_1 \\ r_2 \\ r_3 \\ r_4 \\ r_5 \\ r_6 \end{pmatrix} = \begin{pmatrix} v_1 \\ v_2 \\ v_3 \\ v_4 \\ v_5 \\ v_6 \\ v_7 \end{pmatrix} \quad (3-4)$$

高斯消元转化为阶梯形式:

$$\begin{pmatrix} 1 & 0 & 0 & 0 & 0 & 0 \\ 0 & 1 & 0 & 0 & 1 & 0 \\ 0 & 0 & 1 & 0 & 0 & 1 \\ 0 & 0 & 0 & 1 & 0 & 0 \\ 0 & 0 & 0 & 0 & 1 & 1 \\ \mathbf{0} & \mathbf{0} & \mathbf{0} & \mathbf{0} & \mathbf{1} & \mathbf{1} \\ \mathbf{0} & \mathbf{0} & \mathbf{0} & \mathbf{1} & \mathbf{0} & \mathbf{0} \end{pmatrix} \begin{pmatrix} r_1 \\ r_2 \\ r_3 \\ r_4 \\ r_5 \\ r_6 \end{pmatrix} = \begin{pmatrix} v_4 \\ v_3 \\ v_2 \\ v_5 \\ v_7 \\ v_3 - v_6 + v_2 \\ v_1 - v_3 - v_4 \end{pmatrix} \quad (3-5)$$

方程(3-4)的 7×6 系数矩阵是路径路段的关联矩阵,1 代表路径经过此路段,0 代表路径未经过此路段,此方程含有 6 个未知数。通过高斯消元得到方程(3-5),由方程(3-5)可以看出方程的秩为 5,即次方程组非满秩。换言之,存在一个未知变量 r_6 不能被唯一确定,原因是方程组(3-5)最后两行(加粗部分)非独立,即 $v_5 = v_1 - v_3 - v_4$ 和 $v_7 = v_3 - v_6 + v_2$。

上述例子表明:在获取路网交通流信息方面,对于点式交通监测设备,某些情况下即使路网中每个路段都布设监测设备,也不能保证得到所有的唯一路径流信息,即可全覆盖,路径流信息不唯一。

3.2.1.3 线型交通监测设备路网流信息获取特性

线型交通监测设备在获取路网流信息方面,最显著的特征是线型交通监测设备能够记录通过车辆的 ID、时间、位置等信息,因此能够根据记录的数据和时间先后顺序,重构车辆行驶的路径。视频监测的车辆历史轨迹还原,就是其特征的典型应用。

同样以点式监测设备小型路网为例,假设在路段 2、3、6 布设视频监测设备,根据守恒方程可得如下方程:

$$\left.\begin{aligned} link(2): r_3 + r_6 &= v_2 \\ link(3): r_2 + r_5 &= v_3 \\ link(6): r_2 + r_3 &= v_6 \\ link(2,6): r_3 &= v_{2,6} \\ link(3,6): r_2 &= v_{3,6} \end{aligned}\right\} \quad (3-6)$$

方程中 $link(2)$、$link(3)$、$link(6)$ 是由单独的视频监测设备记录的流量方程,$link(2,6)$、$link(3,6)$ 是两个视频监测设备联合记录的流量方程,如 $link(2,6)$ 表示先经过路段 2,后经过路段 6 的车辆数。联合方程反映了线型监测设备在获取路网流信息方面的优势,能够增加额外的独立方程。通过求解方程(3-6),路径流 r_2、r_3、r_5 和 r_6 能够唯一确定;因此,此布设方案能够覆盖和区分 r_2、r_3、r_5 和 r_6 路径流,能够监测部分路径流、未全覆盖。

假设视频监测设备布设在路段 1、3、4(与点式监测案例分析方案相同),通过守恒方程和联合方程可得:

$$\left.\begin{aligned} link(1): r_1 + r_2 + r_4 + r_5 &= v_1 \\ link(3): r_2 + r_5 &= v_3 \\ link(4): r_1 &= v_4 \\ link(1,3): r_2 + r_5 &= v_{1,3} \\ link(1,4): r_1 &= v_{1,4} \end{aligned}\right\} \quad (3-7)$$

求解此方程可知,路径流 $r_1 = v_4 = v_{1,4}$ 和 $r_4 = v_1 - v_3 - v_4$ 能够唯一确定,r_2、r_5 不能得到唯一解,仅能确定 $r_2 + r_5 = v_3 = v_{1,3}$;因此,此视频监测设备布设方案能够覆盖路径 r_1、r_2、r_4 和 r_5,但不能区分路径 r_2、r_5;对比同样位置布设点式监测设备[方程(3-3)],可以发现得到的流信息和点式监测设备相同;因此,某些情况下,点式监测设备可以代替线型监测设备。

假设在路段 1、2、3、4、6 布设视频监测设备,对应的联合识别方程如下:

$$\left.\begin{aligned}&link(1): r_1 + r_2 + r_4 + r_5 = v_1\\&link(2): r_3 + r_6 = v_2\\&link(3): r_2 + r_5 = v_3\\&link(4): r_1 = v_4\\&link(6): r_2 + r_3 = v_6\\&link(1,3): r_2 + r_5 = v_{1,3}\\&link(1,4): r_1 = v_{1,4}\\&link(1,6): r_2 = v_{1,6}\\&link(2,6): r_3 = v_{2,6}\\&link(3,6): r_2 = v_{3,6}\\&link(1,3,6): r_2 = v_{1,3,6}\end{aligned}\right\} \quad (3-8)$$

显然,此布设方案能够覆盖且唯一确定所有的路径流(r_1、r_2、r_3、r_4、r_5 和 r_6)。

对比上述布设方案,可以发现线型监测设备在获取路网流信息方面具有以下特性:

(1)线型监测设备不仅能够覆盖路径流,而且能够通过联合识别方程区分路径流。

(2)覆盖范围有限的情况下,存在部分路径不能被唯一确定区分。

(3)特定情况下,点式监测设备能够替换线型监测设备。

因此,针对一个特定路网,路网交通监测设备布设方法需要解决和回答:若要达到路网全覆盖且唯一的目标,至少需要多少监测设备;哪些位置布设哪些类型的监测设备;组合布设最优的方案是什么。

3.2.2 路网单一类型监测设备优化布设模型

$N = (V, A)$ 为路网拓扑结构,R 为路径集合,布设视频监测设备路段集合为 $U \subseteq A$。定义扫描图:$SM(U) = \{C_{R_i}: C_{R_i} = U \cap R_i, i = 1, 2, 3, \cdots,$

|R|\}，C_{R_i} 代表布设方案与路径 R_i 的交集；对于每一条路径 $R_{i \neq j}$ = 1, 2, …, |R|，如果 $SM(U)$ 所有元素非空且不重复，即 $C_{R_i} \neq \emptyset$ 和 $C_{R_i} \neq C_{R_j}$，那么此布设方案 U 能够全覆盖且唯一确定所有路径流。

以上述小型路网为例，布设方案为 U_1 = \{1, 2, 3, 4\}，U_2 = \{1, 2, 4, 6\} 和 U_3 = \{1, 2, 3, 4, 6\}，其对应的路径扫描图见表 3-2。

表 3-2 U_1=\{1, 2, 3, 4\}，U_2=\{1, 2, 4, 6\} 和 U_3=\{1, 2, 3, 4, 6\} 布设方案路径扫描图

OD 对	路径（r_i）	路段	$SM(U_1)$ = $U_1 \cap R_i$	$SM(U_2)$ = $U_2 \cap R_i$	$SM(U_3)$ = $U_3 \cap R_i$
1, 4	r_1	1, 4	\{1, 4\}	\{1, 4\}	\{1, 4\}
	r_2	1, 3, 6	\{1, 3\}	\{1, 6\}	\{1, 3, 6\}
	r_3	2, 6	\{2\}	\{2, 6\}	\{2, 6\}
1, 5	r_4	1, 5	\{1\}	\{1\}	\{1\}
	r_5	1, 3, 7	\{1, 3\}	\{1\}	\{1, 3\}
	r_6	2, 7	\{2\}	\{2\}	\{2\}

由表 3-2 可以看出，布设方案 U_1 = \{1, 2, 3, 4\} 和 U_2 = \{1, 2, 4, 6\} 均有重复的元素，因此存在不能唯一确定的路径流；只有方案 U_3 = \{1, 2, 3, 4, 6\} 不存在重复元素，能够全覆盖且唯一确定所有路径流。

因此，路网单一类型设备优化布设方法数学规划模型可写为下式：

$$\min \sum_{a \in A} x_a \quad (3-9)$$

$$\text{s.t.} \sum_{a \in A} \lambda_{r_i}^a x_a \geq 1 \quad \forall\, r_i \in R \quad (3-10)$$

$$\sum_{a \in A} (\lambda_{r_i}^a + \lambda_{r_j}^a)(1 - \lambda_{r_i}^a \lambda_{r_j}^a) x_a \geq 1 \quad \forall\, r_i \neq r_j \in R \quad (3-11)$$

$$x_a \in \{0, 1\} \quad (3-12)$$

式中　x_a——布尔变量，当路段 $a(a \in A)$ 安装了连续监测设备时，其值为 1，反之为 0；

$\lambda_{r_i}^a$——布尔变量。

模型目标为最小化监测设备数量，不等式(3-10)确保路网中所有路径全覆

盖,每条路径至少经过一个有监测设备的路段,不等式(3-11)确保路网中的两个路径 r_i、r_j 至少存在一个有监测设备的路段能够将它们区分开,约束(3-12)为布尔变量逻辑约束;即不等式(3-10)和(3-11)分别满足 $C_{R_i} \neq \emptyset$ 和 $C_{R_i} \neq C_{R_j}$。

3.2.3 路网多类型监测设备组合优化布设模型

由路网点式交通监测设备和线型交通监测设备特性可知:在路网监测获取流信息方面,当使用线型交通监测设备时,某些路段的线型监测设备(如视频),可以被点式监测设备(如微波、线圈等)所替代。基于此发现,路网多类型监测设备组合优化布设方法的研究思路是:在单一类型路网交通监测设备布设模型和方法基础上,通过守恒方程、联合识别方程、路径覆盖和路径区分矩阵,找出单一类型监测设备全覆盖且唯一的布设方案中能够被点式监测设备替换的路段,从而在不损失流信息获取的前提下,使路网监测设备布设成本最小化。

仍然以本章小型路网为例,来说明组合布设方法过程。假设存在以下布设方案:$U_1 = \{1,2,3,4,6\}$,$U_2 = \{2,3,6\}$,$U_3 = \{3,6\}$,$U_4 = \{1,3,4\}$,$U_5 = \{4\}$,对应的路径扫描图见表3-3。

表3-3 $U_1=\{1,2,3,4,6\}$,$U_2=\{2,3,6\}$,$U_3=\{3,6\}$,$U_4=\{1,3,4\}$,$U_5=\{4\}$ 路径扫描图

OD 对	路径(r_i)	路段	$U_1 \cap R_i$	$U_2 \cap R_i$	$U_3 \cap R_i$	$U_4 \cap R_i$	$U_5 \cap R_i$
1, 4	r_1	1, 4	{1,4}	{-}	{-}	{1,4}	{4}
	r_2	1, 3, 6	{1,3,6}	{3,6}	{3,6}	{1,3}	{-}
	r_3	2, 6	{2,6}	{2,6}	{6}	{-}	{-}
1, 5	r_4	1, 5	{1}	{-}	{-}	{1}	{-}
	r_5	1, 3, 7	{1,3}	{3}	{3}	{1,3}	{-}
	r_6	2, 7	{2}	{2}	{-}	{-}	{-}

由表3-3可知,U_1 能够覆盖、区分所有路径;当路段1、4监测设备从 U_1 中移除时,即为 U_2,此方案能够覆盖、区分路径 r_2、r_3、r_5、r_6,剩余路径 r_1、r_4 未能被覆盖;r_1、r_4 分别经过路段1、4和1、5,若分别布设点式监测设备在路段4、5,则 r_1、r_4 能够被覆盖且能够得到唯一的流信息,若点式监测设备布设在路

段 1，虽能实现全覆盖，但不能唯一区分路径流。

当路段 2、6 监测设备从 U_1 中移除时，即为 U_4，此方案能够覆盖路径 r_1、r_2、r_4、r_5，但不能区分 r_2、r_5；那么此方案即使用点式监测设备布设其他路段，也不能保证唯一流信息的获取，因此不具备被替换的条件。

同理，当路段 1、2、4 监测设备从 U_1 中移除时，即为 U_3；当路段 1、2、3、6 监测设备从 U_1 中移除时，即为 U_5；分别能够覆盖和区分：$U_3 \rightarrow \{r_2, r_3, r_5\}$，$U_5 \rightarrow \{r_1\}$。此时，以下问题随之产生：剩余路径是否能够被点式监测设备覆盖且区分？如果可以，需要多少点式监测设备？需要满足的条件是什么？

为了解决和回答上述产生的问题，将上述示例关联系数矩阵列出，见表 3-4。

表 3-4 剔除路段后不同布设方案的系数矩阵

	$U_2 = \{2,3,6\}$							$U_3 = \{3,6\}$							$U_5 = \{4\}$					
	r_1	r_2	r_3	r_4	r_5	r_6		r_1	r_2	r_3	r_4	r_5	r_6		r_1	r_2	r_3	r_4	r_5	r_6
v_1	1	1	0	1	1	0	v_1	1	1	0	1	1	0	v_1	1	1	0	1	1	0
v_2	0	0	1	0	0	1	v_2	0	0	1	0	0	1	v_2	0	0	1	0	0	1
v_3	0	1	0	0	1	0	v_3	0	1	0	0	1	0	v_3	0	1	0	0	1	0
v_4	1	0	0	0	0	0	v_4	1	0	0	0	0	0	v_4	1	0	0	0	0	0
v_5	0	0	0	0	0	0	v_5	0	0	0	0	0	0	v_5	0	0	0	1	0	0
v_6	0	1	1	0	0	0	v_6	0	1	1	0	0	0	v_6	0	1	1	0	0	0
v_7	0	0	0	0	1	1	v_7	0	0	0	0	1	1	v_7	0	0	0	0	1	1

注：灰色部分表示方案能够覆盖和区分的路径，加粗红色部分表示剩余路径-路段系数组成的关联矩阵。

由表 3-4 可知，$U_2 = \{2,3,6\}$ 方案剩余 r_1、r_4 两个未知数，系数矩阵及方程表示如下：

$$\begin{matrix} link\ 1: \\ link\ 4: \\ link\ 5: \end{matrix} \begin{pmatrix} 1 & 1 & 0 & 1 & 1 & 0 \\ 1 & 0 & 0 & 0 & 0 & 0 \\ 0 & 0 & 0 & 1 & 0 & 0 \end{pmatrix} \begin{pmatrix} r_1 \\ r_2 \\ r_3 \\ r_4 \\ r_5 \\ r_6 \end{pmatrix} = \begin{pmatrix} v_1 \\ v_4 \\ v_5 \end{pmatrix} \quad (3-13)$$

上式中 r_1、r_4 为未知数,由方程系数矩阵可以看出,此方程的秩为 2,等于方程组未知数个数(满秩),因此此方程有唯一解,即能够得到 r_1、r_4 的唯一流。同理,$U_3 = \{3, 6\}$ 剩余路径-路段关联系数矩阵为满秩,系数矩阵秩为 3,等于未知数(未知路径 r_1、r_4、r_6)的个数,因此,此方案亦可在其他路段布设点式监测设备得到唯一流信息。

然而,对于 $U_5 = \{4\}$,消去路段 4 布设视频监测设备后能够唯一识别的路径流,剩余路径-路段关联系数矩阵非满秩,系数矩阵秩为 3,方程组未知数个数为 5,因此,此方案的替代是不可行的。

通过上述示例分析,可以得出以下结论:路网多类型检测设备组合布设问题,只有未知路径流的系数矩阵为满秩、已布设路段的路径流可唯一确定时,未知路径流才可通过点式交通监测设备替换线型交通监测设备的方式进行识别和提取。

基于以上结论和思路,定义 V_s 是布设线型监测设备路段的集合,V_{sM} 是通过路径扫描法得到的集合 $SM(V_s)$;V_c 是布设点式监测设备路段的集合,$V_s \cap V_c = \emptyset$;H_s 来源于 $SM(V_s)$ 的系数矩阵,H_c 是 V_c-路径的关联系数矩阵,R_s、R_c 分别是通过 V_s、V_c 组合识别的路径集合,且满足 $R_s \cup R_c = R$ 和 $R_s \cap R_c = \emptyset$。因此,路网多类型检测设备组合布设问题必要条件可用下式表示:

$$\begin{pmatrix} H_s & 0 \\ 0 & H_c \end{pmatrix} \begin{pmatrix} R_s \\ R_c \end{pmatrix} = \begin{pmatrix} V_{sM} \\ V_c \end{pmatrix} \quad (3-14)$$

当 H_s 和 H_c 同时满秩时,则此路网多类型监测设备组合布设方案可行。

3.3 路段交通监测设备优化布设方法

传感器技术、计算机技术和大数据等新兴技术的不断发展,使得实时收集高精度的交通时空数据成为可能。在智慧交通架构体系中,交通监测通过优化布设微波、视频、地磁等交通检测器,为道路使用者和交通管理部门提供基础的数据采集网。因此,交通监测是智慧交通架构的底层基础,是智慧交通系统的触觉感知网络,是实现智慧交通的核心内容之一。目前,我国公路交通实时动态数据采集存在以下几个问题：

（1）监测设备的数量和位置依靠经验而定，局部交通检测设备数量不足、布设位置不合理。

（2）目前监测手段单一，即使采用多种检测设备也未能实现有效融合。

（3）难以形成全覆盖，传统的固定型检测器只能进行点或断面的检测，不能全面地反映整条高速公路甚至高速公路网的运行情况，而移动型的检测器具有"线检测"的特性，但需要足够的样本量才能获得满足精度的交通数据。

上述存在问题显然不能满足智慧交通建设的高精度、实时的数据需求。因此，如何科学有效利用现有技术、优化布设交通监测设备，满足公路路段管理实时、全面、准确地监测道路交通运行状态等问题应运而生。基于以上问题，本书提出一种路段交通监测设备优化布设新方法，能够在给定检测器数量的前提条件下，优化选择交通检测器布设的最佳位置，并确保路段全程行程时间估计误差最小化；对道路交通管理的实时评估与响应具有很强的实践意义。

3.3.1 路段交通监测设备布设问题

定义高速公路长为 L，监测时间范围为 $[0, T]$，那么车辆在高速公路上行驶从起点到终点的时空位置变化可以用一条曲线表示，即车辆轨迹，如图 3-7 所示；图中横轴表示时间，纵轴表示与起点的距离，不同位置之间的行程时间为其对应时刻的差值。

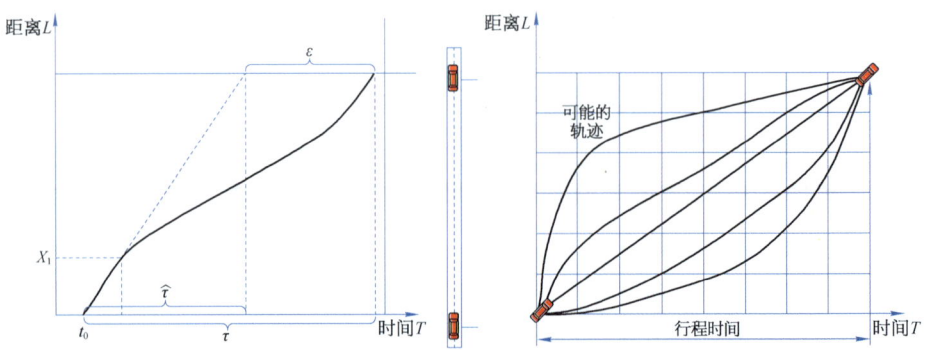

图 3-7　车辆轨迹时空图及行程时间对比

假设在路段 L 上布设一个检测器 X_1，对应检测速度为 v_1，那么车辆从起点到终点的行程时间可以用下式近似计算：

$$\hat{\tau} = \frac{L}{v_1} \quad (3-15)$$

如图 3-7 所示，τ 为车辆从起点到终点的真实行程时间，$\hat{\tau}$ 为从起点到终点估计行程时间，则估计误差 $\varepsilon = |\tau - \hat{\tau}|$。

如图 3-8 所示，当路段 L 存在多个检测器（此例子为 3）时，假设第 i 个检测器检测范围或者影响范围为 s_i，对应长度为 l_i、速度为 v_i，整个路段 L 的行程时间可用下式表示：

$$\hat{\tau} = \hat{\tau}_1 + \hat{\tau}_2 + \hat{\tau}_3 = \sum_{i=1}^{3} \frac{l_i}{v_i} \quad (3-16)$$

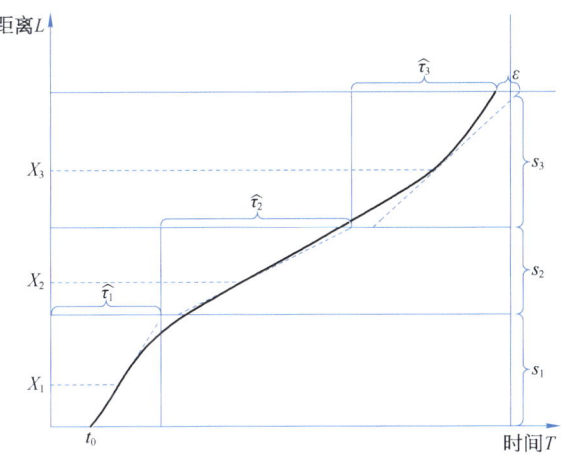

图 3-8　3 个检测器估计行程时间示意

显然，当检测器处于不同位置时，行程时间估计误差会有所不同；因此，高速公路检测器优化布设问题随之而来，即在给定预算条件下（检测器数量），如何布设检测器使得行程时间估计误差最小。

3.3.2　路段交通监测设备布设模型

3.3.2.1　基本概念与定义

将道路 L 均分成 n 个等长单元 Δl，即 $L = n\Delta l$，n 个单元沿行车方向依次编号为 1, 2, 3, …, n;每一个单元 j 存在上下游边界,当 Δl 足够小时,可认为车辆在单元内速度不变,因此单元的中点位置可以是可能的检测器位置。每个检测器有一定的影响范围,记为路段 s_i,如图 3-9 所示。

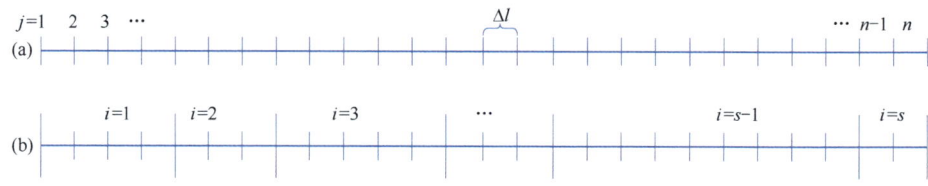

图 3-9 检测器的影响范围
(a) 划分单元;(b) 单元组成路段

同理,监测时间范围 T 可等长划分为 p 个时间单元 Δt,即 $T = p\Delta t$;因此,车辆轨迹的时空分布图,可以用 np 个小方格表示,每一个方格 (j, t) 代表在单元时间 Δt 内收集的数据单元;通常时间单元为 20 s、30 s、60 s、5 min 等。当方格单元不为空时,代表有车辆经过;当方格单元为空时,代表无车辆经过;因此,可以通过方格单元的前后数据估计路段的行程时间。

假设道路 L 上有 M 辆车通过,如图 3-10 所示,方格单元 (j, t) 第 m 辆车的速度为 v_{jt}^m,在时间间隔 Δt 内,单元 j 的速度可表示如下:

$$v_{jt} = \frac{\sum_{m=1}^{M} v_{jt}^m}{M} \qquad (3-17)$$

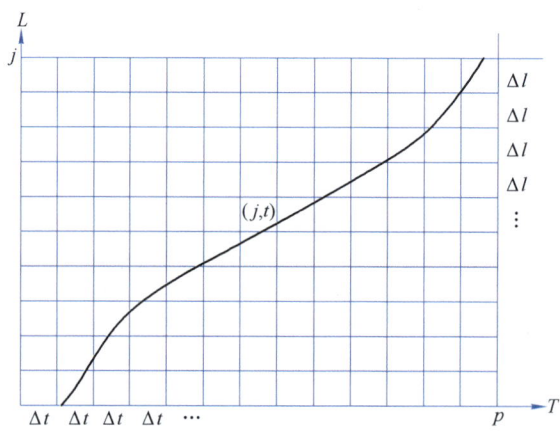

图 3-10 车辆轨迹的时空表示方法

单元 j 在时间 T 内的速度为

$$v_j = \frac{\sum_{t=1}^{p}\sum_{m=1}^{M} v_{jt}^m}{pM}$$

估计行程时间为

$$\hat{\tau}^m = \sum_{j=1}^{n} \hat{\tau}_j^m = \sum_{j=1}^{n} \frac{l_j}{v_{jt}}$$

平均绝对误差为

$$AAE = \frac{\sum_{m=1}^{M} |\hat{\tau}^m - \tau^m|}{M}$$

式中,τ^m 可来源于历史统计数据或仿真。

平均方差为

$$MSE = \frac{\sum_{m=1}^{M}\sum_{j=1}^{n}(\hat{\tau}_i^m - \tau_i^m)^2}{M}$$

事实上,方格单元的散点数据可以用来进行车辆的轨迹重构,当检测器布设在单元 j 上时,如何确定路段 s_i 会影响行程时间的计算,通常有以下四种方式确定道路单元 j 和路段 s_i 的关系:

(1) 影响区法。检测器 h 的影响区界线为上游:检测器 $h-1$ 与检测器 h 距离的一半,下游:检测器 $h+1$ 与检测器 h 距离的一半;第一个检测器的 s_1 为起点至第一个检测器和第二个检测器中点位置;最后一个检测器的 s 为倒数第二个检测器与最后一个检测器距离的中点位置,至道路终点。如图 3-11(a) 所示,5 个检测器将道路 L(25 个单元)分为 5 个路段。

(2) 相邻检测器法。路段 s_i 为两个相邻检测器的中间部分,起终点为虚拟检测器。如图 3-11(b) 所示,5 个检测器将道路 L(25 个单元)分为 6 个路段。

(3) 中点法。道路首先被分为与检测器数量相等的路段,然后将检测器布设于路段中点位置,如图 3-11(c) 所示。

(4) 优选法。道路首先被分为与检测器数量相等的路段,然后将检测器位置 j^* 确定为路段内使得行程时间误差最小的单元。

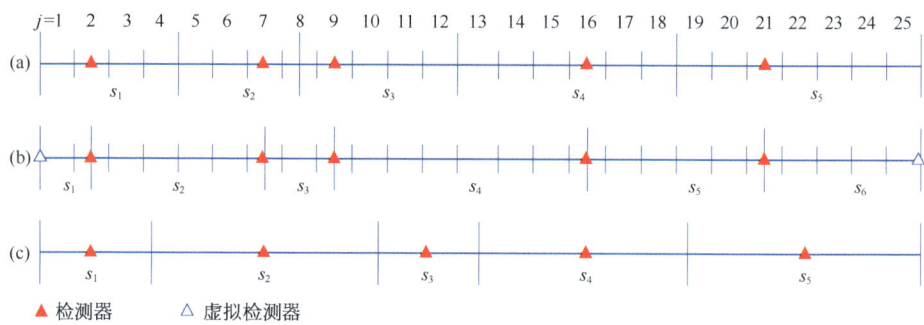

图 3-11 检测器位置、单元与路段界线划分示意

3.3.2.2 模型构建

假设道路长度为 L，等分为 n 个长度为 Δl 的单元，即 $L = n\Delta l$；定义图 $G = (V, A)$，节点 $i \in V$，i 为道路 L 对应的第 i 个单元，$i = 1, 2, \cdots, n$；加入虚拟节点 0 和 $n+1$，分别对应道路 L 起终点，因此图 G 中节点集合 $V = \{0, 1, 2, \cdots, n, n+1\}$，节点对 (i, j) 是图 G 中的单向弧线，$i < j$；定义 c_i 为第 i 个单元的安装成本，$i \in V$；$C_{\max}$ 为道路 L 监测设备总预算，ε_{ij} 为单元 i 和单元 j 之间行程时间的估计误差，此处路段确定方法选择相邻检测器法；则单元 i 和单元 j 之间的路段均方差可用下式表示：

$$\varepsilon_{ij} = \frac{\sum_{m=1}^{M} (\hat{\tau}_{ij}^m - \tau_{ij}^m)^2}{M} \qquad (3-18)$$

相对误差为

$$\varepsilon_{ij} = \left| \frac{\hat{\tau}_{ij}^m - \tau_{ij}^m}{\tau_{ij}^m} \right|$$

$\hat{\tau}_{ij}^m$、τ_{ij}^m 分别为单元 i 到单元 j 行程时间的估计值和真值；真值可从历史数据或者仿真试验获得，路段 s_i 可用相邻检测法获得，则每个可行的单元对 (i, j) 行程时间估计误差可计算得到。由上述可知，当道路 L 拟布设 k 套监测装备，则会在图 G 中产生 $k+2$ 个节点（起点为 0，终点为 $n+1$）。因此道路 L 行程时间估计误差最小的检测器布设问题可转化为：求解在给定成本条件下，$G = (V, A)$ 中从起点到终点行程时间估计误差最小的最短路径问题，如图 3-12 所示为在道路上布设 4 个传感器，选择可能的位置和对应的 $G(V, A)$。

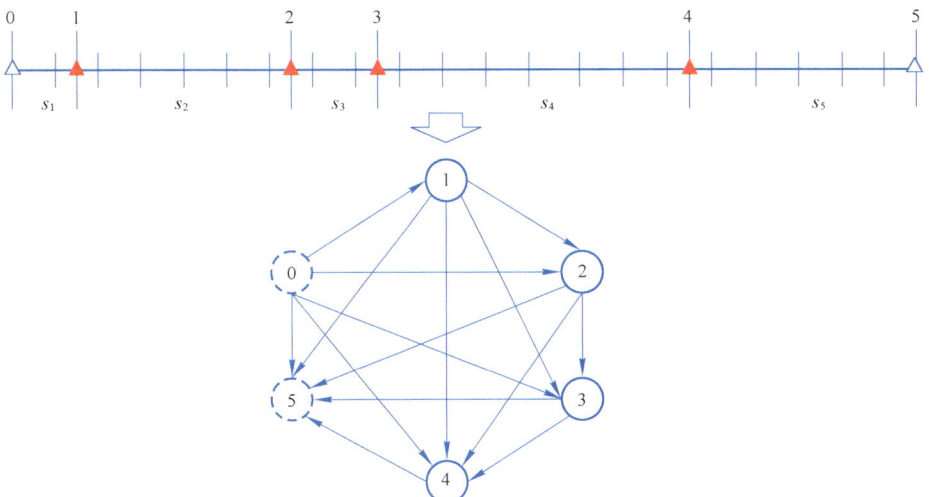

图 3-12 传感器布设问题转化最短路径问题示意

因此,当道路安装检测器预算受限,沿道路优化布设检测器的 0-1 整数规划模型可如下表示:

$$\min \sum_{(i,j) \in A} \varepsilon_{ij} x_{ij} \tag{3-19}$$

$$\text{s.t.} \sum_{j=1}^{n+1} x_{01} = 1 \tag{3-20}$$

$$\sum_{i=0}^{n} x_{in+1} = 1 \tag{3-21}$$

$$\sum_{j=i+1}^{n+1} x_{ij} = \sum_{j=0}^{i-1} x_{ji} \quad \forall i = 1, \cdots, n \tag{3-22}$$

$$\sum_{j=i+1}^{n+1} x_{ij} = y_i \quad \forall i = 1, \cdots, n \tag{3-23}$$

$$y_0 = y_{n+1} = 1 \tag{3-24}$$

$$\sum_{i=1}^{n} c_i y_i \leqslant C_{\max} \tag{3-25}$$

$$x_{ij} \in \{0, 1\}, \forall (i,j) \in A; y_i \in \{0, 1\} \quad \forall i \in V \tag{3-26}$$

布尔变量 x_{ij} 代表节点对 (i,j) 是否在最短路径上,如果是,其值为 1,否则为 0;布尔变量 y_i 代表节点 i 是否在最短路径上,如果是,其值为 1,否则为 0;目标函数是最小化行程时间估计误差;此模型中,约束 1 和 2 保证了最短路径起始于节点 0,终止于节点 $n+1$;约束 3 逻辑守恒约束,表示在某一检测点位置流入等于流出,保证连接性;约束 4 表示如果出发于节点 i 的节点对 (i,j) 被选择,那么节点 i 属于最短路径上的节点;约束 5 是起终点两个虚拟监测点;约束 6 为总成本约束,其可以与设备数量 k 相互转化。

3.4 节点交通监测设备布设方法

3.4.1 节点交通监测常用方法

路网中的交通节点在路网中通常承担着道路衔接、转换、分流、合流等作用,如平交口、高速公路出入口等;道路交通节点往往是交通运营管控的重点环节,其基础数据的获取和交通运行状态的监测是运营管控的基础;目前,交叉口数据采集常用的手段和方法包括全球卫星定位系统(GPS)、摄像头、雷达、激光雷达、检测线圈等。道路交通节点常用的交通检测设备的对比见表 3-5。

表 3-5 道路交通节点常用的交通检测设备

检测器	检测原理	成本	测量范围	约束因素
GPS	测距	低	宽	样本数量
雷达	测距	中	窄	不能检测静止目标
激光雷达	测距	高	宽	遮挡
摄像头	机器学习	中	宽	受天气、遮挡等影响
检测线圈	电磁信号	低	定点	开槽安装、使用寿命

对于道路交通管理者,道路节点交通监测主要关注以下几个问题:一是节点范围交通监测全覆盖;二是微观交通参数高准确提取。上述检测方式中,由于成本适中、可视化、可溯源、连续监测等特点,因此在交叉口场景下使用最多、最广泛的是基于视频监测。为了尽可能满足节点范围全覆盖和微观参数提取的要求,有以下几种视频监测方式(图 3-13):① 鱼目监测相机;② 多角度布设检测摄像机之后进行图像拼接;③ 高点视频监测。

(a)

(b)

(c)

(d)

图 3-13 节点视频监测常见方式
(a) 位于平交口路侧的鱼目相机;(b) 位于平交口中央的鱼目相机;
(c) 城市道路平交口高点监测视频;(d) 视频拼接监测

3.4.2 交通行为节点监测试验

微观交通行为监测是主动安全防控的基础,高速公路出入口、平交口等交通节点是交通安全管控的重点。高速公路互通式立交、服务区出口范围,尤其是在低能见度的恶劣气象条件下,加之部分出口识别视距较差,如在高速公路主线出口处,容易导致驾驶员错过出口时操作不当而引发的交通事故。除此之外,高速公路主线出口停车、倒车、强行变道等危险驾驶行为集中,安全隐患较大。目前高速公路虽拥有大量的视频数据,但是大多数危险驾驶行为或事件,仍然依靠人工识别的方式,其工作繁重、漏检率较高。交叉口作为道路交通的重要节点之一,也是交通安全运行风险较为集中的位置。

为了满足节点范围交通监测全覆盖和微观交通参数准确提取的需求,选取西安绕城高速丈八立交出口为道路节点的典型场景作为试验路段,以期为监测设备布设提供实证支撑,试验方案内容如下所述。

3.4.2.1 节点交通行为监测试验方案

1)试验目的

针对高速公路主线出口不良交通行为频发,通过布设视频、无人机等设备,多方位感知、获取基础交通参数,识别不良交通行为,构建高速公路节点信息采集网,依托西安绕城高速丈八立交出口试验验证,为高速公路节点监测布设方法提供实证支撑。此次试验主要从以下三个方面进行:

(1)通过布设高分辨率视频监测设备,可视化地获取视野范围内车辆速度、轨迹等基础交通参数;进而结合交通行为谱成果识别和提取不良交通行为。

(2)通过人为测速、标记等方式,验证视频监测算法的准确性和可行性,为监测设备布设高度、间距、角度等提供实证参考。

(3)利用无人机设备,分别在高峰时段和平峰时段,对选定区域内经过的车辆进行驾驶行为数据采集,包括驾驶个体以及车辆间的驾驶特征数据。以跟驰、变道和超车行为作为主要的研究对象,对车辆跟驰和超车驾驶行为的相关参数进行采集,旨在通过数据分析判断驾驶行为的危险程度;同时,为无人机空中监测高度适应性提供参考。

2）试验地点

考虑到视频监测设备布设环境影响,如遮挡、振动、覆盖范围等,选取丈八立交出口为试验路段,依据如下：

（1）备选试验路段为路基段,避免了由于重型车辆行驶引起的振动,导致摄像头抖动,从而影响后台视频处理的精度。

（2）备选试验路段出口硬鼻端上游基本为直线段,视频布设能够覆盖此出口整个范围(约硬鼻端上游1 km范围)。

（3）在此备选路段路侧布设视频,无绿化树木和标志牌遮挡。试验路段如图3-14所示。

图3-14 试验路段——丈八立交

图3-15 试验路段测试

3）试验仪器

（1）视频。

试验选用摄像头相机为SD8A中文大华40倍800万星光级红外高清AI

网络球机,型号为 DH‑SD‑8A1840WA‑HNF,总像素为 842 万,最大图像尺寸为 3 840×2 160;能够调节监测角度,自带红外补光功能,可应用于需要大范围高速监控的无光和光较弱的场所,以及对于图像质量具有较高要求、以期看清目标物各种细节的场所。视频监测设备如图 3‑16 所示。

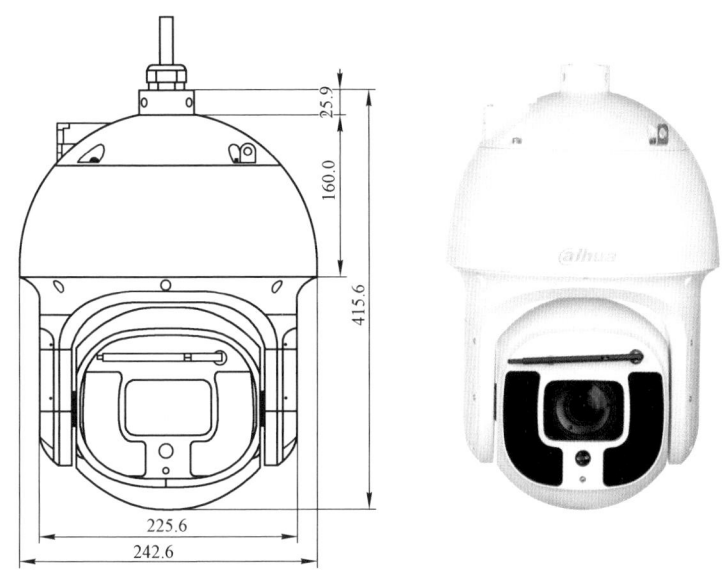

图 3‑16 视频监测设备

（2）GNSS 智能一体机 RTK。

试验选用天宝 Trimble SPS985 GNSS 智能一体机 RTK,此设备能够提供可靠的定位信息,可作为具有 Wi‑Fi 功能的基准站。SPS985 可通过一个快拆接头,从一个测量点应用转移到另一个测量点应用,从而节省了安装时间,最大限度地提高了使用时间。北斗高精度定位系统如图 3‑17 所示。

（3）车载自动诊断系统(on board diagnostics, OBD)。

试验选用图吧汽车卫士 OBD。OBD 可以通过蓝牙和手机软件(APP)连接,将 OBD 插在汽车 OBD 接口中,APP 可以自动扫描查询到该设备,配对成功后可以传输数据,还可以显示智能仪表模式、车辆状况。行驶过程中,驾驶员有急加速、紧急制动时,智能仪表可以及时提醒车主,辅助纠正车主的驾驶行为;当车辆出现故障,水温过高、液压异常,OBD 可以提醒驾驶员保持低速平稳驾驶。行驶结束后,APP 可以形成行程详情,包括车辆速度、加减速、方向盘转角等。记录车辆实时数据的车载 OBD 如图 3‑18 所示。

图3-17 北斗高精度定位系统

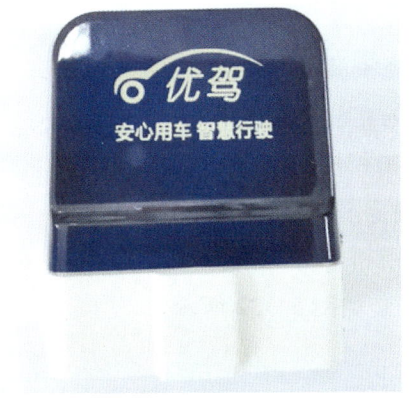

图 3-18　记录车辆实时数据的车载 OBD

（4）无人机。

试验选用大疆 PHANTOM 4 PRO 无人机进行空中俯拍。该无人机设备能够实现定点悬停拍摄，无人机搭载摄像头可调节视频拍摄的分辨率，最大分辨率为 C4K：4 096×216 024/25/30p@ 100 Mbit/s。无人机视频设备如图 3-19 所示。

图 3-19　无人机视频设备

4）试验准备

（1）路侧监测设备安装。

试验中安装相机的立柱高约为 8 m，立柱上同向安装的两台相机监测不同视场范围。其中长焦相机监测远距离路段（50~800 m），相机水平安装角度约为 10°~20°，监测范围示意图如图 3-20 所示；短焦相机监测远距离路段（约 50 m 以内），相机水平安装角度约为 30°~40°，监测范围示意如图 3-21 所示，现场安装如图 3-22 所示。

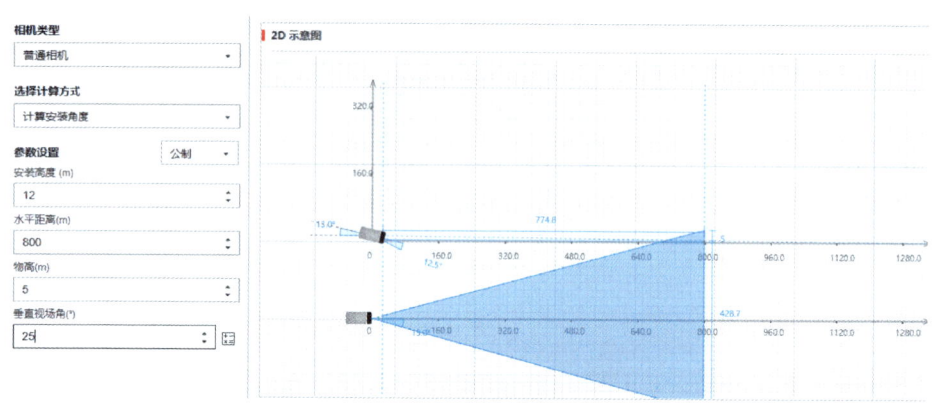

图 3-20　长焦相机监测范围示意

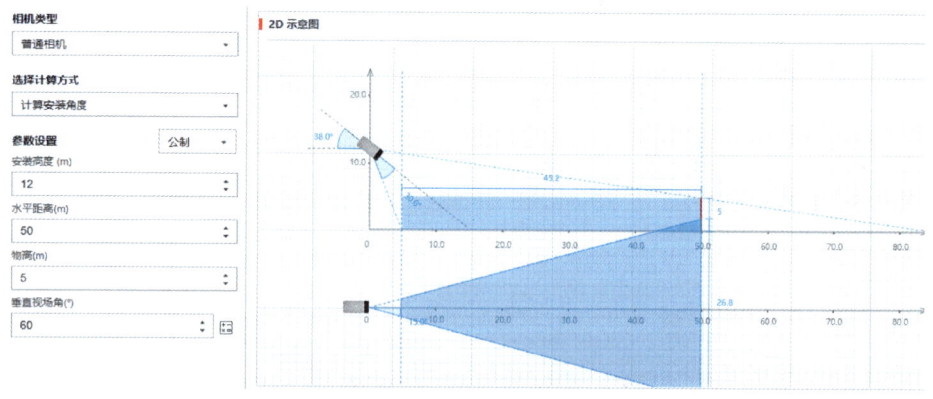

图 3-21　短焦相机监测范围示意

（2）特征点选取。

相机标定需要内参标定和外参标定两个方面，分三个步骤实现：

① 在实验室环境使用棋盘格完成相机内参标定，标定时要求焦距固定并

图 3-22 摄像机现场安装

且在后续外参标定、安装、采集数据各个环节均使用与实验室相同设定。

② 在实际测试场景中安装相机,人工调整相机安装角度使其视野范围满足设计要求。由于标定方案中使用两种标记点:虚线车道线端点和人工标记点。因此在安装相机时,应对标定方案的可行性进行简单测试:测试在多远的距离内,可以使用虚线车道线端点为标记点;测试最远监控距离下(800 m),设定尺寸的人工标记点能否在图像中被观测。人工标记点选为边长 50 cm×50 cm 黄色正方形图案,粘贴在路面上,测量正方形标记的一个角点在世界坐标系中的坐标(图 3-23)。

③ 在外参标定时,由于长焦相机和短焦相机观测范围不同,分别在其视野范围内设定标记点,需要同时获得标记点在图像中的坐标和世界坐标系中的坐标,标记点越多标定越准确。长焦相机和短焦相机的初步标记点设定方案如图 3-24、图 3-25 所示。其中,黄色方块表示人工标记点,红色点表示车道线端点作为标记点,车道线端点选取密度与人工标记点大体一致。

(3) 特征点测量。

特征点标记完成后,选定坐标原点(基站位置),进行路面特征点测量(标记点与标线虚线点坐标),如图 3-26 所示,GPS 手簿根据测量顺序自动记录各测量点的相对坐标,测量误差控制在 0.050 m 以内。

图 3-23 路面标记点

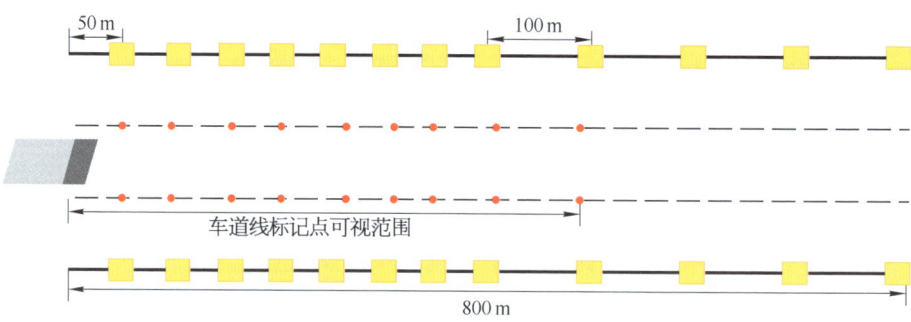

图 3-24 长焦相机标定点示意

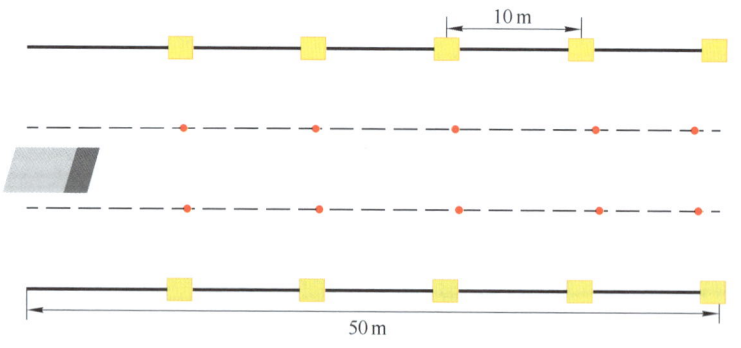

图 3-25 短焦相机标定点示意

图 3-26 路面特征点测量

（4）试验车辆。

① 试验车辆标记：选取两辆试验车辆，并用 1 m×1 m 彩色反光贴在车顶进行标记，并用磁铁吸扣进行固定，如图 3-27 所示。

② 车载设备安装：在试验车辆安装车载 OBD，并通过蓝牙调试 OBD 与手机 APP 连接顺畅；在车顶标记反光贴的中点安装差分定位移动站，并调试与基站通信顺畅。

图 3-27 试验车辆

3.4.2.2 试验场景设计及过程

试验场景主要为提取高速公路出口不良交通行为,以及为监测方法提供支撑。两辆试验车在试验路段范围行驶,由于是高速公路出口处,在此范围可能记录的驾驶行为包括变道、减速。试验人员可根据实际情况呈现其他驾驶行为操作,如占用应急车道、跟驰、超车等。通过对无人机视频、路侧视频数据的提取,获得车辆速度、轨迹等基本交通参数;分别与车载 OBD 数据和差分定位高精度数据进行对比验证算法提取的精度,同时分析行为提取的有效性,如变道、超车等行为。

项目组于 2019 年 4 月 23 日、2019 年 7 月 28 日,进行交通行为立体监测试验(图 3-28)。试验车辆驶入试验路段之前,在路侧架设好 RTK 差分基站(图 3-29),确保通信顺畅后,无人机起飞俯拍试验路段;调整好拍摄角度后,告知试验车辆驶入试验路段,进行无人机视频拍摄录制。在晴朗、无风天气下共进行试验 20 组,试验时间段为上午 9:30—下午 5:00,无人机操作员在进

图 3-28 交通行为立体监测试验现场

图 3-29 路侧视频监测画面

行每次飞行监测前检查控制面板和无人机终端的通信链路、电池容量;飞行高度共有 150 m、200 m、210 m、250 m、350 m 五种,试验路段试验车辆行驶速度 40~90 km/h 之间;单次飞行试验持续 10 min,共进行 7 次不同高度、不同运行速度试验设计,共拍摄 70 min 试验路段监测视频,其中试验车辆出现时间共计 210 s,产生 5 400 帧含试验车辆的画面,共计 1 192 个速度验证信息。验证试验信息见表 3-6,其数据如图 3-30 所示。

表 3-6 验证试验信息

试验序号	试验车出现时长/s	试验车车速/(km/h)	无人机高度/m	试验路段在视频画面中的长度/m
1	24	40~70	200	285
2	20	50~80	210	300
3	35	50~70	200	285
4	30	50~80	200	285
5	25	30~80	150	220
6	26	50~60	250	360
7	30	50~90	350	500

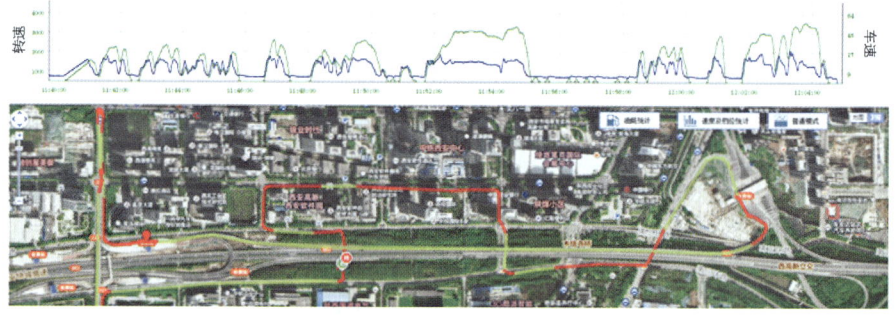

(a)

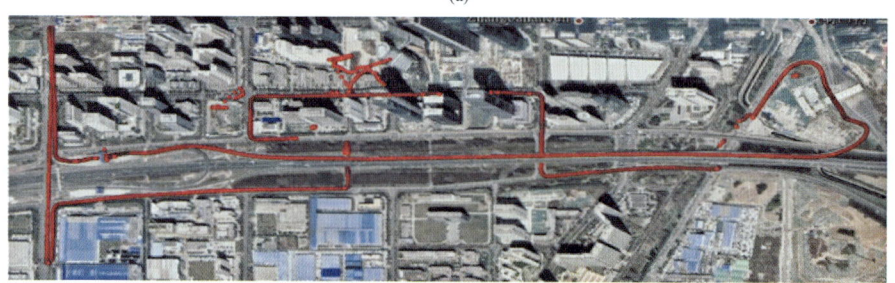

(b)

图 3-30 验证试验数据
(a) 车载 OBD 输出数据;(b) GNSS 输出数据

3.4.2.3 试验数据分析

车辆目标检测和跟踪能够输出车辆的时空信息,根据其坐标位置、时间数据,可以计算视频算法下车辆速度、轨迹等信息,进而识别目标车辆的不良交通行为(如变道、超速、蛇形驾驶)。然而,对于交通参数,最核心、最基本的参数是车辆速度、轨迹信息,其他参数基本可以通过速度、位置、时间数据变换得到。

由于每两帧的时间间隔过低,仅根据两帧间的时间差来计算速度容易造成较大的误差,故当前帧与第前五帧计算一次速度;由于高精度 GNSS 定位输出数据设定为 20 Hz、车载 OBD 输出数据为 5 Hz。因此为了对应 OBD 验证数据,视频识别算法输出速度数据也设定为 5 Hz、高精度 GNSS 定位输出数据平均至最近的 OBD 时间点。例如,高精度定位 GNSS 在 11:00:06、11:00:09、11:00:12、11:00:15 时间的平均值对应车载 OBD 在 11:00:12 的速度数据。速度准确性用最大绝对误差和平均相对误差衡量,结果如图 3-31、表 3-7 所示。

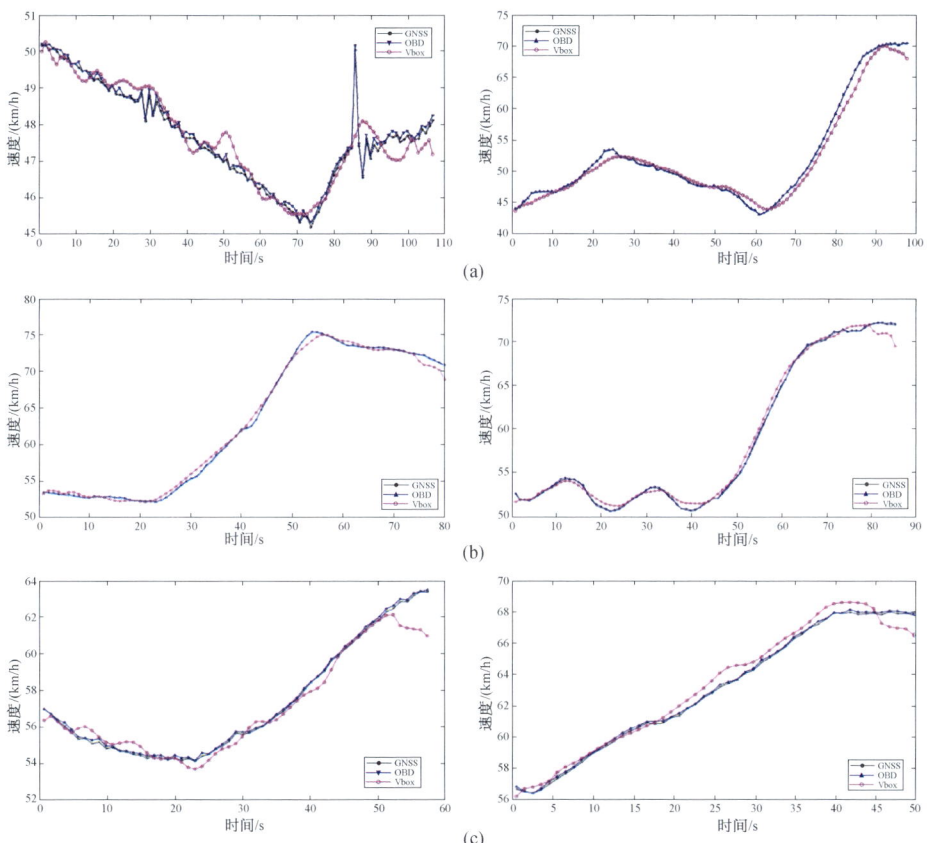

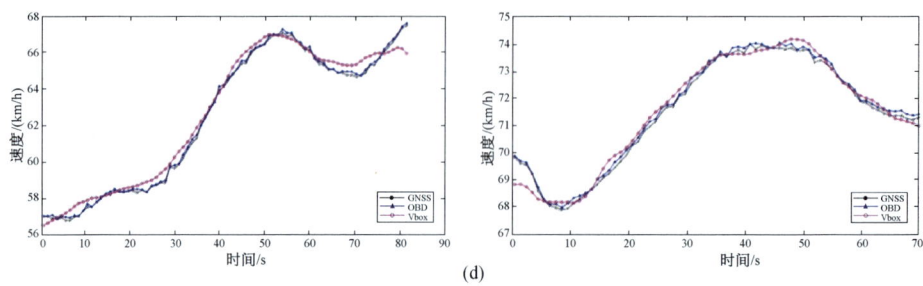

图 3-31 车辆速度对比
(a) 速度曲线试验 1; (b) 速度曲线试验 2; (c) 速度曲线试验 3; (d) 速度曲线试验 4

表 3-7 验证试验结果

试验次数	试验车 A				试验车 B			
	样本数	平均速度/(km/h)	最大绝对误差/(km/h)	相对误差	样本数	平均速度/(km/h)	最大绝对误差/(km/h)	相对误差
1	107	47.65	2.33	0.63%	98	52.22	2.99	1.58%
2	80	62.96	1.95	0.67%	86	58.62	2.47	0.80%
3	57	57.29	2.36	0.72%	50	63.02	1.27	0.77%
4	81	62.41	1.56	0.60%	70	71.43	1.01	0.32%
5	95	54.67	2.72	1.64%	98	52.79	2.95	1.55%
6	75	51.33	1.13	1.06%	66	58.15	1.11	1.09%
7	98	63.68	1.42	0.63%	131	68.17	2.93	1.12%
合计	593	57.14	2.72	0.85%	599	60.63	2.99	1.03%

由表 3-7 可以看出,在试验路段进行不同飞行高度、不同行驶速度 7 次试验后,试验车 A 和试验车 B 分别产生 593 个、599 个速度样本数据。结果显示:试验车 A 和试验车 B 最大绝对误差分别为 2.72 km/h、2.99 km/h,相对误差分别为 0.85%、1.03%。这表明,视频识别算法提取的车辆速度参数整体绝对误差在±3 km/h 以内、相对误差在 2% 以内,整体准确率达 98%。

高精度 GNSS-RTK 定位和车载 OBD 输出数据基本吻合,以 GNSS-RTK 和车载 OBD 输出速度的平均值作为参考速度数据,衡量视频识别算法提取速度数据的准确性。由图 3-31 可看出,视频算法提取的速度与验证速度偏差最大的位置集中在视频的开始和结束帧段,这是由于在此帧段范围内车身并未全部出现在图像画面中,从而造成检测中心坐标的偏差,影响速度参数的误差。因此,为了能够连续追踪目标车辆,视频监测设备的布设必须保证一定的重叠区域。

3.4.3　交通行为节点监测试验结论

通过以上试验和数据分析,为满足节点范围交通监测全覆盖和微观交通参数高准确提取的需求,提出道路交通节点交通监测以下布设原则:

(1) 无人机在不同飞行高度、不同运行速度提取的速度参数误差变化不大,这得益于视频识别算法运行之前进行了大量的道路特征点采集,使得世界坐标和图像坐标转换过程中误差较小;因此,视频监测布设角度和范围应能保证视野范围内有清晰的道路特征点。

(2) 视频识别算法误差主要集中在视频画面的起、终位置,该位置车辆未全部出现在图像画面中,造成检测中心坐标的偏差,进而影响速度参数的误差;因此,为了能够连续追踪目标车辆,视频监测设备的布设必须保证一定的重叠区域,如图 3-32 所示。一般情况下,为了连续追踪车辆和识别危险驾驶行为,应保证有 20 m 重叠区域,安装高度 12 m 左右,布设间距 200 m 左右;若在曲线段,可适当减小布设间距。

图 3-32　高速公路出口交通行为视频监测布设示意

(3）为了高准确获取平交口交通行为监测信息,提取车辆轨迹、速度等参数信息,视频设备宜对角布设、对向监测,设备安装高度宜 10~12 m;应尽可能保证视频区域无遮挡。

第 4 章

交通信息数据传输技术及网络构建方法

构建点、线、面相结合的空-地-车一体化道路交通行为立体监测网络可以为实时、准确地获取不良交通行为提供数据采集基础。以视频监测为基础的普通公路立体监测网络在采集到海量交通信息数据的同时,一部分数据可以通过监测设备前端进行实时分析,另一部分需要高速回传至监测系统平台进行实时在线分析。本章将主要介绍几种代表性的交通信息数据传输方式及其适用条件,并将介绍支撑海量交通信息数据传输的交通行为信息获取和传输网络的基本结构及网络传输优化方法。

4.1 交通信息数据传输技术

从广义角度来说,无论采用何种方法、通过何种传输媒介,将信息从一个地方传送到另外一个地方均可称为通信。卫星与车辆之间通过无线通信获得车辆定位信息,车辆可以将车内的视频监测信息或状态信息通过4G/5G网络传输到互联网,路侧视频监测设备可以通过光纤通信将采集的视频信息传输至服务器。可见,交通信息数据传输系统正是将交通信息从一个地方传送到另一个地方而采用的各种通信方式的集合。传统的交通信息数据传输系统组成如图4-1所示。

为了能够保证普通公路立体监测视频图像数据的稳定性、实时性和清晰度,需要传输系统具有较高的传输速率,并保证设备运行及通信的全天可用性。不同的传输媒介对于传输质量和效率的影响差异不同,常见的传输介质包括双绞线、同轴电缆、光纤、微波和激光等。

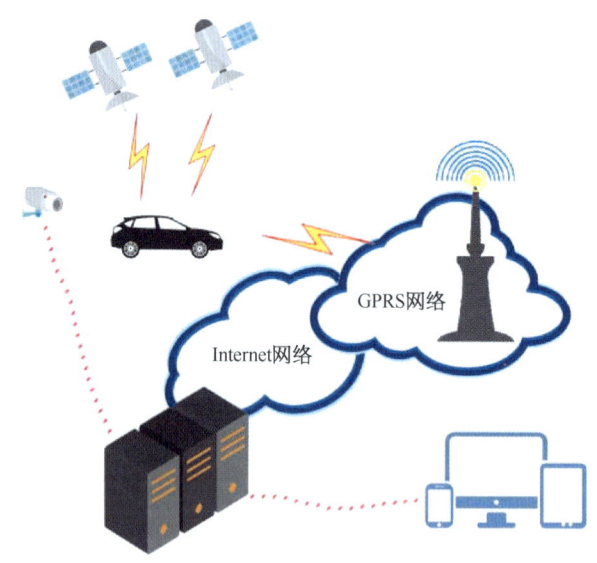

图 4-1 交通信息数据传输系统示例

4.1.1 光纤传输

光纤传输是所有传输方法中的基础。摄像机的视频信号和控制信号能通过短距离的电缆接入到视频数据复用光端机,并通过光缆将信号传输到监控中心,再通过另一个光端机将信号还原为模拟的视频信号和控制信号。一个光纤传输系统由信息源、电发射机、光发射机、光纤线路、光接收机、电接收机和信宿组成,如图 4-2 所示。在发送端,来自信息源的视频图像信号首先经过 A/D 转换、复用、编码等方式的处理,转换为电信号,并被送入光发射机。接着通过电信号的变化对光源进行调制,将电信号转化为光信号。光源输出的光信号直接耦合到传输光纤中,经一定长度的光纤传输后送达接收端。再

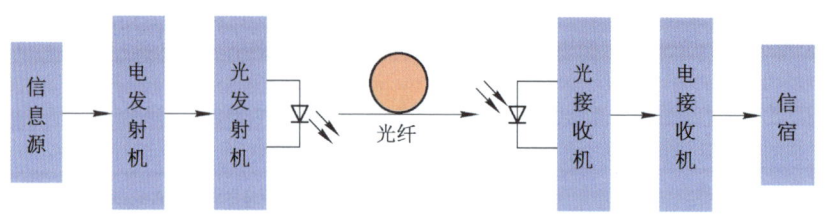

图 4-2 光纤传输系统示意

经光电检测器件直接检波,将光信号转换成电信号,由电接收机恢复出原始的视频信号,完成整个视频信号的传输过程。对于长距离的光纤通信系统,由于存在光的衰减和波形失真的现象,因此为了补偿这样的现象,需要每隔一定距离接入光中继器。

光纤作为电信和网络的介质,其优点是很灵活并且可以捆绑成电缆,对于长距离通信尤其有利;与铜缆相比,光通过光纤传播时几乎没有衰减。

1) 光纤传输的主要优点

(1) 极高的带宽:其他基于电缆的数据传输介质提供的带宽不能达到光纤所能提供的带宽。光缆单位时间内传输的数据量远大于铜缆。

(2) 更长的距离:在光纤传输中,光缆能够提供的功率损耗更低,这使得信号可以传输的距离比铜缆更长。

(3) 抗电磁干扰:在实际电缆部署中,不可避免地会遇到变电站、供暖、通风等工业环境干扰源。然而,光纤具有非常低的误码率($10\ e^{-13}$),这是由于光纤具有很强的抗电磁干扰能力。光纤传输几乎没有噪声。

(4) 低安全风险:光纤通信市场的增长主要是由于对数据安全问题认识的提高和替代原材料的使用不断增多。数据或信号在光纤传输中通过光传输,无法通过"监听"电缆"泄漏"的电磁能量来检测正在传输的数据,从而保证了信息的安全。

(5) 小尺寸:光纤电缆的直径非常小,例如单根 OM3 多模光纤的线径约为 2 mm,比同轴铜缆的线径小。体积小,在光纤传输中会节省更多空间。

(6) 重量轻:光缆由玻璃或塑料制成,使它们更轻且易于安装。

(7) 易于适应不断增加的带宽:通过使用光缆,可以将新设备添加到现有的电缆基础设施中。因为光缆可以提供比原来铺设的光缆大得多的容量。而 WDM 波分复用(wavelength division multiplexing,WDM)技术包括稀疏波分复用(coarse WDM,CWDM)和密集波分复用(dense WDM,DWDM),使光缆能够容纳更多的带宽。

2) 光纤传输的主要缺点

(1) 易碎性:通常光纤电缆由玻璃制成,这使它们比电线更易碎。此外,玻璃会受到各种化学物质的影响,如氢气(水下电缆中的一个问题),因此部署在地下时需要更加小心。

(2) 安装困难:光纤电缆的拼接并不容易,在弯曲过程中容易发生断裂。

在公路沿线安装或施工过程中需要开挖坑槽,并且光缆在安装或施工过程中极易被切断或损坏,总体建设费用大。另外,光纤发生故障时通常很难找到故障点。用户设置通信网络后,由于系统的需求,通常会添加新设备,使用光纤传输可能需要重新布线。

(3) 衰减与色散:随着传输距离越来越远,光会被衰减和分散,这就需要添加额外的光学元件,如掺铒光纤放大器(erbium doped fiber application amplifier, EDFA)。

(4) 成本高于铜缆:尽管光纤的安装成本每年下降多达60%,但仍相对高于铜缆的安装成本。为了保证光纤传输的质量,需要一些专用设备,例如大多数光纤端点都需要光时域反射计(optical time-domain reflectometer, OTDR)等设备,并且需要昂贵的专用光测试设备(例如光探头和功率计)才能正确地提供光纤测试。

4.1.2　无线激光传输

无线激光传输是指利用激光束作为信道在空间(陆地或外太空)直接进行语音、数据、图像信息双向传送的一种技术,又被称为自由空间激光通信、无纤激光通信或无线激光网络。无线激光传输以激光作为信息载体,不使用光纤等有线信道的传输介质,属于新型应用技术,早期的研究应用主要是在军事和航天上,近年来逐渐应用于商用的地面通信,技术也越来越完善。

无线激光传输技术可以应用于西部通信不发达、有线光纤通信设备覆盖困难的地区,以满足海量交通数据传输需求。无线激光传输系统包含发射端、接收端和中继端三部分。

发射系统采用了基于电感应双折射产生克尔效应的物理机制,主要包括载波光源、调制单元、数据源、数据预处理单元、偏置点控制、光电探测器、耦合器、放大器和发射天线等,如图4-3所示。工作流程:发射数据信息经过预处理单元,经过调制加载到载波光源上,同时通过耦合器分光实现调制后光信号监测,以及实现对偏置点控制,最终实现调制后信号通过光学发射天线发射。

接收系统采用了基于光子和电子能量转化产生光伏效应的物理机制,主

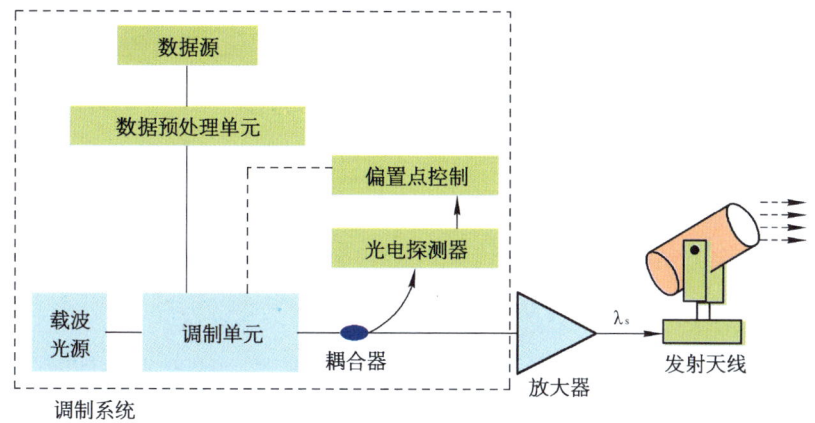

图 4-3　无线激光传输发射端技术方案

要包括：接收天线、弱光处理、探测解调单元等，如图 4-4 所示。工作流程是：接收天线接收发射端发射的微弱光信号，经过弱光处理实现放大、滤除噪声，然后送入探测解调单元实现光电转换和调制信号解调，最终恢复原始发射数据。

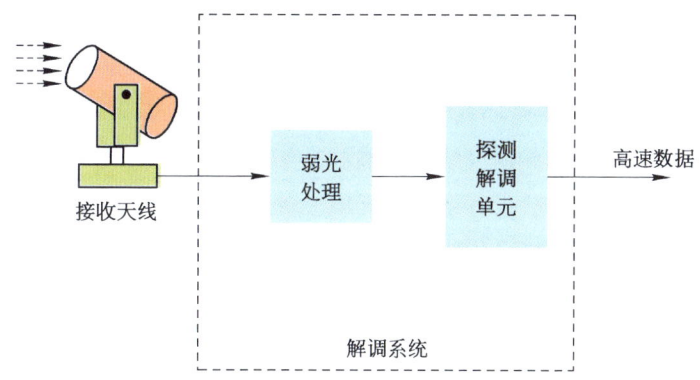

图 4-4　无线激光传输接收端技术方案

信号中继采用了基于二级级联掺铒介质泵浦放大机制，主要通过其中转、延长激光通信设备的通信距离，包括一级放大单元、光隔离器、二级放大单元，如图 4-5 所示。信号光通过空气信道长距离传输后，衰减较大，若需延长通信距离，则须通过光信号放大，经过二级光放大实现通信距离的增加。

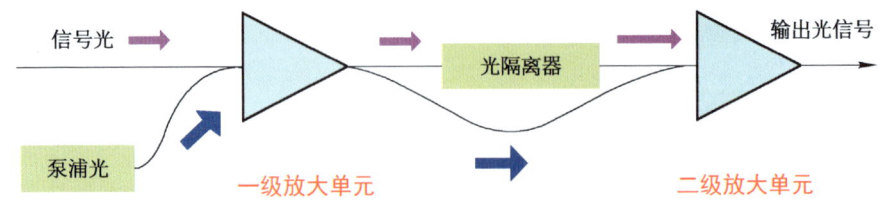

图 4-5　无线激光传输中继端技术方案

1）无线激光传输技术的主要优点

（1）无须授权执照。本书提出的无线激光传输技术采用的是波长为 1 550 nm 的信号光，发射功率为 40 dBm，设备间无射频信号干扰，所以无须申请频率使用许可证。

（2）安全保密性好。激光的直线定向传播方式使它的发射光束窄、方向性好，激光光束的发散角通常都在毫弧度、甚至微弧度量级，因此具有数据传递的保密性，除非其通信链路被截断，否则数据不易外泄。

（3）实施成本相对低廉。无须进行昂贵的管道工程铺设和维护。

（4）建网快速。无线激光通信建网速度快，只需在通信点上进行设备安装，工程建设以小时或天为计量单位，适合临时使用和在复杂地形中的紧急组网；对于重新撤换部署也很方便容易。

（5）协议的透明性。以光为传输机制，任何传输协议均可较为容易地叠加上去，电路和数据业务都可透明传输。

（6）设备尺寸小，信息容量大。无线激光传输装置具有功耗低、体积小、重量轻等特点，研制的激光传输装置体积 560 mm× 238 mm×254 mm（长×宽×高），含内部调节云台重量不超过 14 kg。如图 4-6 所示为具备收发一体的无线激光传输装置，前方透明玻璃为光学天线窗口，两个点对点可以实现双向通信。光波作为信息载体可传输达 10 Gbit/s 的数据码率，不加纠错编码下传输误码率为 1×10^{-6}。

2）无线激光传输技术的主要缺点

（1）只能在视线范围内建立链路。两个通信点之间视线范围内必须无遮挡，必要的时候需要考虑线路中间将来可能出现树木、建筑物的遮挡。对于中间存在障碍物而不可直视的两点之间的传输，可以通过建立一个中继站实现连接。

图 4-6　无线激光传输装置

（2）通信距离受限。用于地面民用无线激光通信的设备所能达到的距离一般为 200~6 000 m，受安全发送功率、数据速率和天气等条件的限制，实际使用的距离要短一些。延长直视的两点之间的传输距离可以通过建立中继站的方法实现。

（3）天气影响链路的可靠性。天气因素尤其是大雾所引起的光的色散会影响激光通信的可靠性。

（4）安装点的晃动影响激光对准。楼顶晃动（如受日光、风力的影响）将影响两个点之间的激光对准，使链路质量下降。

（5）意外因素使通信链路阻断，可用性受限制。点对点及点对多点的模式中，如有一条链路被隔断（如飞鸟经过链路空间），通信将受阻。

4.1.3 微波传输

微波通信是使用波长在 0.1 mm～1 m 之间的电磁波——微波进行的通信。该波长段电磁波所对应的频率范围是 300 MHz～3 000 GHz。微波通信是直接使用微波作为介质进行的通信,不需要固体介质,当两点间直线距离内无障碍时就可以使用微波传输。利用微波进行通信具有容量大、质量好并可传至很远距离的特点,因此是国家通信网的一种重要通信手段,也普遍适用于各种专用通信网。无线激光传输受恶劣天气影响比较大,为了保障系统全天候不间断数据传输,可采用微波传输技术作为无线激光传输的备份。

采用微波无线宽带无线接入设备,可以将被监测点与中央控制中心连接起来,而且搭建迅速,可以在最短的时间内迅速建立起无线链路,微波传输系统构造图如图 4-7 所示。现场监控点安装的摄像机所摄录的实时和高分辨率的视频图像通过宽带无线接入设备进行视频数据传输,传送到用户的安全监控中心。无线视频监控系统具有传输距离远、时延低和设备成本低的特点,可以提供高效和经济的视频传输解决方案。它可以将不同地点的现场视频信息通过无线通信手段实时传送到监控中心,支持高清格式的数字视频流而能稳定可靠地进行传输,并能保证视频流的稳定持续传输。

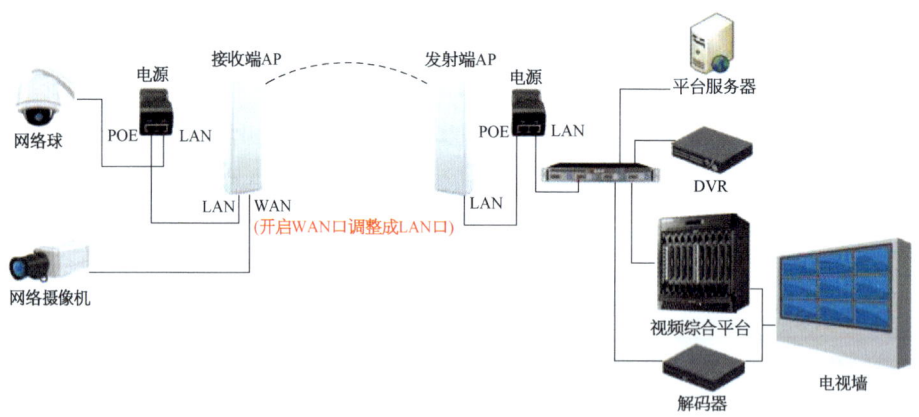

图 4-7 微波传输系统构造

微波传输系统前端采用数字摄像机作为监控视频采集设备,加上微波通信传输设备,可进行全数字无线传输。微波设备本身具有数据、语音、图像、控制等信号的无线传输功能。监控中心可得到全部显示图像(图4-8),核心的网络视频监控系统采用标准的传输控制协议/互联协议(transmission control protocol/internet protocol,TCP/IP 协议),能架构在局域网、广域网和无线网络之上,可以与各类不同的以太网设备无缝连接。系统授权用户可在网络的任何计算机上对监控现场实时监控,真正做到了一网多用。

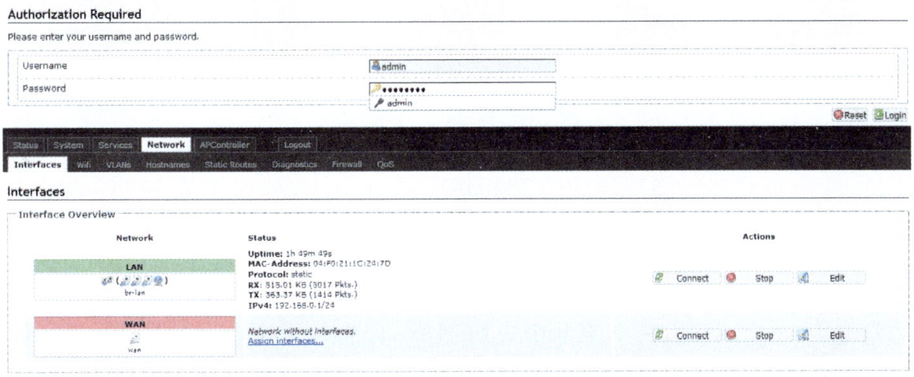

图 4-8 微波传输配置界面

微波通信具有良好的抗灾性能,发生水灾、风灾以及地震等自然灾害时,微波通信一般都不受影响。但微波经空中传送,易受干扰,在同一微波电路上不能在同一方向上使用相同频率,因此微波电路必须在无线电管理部门的严格管理之下进行建设。此外由于微波具有直线传播的特性,因此在电波波束方向上不能有物体阻挡。

4.1.4 4G/5G 移动通信

移动通信是移动体之间,或移动体与固定体之间的通信。移动体可以是人,也可以是汽车、火车、轮船、收音机等在移动状态中的物体。移动通信是进行无线通信的现代化技术,这种技术是电子计算机与移动互联网发展的重要成果之一。移动通信技术经过第一代、第二代、第三代、第四代技术的发展,目前已经迈入了第五代发展的时代[第五代移动通信技术(5th generation mobile communication technology,5G)],这也是目前正在改变世界的几种主要技术之一。

移动通信系统的组成结构如图4-9所示。基站BTS(base transceiver station),即无线收发信设备,向移动端发送无线信号,或接收移动端发来的无线信号。基站控制器(base station controller,BSC),对一个或多个BTS进行控制和管理,主要完成无线信道的分配、BTS和移动端发射功率的控制以及越区信道切换等功能。BSC也是一个小交换机,它把局部网络汇集后通过A接口与移动交换机(mobile switching center,MSC)相连。MSC完成最基本的交换功能,即移动用户和其他网络用户之间的通信连接。访问位置寄存器(visitor location register,VLR)存储了进入其覆盖区内的所有移动用户的信息,为已经登记的移动用户提供建立呼叫接续的条件。VLR是一个动态数据库,需要与有关的归属位置寄存器(home location register,HLR)进行大量的数据交换以保证数据的有效性。当用户离开该VLR的控制区域,重新在另一个VLR登记时,原VLR将删除该移动用户数据。在设备实现上,MSC和VLR通常合为一体。HLR是系统的中央数据库,存放与用户有关的所有信息,包括用户的漫游权限、基本业务、补充业务及当前位置信息等,从而为MSC提供建立呼叫所需的路由信息。一个HLR可以覆盖几个MSC服务区甚至整个移动网络。

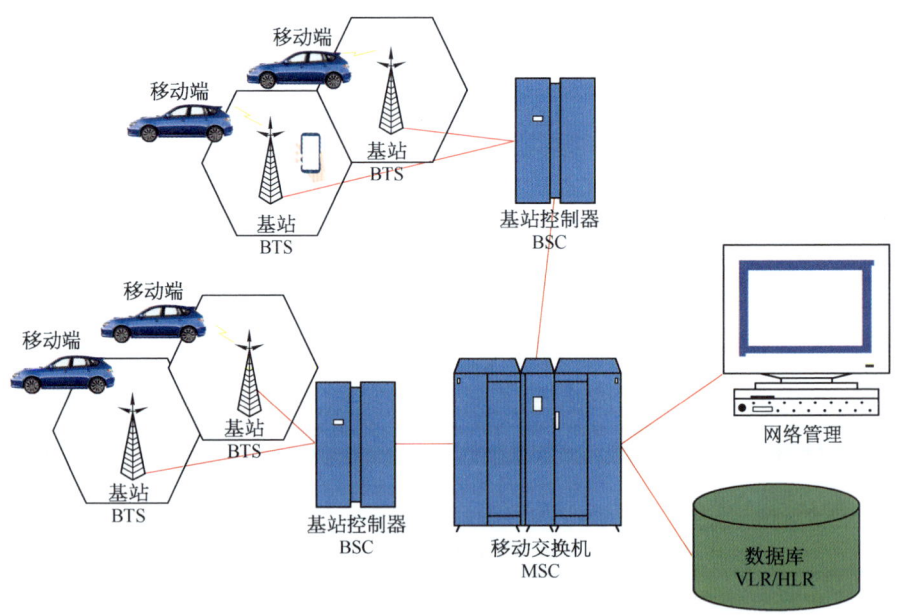

图4-9 移动通信系统示意

第四代移动通信技术(4th generation mobile communication technology, 4G),包括 TD – LTE 和 FDD – LTE 两种制式,以正交频分多址(orthogonal frequency division multiplexing, OFDMA)技术为核心,用户峰值速率可达 100 Mbit/s~1 Gbit/s,是一种宽带接入和分布式的全网际互联协议(internet protocol, IP)架构网络,能够支持各种移动宽带数据业务。

5G 是 4G 之后的延伸,是对现有的无线通信技术的演进,5G 更强调用户体验速率,将达到 Gbit/s 量级。和 4G 相比,其最大的变化在于,服务的对象在过去的人与人之间的通信的基础上,增加了人与物、物与物之间的互联,实现全连接。

与 4G 相比,5G 在空口、架构等关键技术的多个方面均有创新,无线网络发展潜力巨大。4G 和 5G 主要关键技术的对比见表 4-1。

表 4-1 4G 和 5G 主要关键技术的对比

关键技术名称	4G	5G
接入技术	OFDMA	SCMA(稀疏码分多址) PDMA(图样分割多址) MUSA(多用户共享接入)
双工方式	半双工	全双工(同时同频收发)
调制	64QAM	256QAM
带宽	20 MHz	100 MHz 及其以上(高频段)
MIMO	2×2 MIMO、4×4 MIMO	Massive MIMO:64T64R 及其以上

与以往的移动通信系统主要强调用户峰值速率不同,5G 关键性能指标更加丰富,除用户峰值速率外,还包括用户体验速率、连接数密度、端到端时延、流量密度和移动性等。其中用户体验速率是 5G 最重要的性能指标,它真正体现了用户可获得的真实数据速率,也是与用户感受最密切的性能指标。与 4G 相比,5G 具备更高的性能,5G 与 4G 关键能力的对比见表 4-2。

4G 移动通信技术主要聚焦移动宽带应用场景,提供增强型的系统容量以及更高的数据传输速率。而随着各类高带宽应用(如移动视频)的涌现,5G 将会进一步增强人们的移动宽带应用使用体验。此外,5G 也将大力发展 IoT 物联网(internet of things, IoT)应用,即机器到机器通信或以机器为中心

表4-2 4G与5G关键能力的对比

关键性能指标	定 义	4G	5G
用户体验速率/bit/s	真实网络环境下用户可获得的最低传输速率	10 Mbit/s	0.1~1 Gbit/s
连接数密度/(万/km^2)	单位面积上支持的在线设备总和	10万/km^2	100万/km^2
端到端时延/ms	数据包从源节点开始传输到被目的节点正确接收的时间	10 ms	1 ms
移动性/(km/h)	满足一定性能要求时,收发双方间的最大相对移动速度	350 km/h	500+ km/h
流量密度/(bit/s/km^2)	单位面积区域内的总流量	0.1 Mbit/s/km^2	数十Tbit/s/km^2
用户峰值速率/bit/s	单用户可获得的最高传输速率	1 Gbit/s	数十Gbit/s

的通信。物联网扩展了移动通信的服务范围,从人与人通信延伸到物与物、人与物智能互联,使移动通信技术渗透至更加广阔的行业和领域。5G的四个主要的应用场景中,低功耗大连接和低时延高可靠的场景主要面向物联网业务,是5G新拓展的场景,重点解决传统移动通信无法很好地支持物联网及垂直行业应用的问题。

低功耗大连接场景主要面向智慧城市、环境监测、智能农业、森林防火等以传感和数据采集为目标的应用场景,具有小数据包、低功耗和海量连接等特点。这类终端分布范围广、数量众多,不仅要求网络具备超千亿连接的支持能力,满足100万/km^{2}连接数密度指标要求,而且还要保证终端的超低功耗和超低成本。

低时延高可靠场景主要面向车联网、工业控制等垂直行业的特殊应用需求,这类应用对时延和可靠性具有极高的指标要求,需要为用户提供毫秒级的端到端时延和接近100%的业务可靠性保证。

4.2 交通行为信息获取和传输网络基本结构

交通行为信息获取和传输网络(traffic behavior information acquisition and

transmission network,TBIATN)是一种基于视频的用于采集交通行为信息并实现海量数据高效传输的交通信息数据传输系统,它是用于获取交通系统状态信息,布设在交通路网及交通管理部门,并通过无线或有线通信方式连接起来,由传感器、中继器、接入节点、网关、服务器等节点设备和各类软件系统组成的集合。TBIATN 的基本架构如图 4-10 所示,在整个交通行为信息获取和传输网络中,分布着各层次的网络设备,这些设备承载着不同空间粒度、不同时间粒度和不同类型的交通信息。

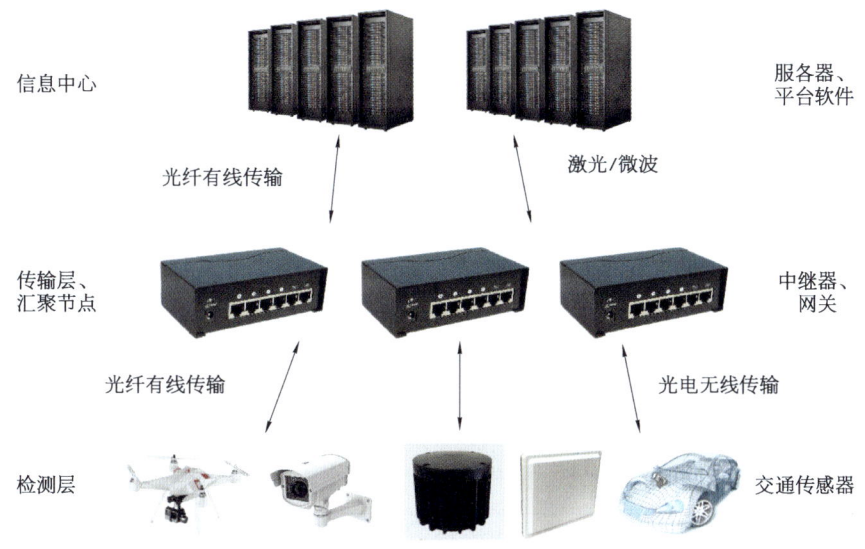

图 4-10　交通行为信息获取和传输网络基本架构及节点设备

由图 4-10 可以看出,TBIATN 除了底层的检测节点外,还需要多种不同功能的网络节点作支撑,以保证底层检测节点获取的交通信息能够及时、准确地传送至本地或远程存储和处理设备,以供各类上层应用系统使用。它们是构成交通行为信息获取和传输网络不可或缺的一部分。交通行为信息获取和传输网络中检测节点和各类网络节点如下所述。

1) 检测节点(everest point,ED)

交通行为信息获取和传输网络的底层检测节点,如各类视频传感器、交通流传感器、无人机、车载监测传感器等,用于检测交通运行环境中各种动态交通信息。这些 ED 构成整个网络的交通信息数据源,这些检测数据通过交通行为信息获取和传输子网传送至接入节点。

2) 中继节点(relay point, RP)

在无线通信过程中,为了有效地扩展 ED 至 AP 的传输距离,需要 RP 节点加以中继,通过多跳的方式把 ED 检测数据传输至其目的接入节点 AP。

3) 接入节点(access point, AP)

接入节点是交通行为信息获取和传输网络的网关,用于收集其所属各 ED 节点的信息,可以直接从 ED 节点接收信息,也可从 RP 节点接收信息。通常一个 AP 和若干个 RP、ED 构成一个小型交通行为信息获取和传输子网,用于收集和处理特定区域内交通信息,完成本区域内应用系统功能。

4) 汇聚节点(focus point, FP)

用于实现多个交通行为信息获取和传输子网信息的汇聚和处理,直接接收来自各 AP 节点的信息,具有若干本地信息处理功能,可以实现多个交通行为信息获取和传输子网覆盖区域信息的融合,完成若干覆盖区域内的应用系统功能。

5) 骨干节点(backbone point, BP)

用于实现激光/微波无线传输,将多个 FP 节点的数据信息接收后发送至 CP,具有发送海量数据的传输能力。

6) 中心节点(centre point, CP)

中心节点也即交通信息数据中心,连接多个 FP 或 BP,实现大范围区域内的交通信息收集、处理和发布,是若干区域或整个城市的交通信息数据中心。

根据研究区域的大小和干线数据传输方式的不同,所述的一个交通行为信息获取和传输子网有两种节点类型组合方式:① 若干 ED 和一个 AP;② 若干 ED、RP 和一个 AP;③ 若干 ED 和一个 AP,AP 同时接 BP;④ 若干 ED、RP 和一个 AP,AP 同时接 BP;⑤ 若干 ED、RP、AP 和一个 BP。需要多个交通行为信息获取和传输子网且检测信息传至数据中心时,才涉及 FP 和 CP。利用各类传感器检测交通行为信息的一个典型应用场景如图 4-11 所示。其中一个 AP 和若干 RP 和传感器构成一个小型的交通行为信息获取和传输子网,当干线传输网络为有线传输时,可通过 FP 把检测数据传输至 CP;当干线传输网络为激光/微波无线传输时,可通过 BP 把 FP 数据汇聚到一起传输至 CP。

在不同的应用场景中,交通行为信息获取和传输网络配置情况有所不

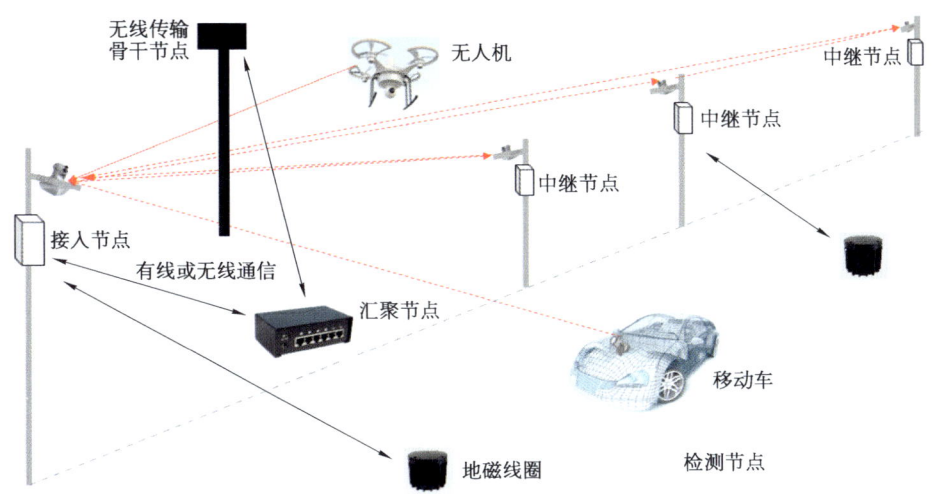

图 4-11 交通行为信息获取和传输网络应用场景

同。根据传输距离的远近可选择是否需要 RP,图 4-11 分别给出了由若干交通传感器、RP 和一个 AP 组成的交通行为信息获取和传输子网部署场景,展示了用于交通行为特征提取的交通行为信息获取和传输子网的典型配置方案。

4.3 交通行为信息获取网络传输优化方法

4.3.1 影响传输效率的主要因素

确定了所需的交通行为信息监测节点及其他类型 ED 节点的个数和位置之后,TBIATN 网络需要接入并传输各类 ED 节点检测到的交通信息。为了保证 TBIATN 网络搭建的经济性和简洁性、提升传输效率,需要确定最佳的其他网络节点个数,以最小的成本完成所需检测数据的传输。另外,为了实现 TBIATN 网络的兼容性和通用性,应考虑接入现有类型的 ED 节点实现多源信息的综合接入和传输,且便于各系统的共享与交互,则需要研究 TBIATN 网络的拓扑优化问题。

该问题分为两个层次:第一层为物理拓扑优化,即在确定所有的 ED 节点后,优化其他网络节点个数,以最经济的方式实现所需 ED 信息的有效传输,得到 TBIATN 网络最优物理拓扑结构;第二层为通信拓扑优化,即在确定 TBIATN 网络最优物理拓扑之后,优化各网络节点的通信结构,以最小的功率实现各 ED 节点检测信息的传输。

4.3.2 多源异构数据获取网络传输优化方法

4.3.2.1 交通信息网络传输物理拓扑优化方法

1)模型

如图 4-12 所示公路普通路段 TBIATN 子网络检测区域,设该区域布设 N 类 ED 节点,每类 ED 节点总个数为 $m(1 \leq i \leq V)$,则所有 ED 节点的总数 $M = \sum_{i=1}^{N} m_i$;设第 i 类 ED 节点的数据包大小为 P_i,数据包发送频率为 $f_i(\text{Hz})$,则带宽需求为 $s_i = p_i \times f_i$。设每个 AP 节点的总带宽为 R_{AP},利用率为 α;每个 RP 节点的总带宽为 R_{RP},利用率为 β。则每个 AP 节点的实际可用带宽为 $R'_{AP} = R_{AP} \times \alpha$,每个 RP 节点的实际可用带宽为 $R'_{RP} = R_{RP} \times \beta$。定义各类 ED 节点带宽组合向量为 $S = [s_1, s_2, \cdots, s_i, \cdots, s_N](1 \leq i \leq N)$,个数向量为 $M = [m_1, m_2, \cdots, m_i, \cdots, m_N](1 \leq i \leq N)$,向量中的每个元素代表一类 ED 节点。

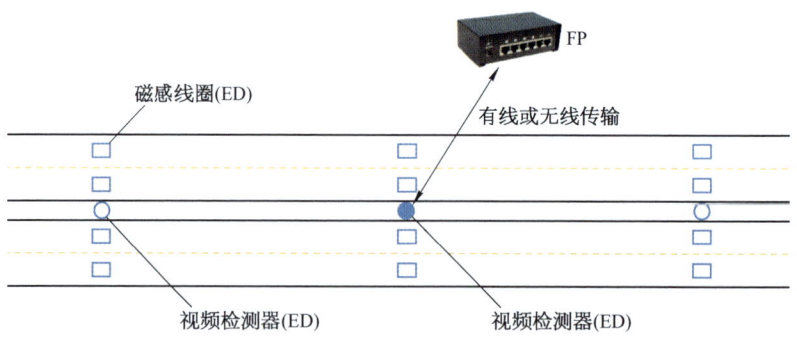

图 4-12 典型高速公路普通路段交通行为信息获取和传输子网络配置方案

首先确定需要多少个 TBIATN 子网才能覆盖所有 ED 节点,即 AP 节点个数。参考北京交通大学董宏辉《一种传感器网络通信节点优化布控方法》的建模方法,针对每个 AP 节点,以所有 ED 节点为对象,求解最优 ED 节点组合,在不高于实际可用带宽的情况下,使其使用带宽尽可能大。依次进行,直到所有的 ED 节点都被分配完成,则分配次数即为 AP 节点的最优个数。该问题可转化为多次多重背包问题,每一次 AP 节点下 ED 节点组合优化对应一次多重背包问题求解。

单个 AP 节点的多重背包问题模型为

$$\max R(X) = \sum_{i=1}^{N} x_i s_i$$

$$\text{s.t.} \begin{cases} \sum_{i=1}^{N} x_i s_i \leqslant R'_{AP} \\ 0 \leqslant x_i \leqslant m_i \end{cases} \quad (4-1)$$

式中 $R(x)$ ——AP 节点的使用带宽;

x_i ——选取第 i 类 ED 节点的个数(非负数)。

求解式(4-1)获得的解向量 $X = [x_1, x_2, \cdots, x_i, \cdots, x_N](1 \leqslant i \leqslant N)$ 即为该 AP 节点下 ED 节点最优组合。令 $m_i = m_i - x_i(1 \leqslant i \leqslant N)$,重复执行求解式(4-1),直到 $\forall m_i = 0$。则所有的 AP 节点个数和即为该检测区域内的最优 TBIATN 子网个数,每次模型求解结果得到的解向量 X 对应该 TBIATN 子网接入的 ED 节点类型及个数。

通过上述步骤可确定每个 AP 节点下的最优 ED 节点组合 S_{AP}。之后根据这些 ED 节点带宽组合确定每个 AP 节点下的最优 RP 节点个数。首先,针对某个 AP 节点,以该 AP 节点下的 ED 节点组合向量 S_{AP} 为对象,求解使 RP 节点达到最大使用带宽的 ED 节点组合 S_{RP}。然后以剩余的 ED 节点为对象,求解使下一个 RP 节点达到最大使用带宽的 ED 节点组合 S_{RP},直到该 AP 节点下所有的 ED 节点都被分配完成,此时得到最优 RP 节点个数及每个 RP 节点下最优 ED 节点组合。当获得所有 AP 节点下的最优 RP 节点个数后,即得到各个 TBIATN 子网下最优 RP 节点个数。

对于 $1 \leqslant i \leqslant N$,当 $s_i > R'_{RP}$ 时,RP 节点带宽无法满足第 i 类单个 ED 节点数据的通信需求,根据 TBIATN 网络的混杂网络特点,此时该 ED 节点通过有线方式直接传输至 AP,同时 s_i 从最优 ED 节点组合 S_{AP} 中删除。最后得到新 ED 节点组合 S'_{AP} 中 s_i 满足 $s_i \in S'_{AP}$ 且 $s_i \in R'_{AP}(1 \leqslant i \leqslant N)$。

则一个 AP 节点下某 RP 节点多重背包问题模型如下：

$$\max Z(Y) = \sum_{i=1}^{N} y_i s_i$$

$$\text{s.t.} \begin{cases} \sum_{i=1}^{N} y_i s_i \leq R'_{RP} \\ 0 \leq y_i \leq n_i \end{cases} \quad (4-2)$$

式中 $Z(Y)$——该 AP 节点下的 ED 节点组合使一个 RP 节点达到的最大使用带宽；

n_i——此 AP 节点下第 i 类 ED 节点的个数；

y_i——选取此 AP 下第 i 类 ED 节点的个数。

求解式(4-2)获得的解向量 $Y = [y_1, y_2, \cdots, y_i, \cdots, y_N](1 \leq i \leq N)$ 即为该 AP 节点下某 RP 节点的最优 ED 节点组合。同模型 0-1，令 $n_i = n_i - y_i (1 \leq i \leq N)$，重复求解模型(4-2)，直到 $\forall n_i = 0$，则可得到该 AP 节点下的最优 RP 节点个数，每次模型求解结果得到的解向量 Y 对应该 RP 节点接入的 ED 节点类型及个数。

通过式(4-1)和式(4-2)确定了最优 AP、RP 个数之后，则可根据各网络节点和 ED 节点的通信方式，确定各 TBIATN 子网的最优物理拓扑结构。

除了单个 TBIATN 子网外，还需要考虑多个子网组网的场景。该场景中研究区域已存在若干 TBIATN 子网，当向该检测区域中增加新的 ED 节点时需要确定增加的最优 AP 节点和 RP 节点个数。已知原有 TBIATN 子网中的 AP 节点和 RP 节点的数目以及各自的现有可用带宽。由于 RP 的带宽较小，同时为了减少新加入 ED 节点的数据传输对原有网络数据传输的影响，新加入的 ED 节点不通过现有的 RP 节点进行数据传输，但会利用现有的 AP 节点。

设研究区域已有 h 个 AP 节点，其可用带宽向量记为 $R_e = [R_{e1}, R_{e2}, \cdots, R_{ek}, \cdots, R_{eh}](1 \leq k \leq h$ 且 $R_{e1} \geq \cdots \geq R_{ek} \geq \cdots \geq R_{eh})$。现有网络下增加新 ED 节点时一个 AP 节点的多重背包问题模型如下：

$$\max R(X) = \sum_{i=1}^{N} x_i s_i \quad (R_e \text{不为空})$$

$$\text{s.t.} \begin{cases} \sum_{i=1}^{N} x_i s_i \leq R_{ek} \\ 0 \leq x_i \leq m_i \end{cases} \quad (4-3)$$

$$\max R(X) = \sum_{i=1}^{N} x_i s_i \quad (R_e 为空)$$

$$\text{s.t.} \begin{cases} \sum_{i=1}^{N} x_i s_i \leqslant R_{ek} \\ 0 \leqslant x_i \leqslant m_i \end{cases} \quad (4-4)$$

式中 m'_i——现有 AP 节点分配完毕后剩余的第 i 类 ED 节点的个数;

k——式(4-3)R_e 不为空时的执行次数,每次去除 R_e 中的元素 R_{ek}。

对于该场景需分两步建模,第一步[式(4-3)]是利用现有 AP 节点分配新增 ED 节点,每次选取当前现有未分配的节点中具有最大可用带宽的 AP 节点。若现有 AP 节点未分配完毕,无新增 ED 节点剩余,结束;否则式(4-3)会执行 h 次,之后进入第二步[式(4-4)]。此时更新第 i 类 ED 节点数为,m'_i 求解方法同式(2-1)。

求解式(4-3)和式(4-4)时,利用每次获得的解向量 X 确定针对此 AP 节点下的新增 ED 节点组合。则此 AP 节点下某 RP 节点多重背包问题模型如下:

$$\max Z(Y) = \sum_{i=1}^{N} y_i s_i$$

$$\text{s.t.} \begin{cases} \sum_{i=1}^{N} y_i s_i \leqslant R'_{\text{RP}} \\ 0 \leqslant y_i \leqslant n_i \end{cases} \quad (4-5)$$

式中 n'_i——式(4-3)和式(4-4)所得一个 AP 节点下第 i 类 ED 节点的个数。

2) 算法

由多重背包问题模型可以看出,穷举法求解的时间复杂度为 $O(2^n)$,当 n 较大时,在有限时间内计算机几乎无法求解,因此这里引入人工智能算法求解此类模型。背包问题是一个典型的 NP 问题,早期的研究者使用经典算法求解该问题,常用的算法包括分支定界法、线性规划法和动态规划法等,但随着问题规模的增长,一般很难精确、快速地求出其全局最优解或近似解。随着人工智能的发展,出现了许多独立于问题的智能优化算法,如蚁群算法、遗传算法、模拟退火算法、粒子群优化算法、神经网络和免疫算法等,这些算法通过模拟解释某些自然现象或过程而得以发展。图 4-13 给出了求解多重背包问题模型(最优 AP 节点个数和每个 AP 节点下最优 RP 节点个数)的状态机,该状态机的第一层次确定最优 AP 节点个数及每个 AP 节点下的最优 ED 节点分配方案,即求解式(4-1);状态机的第二层次确定每个 AP 节点下的最优 RP 节点个数及每个 RP 节点下的最优 ED 节点分配方案,即求解式(4-2)。

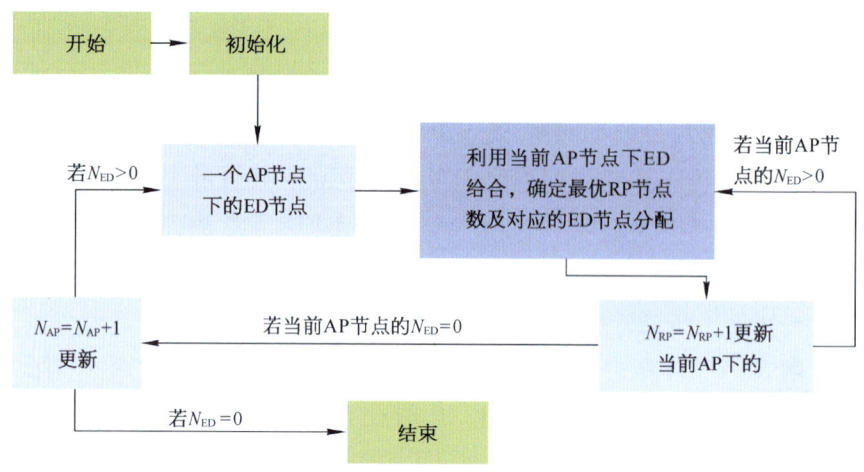

图 4-13　求解多重背包问题模型状态机

根据上图所示的状态机,利用某人工智能算法,多次多重背包问题模型[式(4-1)和式(4-2)]的通用求解算法如下所述。

(1)初始化:初始化某人工智能算法所需参数,以及 ED 节点带宽组合向量 S 的长度,即 ED 节点个数为 N_{ED},AP 节点个数 $N_{AP}=0$,AP 节点可用带宽 R'_{AP}。

(2)针对一个 AP 进行 ED 节点分配:利用该算法,找到满足所选 ED 节点带宽和 $S_{ED} \leq R'_{AP}$ 的约束条件下使目标函数最大的 ED 节点组合,并作为一个 AP 下 ED 节点的分配方案。

(3)更新 AP 数量 N_{AP} 与剩余 ED 数量 N_{ED}:AP 节点个数 N_{AP} 增 1,且把步骤(2)中的 ED 节点组合剔除,同时更新 N_{ED}。

(4)判断是否有 ED 节点剩余:若 $N_{ED} > 0$,返回(2),若 $N_{ED} = 0$,执行(5)。

(5)获得最优 AP 节点个数:此时 $N_{ED} = 0$,所有 ED 节点已经分配完毕,可得到最优 AP 节点个数及每个 AP 节点下的 ED 节点组合方案,进入(6)。

(6)获得最优 RP 节点个数:更新 ED 节点带宽组合向量 S 为一个 AP 节

点下 ED 节点的组合向量,同样重复步骤(1)~(5),即可获得每个 AP 节点下的最优 RP 节点个数、所有 RP 节点个数及每个 RP 节点下的最优 ED 节点组合。

研究选取多种人工智能算法求解多重背包问题模型,主要有模拟退火算法(simulated annealing,SA)、粒子群优化算法(particle swarm optimization,PSO)和蚁群算法(ant colony optimization,ACO),通过能否快速获取最优解或近似解来衡量各算法优劣,以对不同算法进行优选,为实际工程应用提供选择参考。

模拟退火算法(SA)从某一较高初温出发,伴随温度参数的不断下降,结合概率突跳特性在解空间中随机寻找目标函数的全局最优解,即在局部最优解能概率性地跳出并最终趋于全局最优,其实现流程如图 4-14 所示。

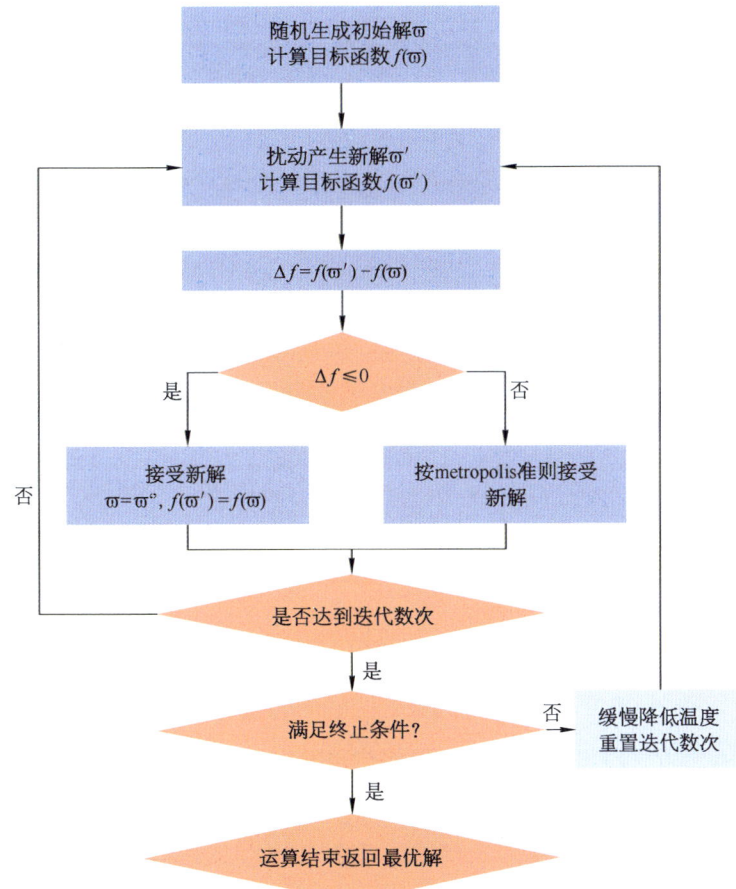

图 4-14 模拟退火算法(SA)的实现流程

4.3.2.2 交通信息获取传感器网络通信拓扑优化方法

利用 TBIATN 网络中 RP 和 AP 的物理关系建立无向图模型,如图 4-15 所示。图的各顶点代表 RP 或 AP,图的各边代表各顶点之间的权重,初始无向图的边权为空,图 4-15 展示了无向图模型的建立过程,图 4-15(a)为 TBIATN 网络的物理关系,图 4-15(b)为由图 4-15(a)生成的初始无向图模型。

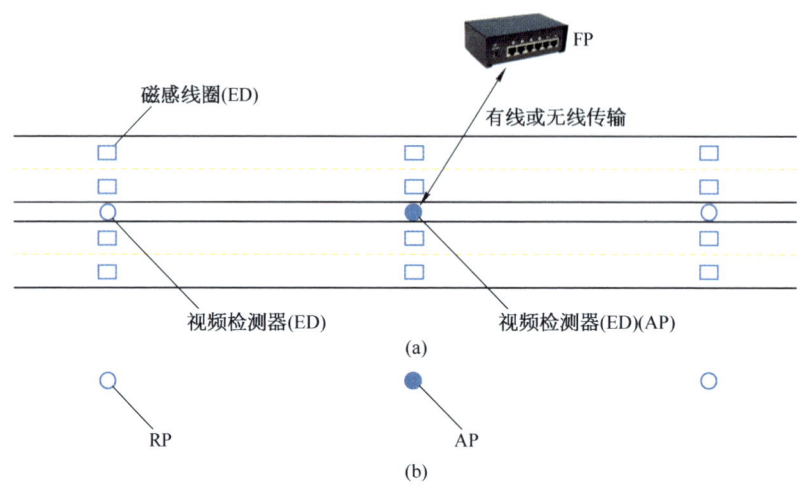

图 4-15　无向图模型的建立过程
(a) TBIATN 网络的物理关系;(b) 初始无向图模型

依照北京交通大学张毅刚《道路交通信息获取传感器网络研究》的优化目标,在保证整个网络连通的情况下,使 TBIATN 网络节点连通总功率最小。这里假设各网络节点的发射功率可变,首先给出相邻节点的定义:对于 TBIATN 网络中任意节点 P,当 P 设置一定的发射功率后,P 的相邻节点为能够直接与节点 P 通信的节点,若此时设置的功率为 P 的最大发射功率,则得到 P 的所有相邻节点。

为了获取各节点间的边权值,每个节点需要建立各自的功率代价表(power cost table,PCT)。TBIATN 网络中,RP 和 AP 都可以以从低到高的发射功率发射广播帧,该帧为包含发射功率值的搜索命令,要求听到的对方返回应答命令,该命令包含其当 itr 功率。若某节点收到来自同一节点不同发射功率的多个搜索命令,则选择具有最小发射功率的广播帧应答。如果节点 P 接到节点 Q 的应答命令,则节点 P 记下节点 Q 的地址和发射功率值及对应的节点 P 的发射功率值,并设定节点 Q 为相邻节点;当 P 达到最大功率时,则得到了 P 的所有相邻节点及对应的发射功率值,即为 P 的 PCT。同样的方式,TBIATN 网络中的所有 RP 和 AP 都能得到各自的 PCT。相邻节点利用各自的 PCT 确定无向图边权,当 P 和 Q 的 PCT 都有对方的地址时,无向图边权取两者 PCT 中对应发射功率值之和的最小者;当 P 和 Q 的 PCT 仅有一方有对方地址时,无向图边权取有地址一方的 PCT 中对应发射功率之和;当 P 和 Q 的 PCT 都无对方地址时,无向图边权取无穷大,即两者无法进行双向通信。节点 P 和 Q 确定边权后,把各节点之间的边权值重新写入各自的 PCT,新的 PCT 中保存了各节点与相邻节点通信的功率代价。这样初始无向图模型则转化为初始边权图模型。

TBIATN 网络的通信拓扑优化目标是网络节点连通总功率最小,即在初始边权图的基础上,求得 TBIATN 网络边权图的最小生成树(minimum spanning tree,MST)。由于 TBIATN 网络初始网络节点位置和初始最大功率一定,当网络中各节点获取 PCT 时,可能出现某些节点无法连通的情况,故初始边权图可能为非连通图。这里采用改进普里姆算法(Prim algorithm,Prim 算法),即图像处理算法(image processing algorithm,IPA)求解 TBIATN 网络边权图,该算法过程描述如下:

(1) TBIATN 网络中 RP 和 AP 获取各自的 PCT。

(2) 各节点的 PCT 分别按从小到大排列。

(3) AP 节点备份原有 PCT 并初始化仅包含自身顶点集合 V_p 和空边集集合 E_p。

(4) AP 把其 PCT 中最小值对应的非 V_p 集合的节点加入 V_p,相应权值的边加入 E_p,并利ffl Vp 中节点进行转发,向新加入节点发送 PCT 搜索命令,该节点的 PCT 同样利用 V_p 中节点转发给 AP。

(5) AP 把接收到的 PCT 与自身 PCT 合并,删除 V_p 集合内节点相关 PCT 记录,并把新 PCT 从小到大排列。

(6) AP 判断 6 身新 PCT 是否为空,若非空,重复步骤(4)和(5),否则,进入(7)。

(7) AP 判断集合 V_p 中的元素个数是否为 AP 的预设个数,若是,说明初始边权图为连通图,TBIATN 网络所有节点已加入该网络中,算法结束;否则启动认知更新机制,得到 TBIATN 网络新的初始边权图,返回至(1)。

IPA 算法的固定初始解为 AP,每次把 AP 节点首先加入生成树中。节点 AP 通过广播帧命令启动优化过程,当 RP 收到该命令后则转为启动状态,等待从 AP 发出或 RP 转发来的各种后续命令。由于初始边权图可能是非连通图,因此 IPA 算法给出了认知更新机制,用于判断优化结果是否合理、是否需要改变节点相关参数,如初始布设位置、初始最大发射功率等。认知更新机制根据不同的工程应用可采取不同策略,如加大节点初始发射功率、更换节点、变更节点的初始位置等。另外,在不便获得 TBIATN 网络边权图邻接矩阵的情况下,IPA 能够利用各节点的局部信息不断优化,直到找到 TBIATN 网络边权图的最小生成树。

4.3.3 实例与分析

1) 实例:求解多重背包问题模型

如图 4-16 所示交叉口,布设有气象、线圈、微波、视频等多种类型的交通

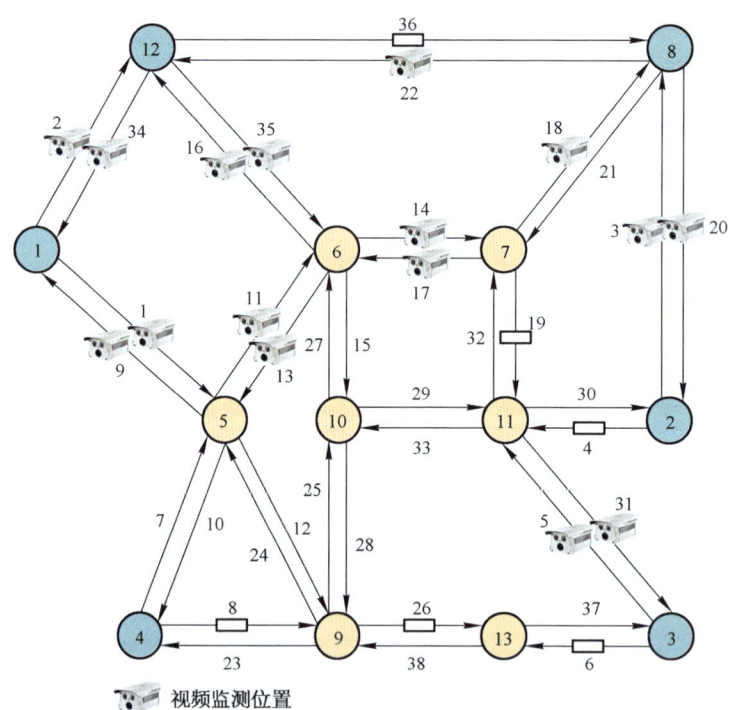

图 4-16 路网拓扑结构及组合布设方案示意

信息传感器用于检测该交叉口的气象、交通流、超速、闯红灯等多种交通信息,通过搭建多个 TBIATN 子网,收集和传输所需的交通信息。

所需的 ED 节点信息见表 4-3,即 $N=3, M=23, S=[40,800,1\,024]$,在 TBIATN 网络中拟采用的 AP 节点和 RP 节点的基本信息见表 4-4,即 $R'_{AP} = R_{AP} \times \alpha = 10\,240 \times 40\% = 4\,096$ kb, $R'_{RP} = R_{RP} \times \beta = 250 \times 50\% = 125$ kb。

表 4-3 实例中 ED 节点基本信息

ED 节点种类	说 明	带宽需求/kb	个 数
第 1 种	线圈传感器	>40	6
第 2 种	视频传感器	>800	10
第 3 种	视频检测器	>1 024	7

表 4-4 实例中 AP 节点和 RP 节点基本信息

节点类型	总带宽/kb	带宽利用率/%	可用带宽/kb
AP 节点	10 240	40	4 096
RP 节点	250	50	125

表 4-5 SA、PSO 和 ACO 算法求解实例输出结果

算 法	SA	PSO	ACO
最优 AP 个数/个	4	4	4
最优 RP 个数/个	2	2	2
计算时间/s	1.256	2.584	3.211

注:求解 10 次取均值。

由表 4-5 可以看出,在 ED 节点数较小时,三种算法都得了最优解,其中 SA 算法计算效率最高,PSO 算法次之。由表 4-5 可知,本实例的优化结果为:最优 AP 节点数为 4,即需要搭建 4 个 TBIATN 子网才能满足本实例 ED 节点的数据传输需求;最优 RP 节点数为 2。表 4-6 给出了利用 SA 算法求解实例的 ED 节点分配结果。由于视频传感器 ED 节点带宽需求大于 RP 节点

的实际可用带宽,它们通过有线通信直接传输至相应的 AP 节点,具体分配结果见表 4-6。

表 4-6 实例中各 AP 节点下通过有线通信的 ED 节点分配结果

AP 节点	需有线传输对应的 ED 节点
AP1	800,800,800,800,800
AP2	800,800,800,800,800
AP3	1 024,1 024,1 024,1 024
AP4	1 024,1 024,1 024,RP1(40,40,40)、RP2(40,40,40)

对比表 4-5 可知,在输入规模较大时,SA 算法在获取最优 AP 和 RP 节点个数和计算效率方面都明显优于 PSO 算法和 ACO 算法,在求解此类问题时更具优势。

2) 分析与讨论

通过上述实例可以看出,本方法能够针对道路交通信息检测区域的 ED 节点需求,给出 TBIATN 网络各类节点的最优个数及 ED 节点分配策略。由于下"星"上"树"是 TBIATN 子网的典型通信结构,当各节点个数和位置确定后,即确定了 TBIATN 网络最优物理拓扑结构,这是下一步通信拓扑优化的前提。此外,该方法默认情况下优先选择占用带宽较大的 ED 节点先行接入,实际工程中各 ED 节点信息可能有不同的权重,利用本方法还可以建立不同权重下的优化模型,实现小数据量 ED 节点优先接入、ED 节点组同时接入和邻近 ED 节点同时接入等多种情形的问题求解。

4.4 交通行为海量数据长距离无线传输网络布设方法

对于有线线路难以跨越或不易架设的地区,需要利用无线传输的灵活性来提供高质量的数据传输。结合无线微波传输技术和激光传输技术,通过分析影响无线数据传输质量及网络布设的主要因素,如气象、地形、道路监测设备分布等,以提高数据传输时效性、降低数据传输能耗为目标,提出各传输节点的合理设置间距。

4.4.1 不同环境条件对无线传输通信链路的影响特征

激光大气传输衰减与大气结构、传输距离、激光波长与强度等因素有关。对特定激光系统来说,传输距离、激光的波长与强度都基本确定,衰减量的大小主要由大气结构决定。大气结构对激光传输衰减的影响可以从微观与宏观两个角度进行分析。微观因素包括大气分子吸收、大气分子散射、大气气溶胶吸收和大气气溶胶散射;宏观因素包括大气压强、温湿度、能见度和各种气象条件。从微观大气结构出发进行光谱分析和计算虽然精度高,但其计算量大、过于复杂,可实现性差。

4.4.1.1 光信号在大气介质中的能量衰减规律

计算激光在大气传输衰减时的主要变量包括能见度 $V(\mathrm{km})$、降雨/雪强度 $J(\mathrm{mm/h})$、传输距离 $L(\mathrm{km})$、衰减系数 $\mu(\lambda)(\mathrm{km}^{-1})$ 或 $\alpha(\lambda)(\mathrm{dB/km})$、透过率 $T(\lambda)$ 等。

能见度是反应气象光学视程的一个指标,一般规定为白天人眼能发现(目标的视在对比度为 2%时)以地平线为背景且视角大于 30°的黑色目标的最大距离。实际运用中可以利用地图和 GPS 定位系统,借助典型地物估算能见度。

在均匀大气中,透过率 $T(\lambda)$、衰减系数 $\mu(\lambda)$、传输距离 L 之间的关系为

$$T(\lambda) = \frac{P_\mathrm{R}}{P_0} = \exp(-\mu(\lambda) \cdot \mathrm{L}) \tag{4-6}$$

式中 P_0——衰减前的激光功率;

P_R——衰减后的激光功率。

有时也将衰减系数定义为 1 km 大气对光信号功率的衰减值,记为 $\alpha(\lambda)$,它与 $\mu(\lambda)$ 的关系为

$$\alpha(\lambda) = -\lg\frac{P_\mathrm{R}}{P_0} = -10\lg\{\exp[-\mu(\lambda) \times 1]\} = 4.343\mu(\lambda) \tag{4-7}$$

式中,$\mu(\lambda)$ 的单位为 km^{-1},$\alpha(\lambda)$ 的单位为 $\mathrm{dB/km}$,λ 为波长。对于特定波长

的激光,可简写为 α 与 $\mu,\mu(\lambda)$ 的计算公式:

$$\mu(\lambda) = \frac{3.912}{V}\left(\frac{\lambda}{0.55}\right)^{-q} \qquad (4-8)$$

4.4.1.2 降雨对激光传输信号的影响

雨对激光衰减的大小与波长的关系不大,仅与降雨强度和雨滴半径分布等因素相关。由于雨滴半径分布的随机性较大、测量困难,且两者具有较强的相关性,因此实际应用中通常只用降雨强度 $J(mm/h)$ 来估算衰减系数的大小。

各种雨型对应的降雨率范围:微雨为 0.25 mm/h,小雨为 1 mm/h,中雨为 4 mm/h,大雨为 16 mm/h,暴雨为 100 mm/h。

1) 单个雨滴前向散射

1908 年,米氏应用电磁场理论,求解均匀介质中任意尺寸、成分的均匀球体对入射单色平面波的散射,得到了严格的解析解。米氏散射解不仅适用于单个球体的散射,而且适用于多个球体的散射问题。只要多个球体具有相同直径和成分且无规则分布,彼此分开的距离比入射光波长大得多即可。这时不同球体的散射光无确定相位关系,总散射能量是各个球体散射能量之和。因此,米氏理论在研究光在大气、水以及云雨雾和气溶胶中的传播方面有着广泛的应用。光散射的几何图形如图 4-17 所示。

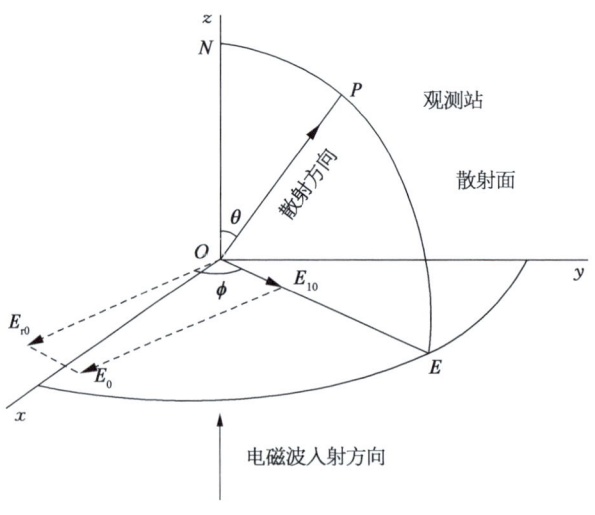

图 4-17 光散射的几何图形

2) 稀疏雨粒子的衰减

单粒子散射假定散射体的周围没有其他的散射体,如果遇到两个或更多的散射体,原则上应该考虑它们之间的相互影响,求取不同边界条件下的特解。这种特解只在某些特殊的情况下才能求得。但如果粒子之间的距离足够大,那么在考虑某一个粒子的散射时,完全可以不考虑其他粒子的影响,则称之为独立散射或单次散射。通常认为,粒子间的距离是粒子直径的3倍时,可视为独立散射。以粒子在介质中的浓度来考虑,当粒子在介质中的分布相当稀薄时,大气传输路径上电磁波只被相当少数的粒子散射。散射场只是由粒子的单次散射产生,因而所有的二次和多次散射均可以忽略。随着粒子浓度的增加,需要考虑粒子之间的相互作用,以及多重散射近似。

图4-18、图4-19分别为单次散射示意和多次散射示意。粒子将入射波直接散射到观察点为一次散射,二次散射是指第一个粒子将入射波散射至第二个粒子处,再由第二个粒子将第一个粒子的散射波散射至观察点处。

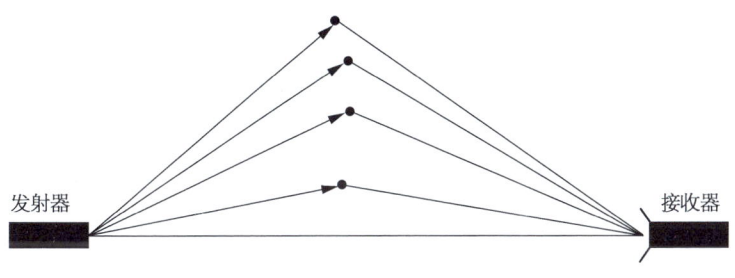

图4-18 单次散射示意

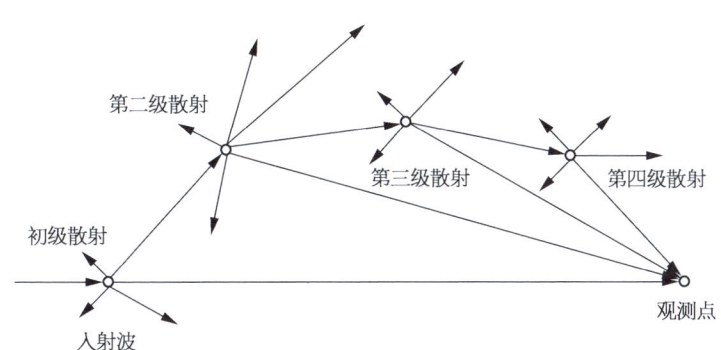

图4-19 多次散射示意

计算雨对激光衰减影响的经验公式如下:

$$\alpha = 0.29 + \frac{J}{2.53} - \left(\frac{J}{20.3}\right)^2 \quad (4-9)$$

图4-20为降雨强度与衰减系数关系曲线。从图中可以看出,小雨粒子各个方向的散射光强明显大于大雨粒子。当降雨强度增大到一定值时,小雨粒子的比例会降低,衰减系数随之减小。

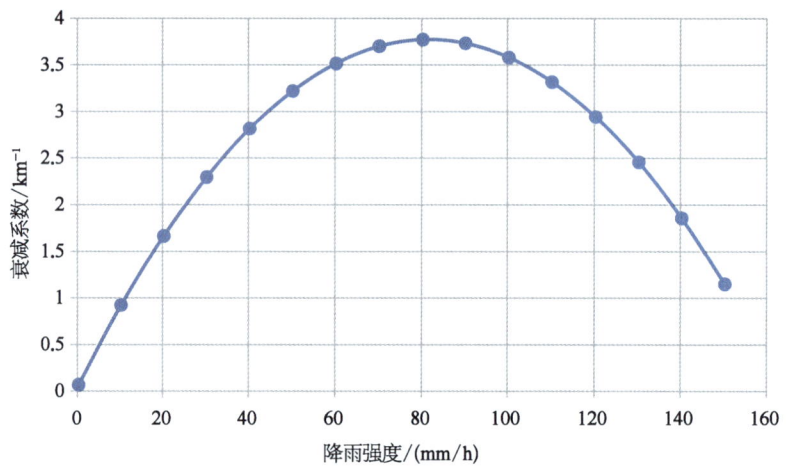

图4-20 降雨强度与衰减系数关系曲线

4.4.1.3 降雪对激光传输信号的影响

1) 单站降雪强度划分

目前,中国常用的单站降雪强度划分标准主要分为3种:以能见度划分、以降雪量划分、以能见度和降雪量划分。考虑到依据水平能见度和降雪量分别来划分降雪等级,其结果将近一致的情况,确定选用降雪量划分单站降雪强度的标准构建降雪轻度序列,见表4-7。中国有些地区将24 h降雪量不小于10.0 mm作为暴雪的标准,有些地区则将24 h内降雪量大于15.0 mm视为暴雪。本书综合考虑了全国范围的暴雪情况,将暴雪的等级规定为12 h降雪量不小于6.0 mm或24 h降雪量不小于10.0 mm。

表4-7 采用单站降雪强度划分的标准

强 度	12 h 降雪量	24 h 降雪量
小雪	0.1~1 mm/h	0.1~2.5 mm/h
中雪	1~3 mm/h	2.5~5.0 mm/h
大雪	3~6 mm/h	5.0~10.0 mm/h
暴雪	≥6 mm/h	≥10 mm/h

2)雪中激光衰减特性

雪的特征较难描述,其衰减理论尚不成熟。一般而言,在相同含水量条件下,雪的衰减比雨要大,但比雾要小。根据 Mie 散射理论,当散射粒子的尺寸远大于入射辐射的波长时,其衰减系数与波长无关。雪片散射符合这种情况。实验研究发现,雪对激光的衰减与激光波长有一定关系,长波激光衰减要大于短波激光衰减,这个现象是由衍射效应引起的。雪片散射图形中在前向有一个很窄的衍射瓣,其宽度随波长的增大而变大。在接收时较短的波长将会有较多的衍射能量进入探测器,因而出现较小的衰减。

通常,雪对 1.06 μm 激光衰减系数的估算公式为

$$\mu = 0.56 J^{0.57} \quad (4-10)$$

计算雪对 10.6 μm 激光衰减系数的估算公式为

$$\mu = 2 J^{0.75} \quad (4-11)$$

考虑了衍射效应后估算公式为

$$\mu = \left\{ \exp\left[-0.88 \left(\frac{2\pi \bar{r} r_d}{\lambda V_M} \right) \right] + 1 \right\} \times \frac{1.96}{V_M} \quad (4-12)$$

式中 $\bar{r}$ ——雪花平均半径;

 r_d ——探测器半径。

假定采用波长为 1.55 μm 的激光,则可以得到如图 4-21 所示能见度与激光衰减系数的关系。

从图 4-21 可以看出,当降雪量在 0~2 mm/h 时,随着降雪量的增加衰减

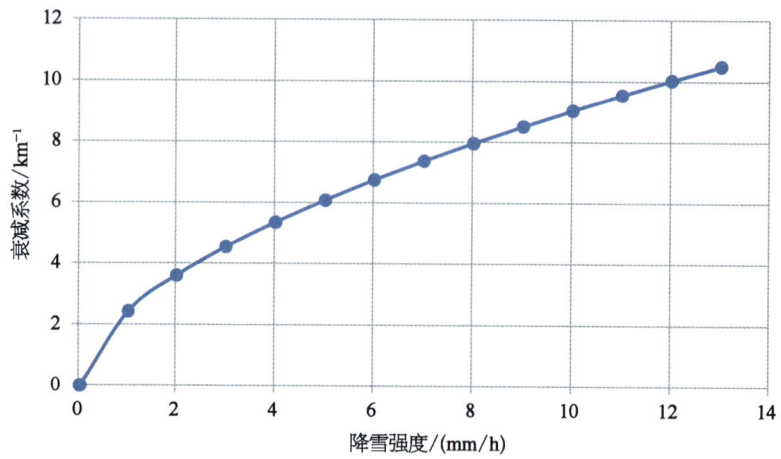

图 4-21 降雪强度与衰减系数的关系

系数大幅度增加;降雪量>2 mm/h 后,衰减系数接近线性关系慢速增加。总体来看,降雪量与衰减系数正相关。

4.4.1.4 雾/霾对激光传输信号的影响

国内大多数雾区在春夏季雾日较少,在秋冬季雾日较多,5、6月份是少雾月,11、12月份是多雾月。东海岸区3月份雾出现次数较多,11月份较少;在渤海的海岸区夏季雾最多,冬季雾最少;淮河流域各个月份中雾日分布均匀,雾明显变化。

中国学者根据雾的形成过程、温度、厚度和相态等因素将雾分成不同的类型,见表4-8。

表 4-8 雾的划分依据及种类

划分依据	种 类 名 称
雾的形成过程	蒸汽雾、混合雾、冷却雾(平流雾、辐射雾、上坡雾和平流辐射雾)
雾的天气划分法	锋面雾(峰后雾、峰区雾和峰前雾)、气团雾(辐射雾、平流雾、平流辐射雾、蒸汽雾和上坡雾)
雾的厚度	深雾(高度在100 m以上)、中雾(高度在10~100 m之间)、浅雾(高度在2~10 m之间)、地面雾(高度在2 m以下)
雾的强度	轻雾(能见度500~1 000 m)、中雾(能见度200~500 m)、浓雾(能见度50~200 m)、重雾(能见度小于50 m)

续 表

划分依据	种 类 名 称
雾的相态结构	冰雾(冰晶组成)、水雾(水滴组成)、水冰混合雾
雾的温度	暖雾(雾的温度>0℃)、冷雾(雾的温度≤0℃)
局地污染影响	光化学雾、城市烟雾

1）辐射雾

在晴朗的夜晚由于向上辐射热量，地表迅速冷却，近地面空气也随之变冷，这样在地表就形成了一个十分稳定的冷空气层。如果空气潮湿，底层空气达到露点温度以下时，水汽凝结，在地面形成雾。雾也很可能形成于海拔高的上坡段，由于空气比下面的冷并且密度大，因此雾沿着山坡下沉降到山谷中。这种在地面上的雾，称之为辐射雾。

在雾的形成、发展、成熟和消散等四个阶段中雾的微物理参量的变化特征包括：

（1）形成阶段。地面辐射导致降温使空气温度达到最小；气溶胶粒子作为凝结核不断地核化成雾滴，雾滴体积不断凝结增大；雾中的含水量很小，基本无起伏变化。

（2）发展阶段。它是气溶胶核化、雾滴碰并和增长过程的最活跃阶段。雾中含水量增大，粒子数浓度、粒子平均直径剧增，使能见度迅速降低，雾滴谱曲线增宽；随着太阳辐射及雾滴蒸发，雾的内部温度升高、顶层温度降低，使雾内部湍流垂直交换增强，雾体向上发展，最终底层含水量和雾滴数浓度减小，能见度增大。

（3）成熟阶段。雾顶高度相对变化较小，雾滴谱比较稳定，各个微参量都较大，地面能见度基本维持不变。

（4）消散阶段。雾滴被不断蒸发，雾粒子数浓度、平均直径和含水量不断减小，谱宽变窄，雾中能见度迅速增大。

2）平流雾

当潮湿、温暖的空气在寒冷的表面上移动时也会产生雾，这种雾叫平流雾。平流是指空气或水在水平方向上进行热量的传送，与物体表面接触的空气变冷，空气的湍流运动使物体表面空气与上面空气相混合，空气温度降低，使水汽凝结。

平流雾比辐射雾厚,可以达到地面600 m以上的高度,而且平流雾比辐射雾覆盖范围大,持续时间长。平流雾厚度大是因为它需要6~10 mi/h(1 mi = 1.609 km)风速的风来产生湍流使空气混合。这种风力既可以冷却更厚的雾层,又可以把雾抬升得更高。平流雾比辐射雾更持久是因为它不是由白天变热、晚上变冷这种每天周期性的温度变化引起的,平流雾持续的时间跟潮湿的空气被表面冷空气冷却的时间一样长。

平流雾的生命过程和微物理特征与辐射雾一样。雾滴谱曲线反复出现粒子数目的"上升—拓宽—变窄"过程,雾滴数浓度与平均直径呈反相关,雾滴粒子平均谱分布较好的拟合指数递减曲线并偏向小雾滴的一端。

(1)雾的气溶胶特性。

在雾环境下能见度的大小与雾滴的浓度或含水量雾、滴半径的大小有关,光在雾中传播的最大距离 d 为雾中的能见度,用 V 表示:

$$V = \left(\frac{4}{3}\right)^{2/3} \rho_w^{2/3} \pi^{-1/3} N^{-1/3} W^{-2/3} \frac{\ln\frac{1}{\varepsilon}}{Q_{ext}(r)} \quad (4-13)$$

式中　ρ_w——水的密度(kg/m^3);

　　　N——雾滴浓度(个/cm^3);

　　　W——雾的含水量(g/m^3);

　　　ε——光通比;

　　　$Q_{ext}(r)$——半径为 r 的雾滴的有效衰减效应因子,可取为2。

由式(4-13)可知,雾中的能见度与雾滴粒子浓度的立方根成反比,与有效的衰减效率因子成反比,与含水量的2/3次方成反比。当含水量不变时,若雾滴浓度减小时,能见度好转。

雾的特征可用能见度或者含水量来描述,根据能见度和含水量的经验公式可得到平流雾与辐射雾的能见度 V(km)与含水量 W(g/m^3)的经验公式为

对于平流雾:

$$W = (18.35V)^{-1.43} = 0.015\,6V^{-1.43} \quad (4-14)$$

对于辐射雾:

$$W = (40.0V)^{-1.54} = 0.031\,6V^{-1.43} \quad (4-15)$$

(2) 激光信号在雾中的衰减特征。

利用雾能见度与光的关系公式，假设辐射雾和平流雾的浓度分别为 690 个/cm³、40 个/cm³，能见度与水含量的关系如图 4-22 所示。

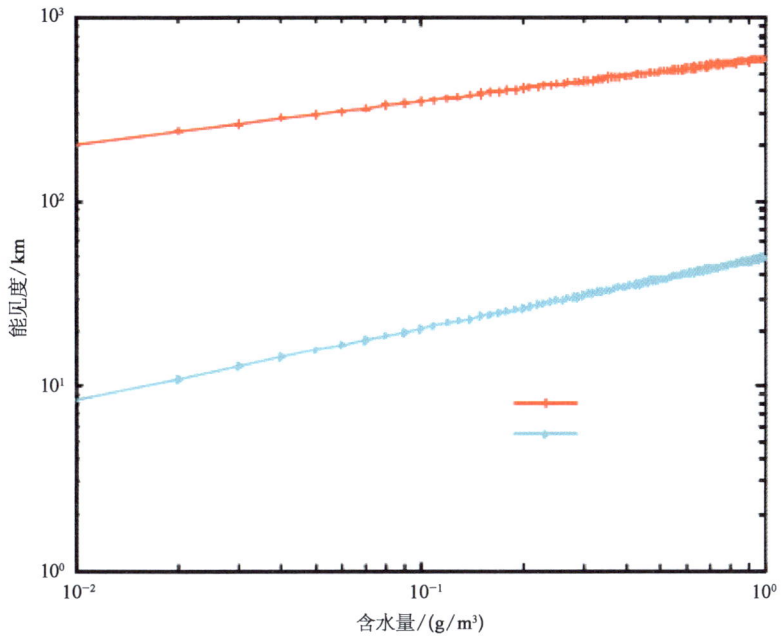

图 4-22 能见度与含水量关系

从图 4-22 可以看出，当粒子浓度一定时，随着含水量的增加，雾中能见度逐渐增大；含水量小于 0.1 g/cm³ 时，雾的能见度降低趋势较快，含水量大于 0.1 g/cm³，雾的能见度降低的趋势逐渐变慢。由此可知，大雾滴含量的变化对能见度的影响较小。

当含水量 0.3 g/m³ 时，能见度和雾滴浓度的关系如图 4-23 所示。

从图 4-23 可以看出，雾的能见度随雾滴浓度的增多而降低，当雾滴浓度大于 40 个/cm³ 时，雾的能见度的降低趋势变慢。结合能见度与含水量关系图雾滴的浓度范围，可知辐射雾中浓度变化比平流雾中浓度变化对雾能见度的影响明显。再结合平流雾和辐射雾的雾滴模式半径的大小可知，小雾滴的含量变化对能见度的影响比大雾滴的大。

根据 Mie 散射理论，雾中激光信号的衰减公式为

$$\alpha = 4.343 \int_{r_1}^{r_2} \pi r^2 N(r) Q_{\text{ext}}(x, m) \, \mathrm{d}r \tag{4-16}$$

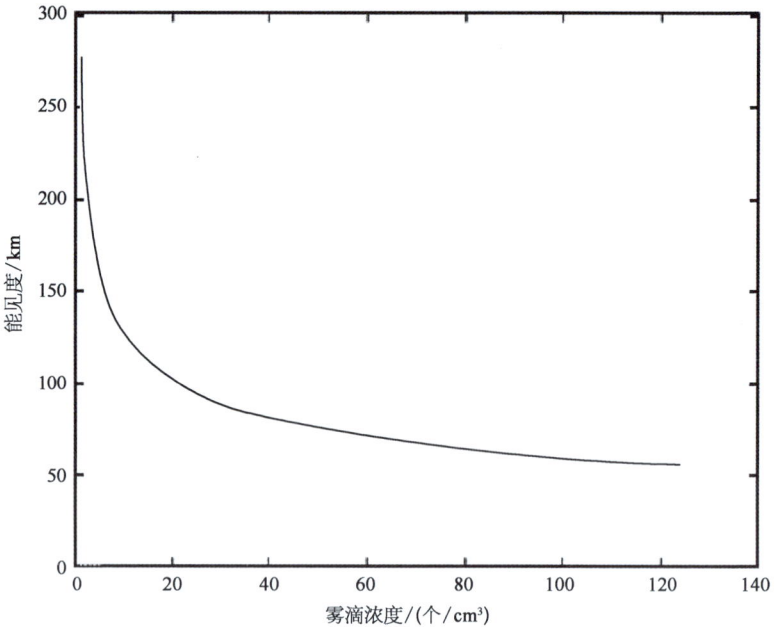

图4-23 能见度与雾滴浓度的关系

结合激光衰减系数与大气能见度公式,式(4-16)可以简化为

$$\alpha = 4.343 \cdot \frac{3.912}{V}\left(\frac{\lambda}{0.55}\right)^{-q} = \frac{16.99}{V}\left(\frac{\lambda}{0.55}\right)^{-q} \quad (4-17)$$

假定采用波长为 1.55 μm 的激光,则可以得到如图4-24所示能见度与激光衰减系数的关系。

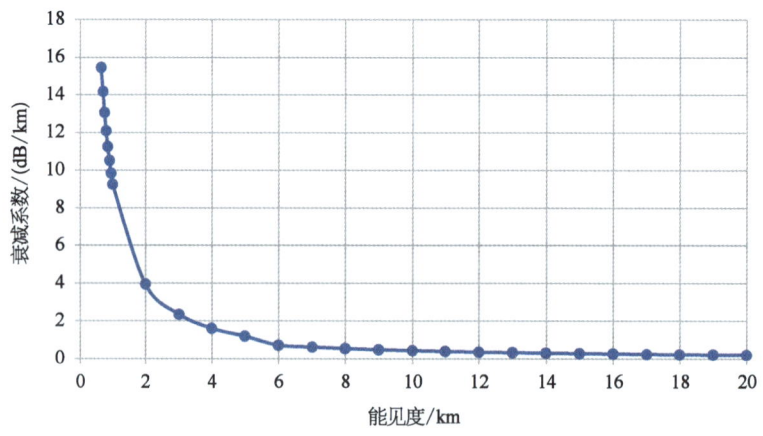

图4-24 雾能见度与衰减系数的关系

从图 4-24 可以看出，当雾的能见度在 0~6 km 时，随着雾能见度的增加衰减系数大幅度降低；能见度 >6 km 后，衰减系数缓慢降低，说明能见度在 6 km 以下的雾对激光衰减的影响是比较大的。

4.4.1.5 沙尘对激光传输信号的影响

在 2002 年 12 月中国气象局预测减灾司将沙尘天气划分为四类：浮尘、扬沙、沙尘暴和强沙尘暴。划分标准见表 4-9。

表 4-9 沙尘天气划分标准

名称	成因（来源）	能见度	大致出现时间	风力	天气状况
浮尘	远地或本地产生沙尘暴或扬沙之后，沙尘等细小粒子浮游空中而形成	地面的水平能见度小于 10 km，垂直能见度也很差	冷空气过境的前后	≤3.0 km/s	远处物体呈土黄色，次时太远呈苍白色或者淡黄色
扬尘	本地或者是附近	1~10 km	冷锋、雷暴或飑线过境时	风比较大	大气混浊，一片黄色
沙尘暴	沙尘被风吹起，能见度下降	0.5~1 km		风很大	
强沙尘暴		<500 m		风十分大	

徐启运（1997）提出了我国沙尘暴天气的单点和区域强度的划分标准。单点沙尘暴天气以地面最小水平能见度、瞬间的极大风速作为划分标准，见表 4-10。

表 4-10 沙尘暴天气强度划分标准

强 度	瞬间的最大风速	最小的水平能见度
特强沙尘暴	≥25 m/s	0 级：<50 m
强沙尘暴	≥20 m/s	1 级：50~200 m
中沙尘暴	≥17 m/s	2 级：200~500 m
弱沙尘暴	≥10 m/s	3 级：500~1 000 m

1）沙尘天气特征

（1）沙尘暴爆发时的气象要素的变化特征：冷锋天气过程中沙尘暴易于爆发，冷锋前部的空气干燥、气压低、温度高、天气晴朗，冷锋到来时，各种气象要素发生跳跃式的变化。沙尘暴到达感测站后,气压迅速上升然后下降,形成"气压鼻"。在特强或者强沙尘暴发生后气温将骤然下降,甚至会出现大雪或霜冻。

（2）沙尘输送：沙尘暴期间,各种粒径的沙尘甚至石子会被大风刮起形成风沙流。在风沙流的总沙尘量中,沙尘粒径大于 0.5 mm 的粗沙粒子沿着地表滚动或滑动的蠕移沙尘量占比率为 20%~25%；沙尘粒径在 0.25~0.5 mm 之间的中细沙做抛物线跃移的沙量占比率约为 75%,粒子跳起高度达 70 cm；沙尘粒径在 0.01~0.25 mm 之间的细粉沙在 1.0 m 的高处漂流、悬浮量约占重力的 5%；沙尘粒径小于 0.1 mm 时的微尘飘扬在高空形成经久不落的尘埃。

2）沙尘中激光衰减特性

沙尘气溶胶粒子的谱分布与沙尘源的地表沙尘粒子成分及在大气中的输送过程有关,沙尘气溶胶粒子在输送过程中吸收水分并受硫化等作用的影响,所以沙尘气溶胶的消光特性需考虑除沙尘之外的粒子特性,主要考虑沙尘气溶胶所含有的水汽和附着的硫酸盐这两种成分。

沙尘粒子的半径以及单位体积中的含沙量均随着高度的变化而变化,粒子的平均半径随着高度的增加而减小,其变化服从幂律分布,即

$$r = r_0 \times \left(\frac{h}{h_0}\right)^{-0.15} \quad (4-18)$$

式中　h_0——地球高度；

　　　r_0——高度在 h_0 处的平均半径。

图 4-25 所示为单个气溶胶粒子的衰减效率因子与沙尘中含水量和被硫化的关系。由于衰减效率因子是吸收效率因子与散射效率因子的和,因此复合沙尘粒子影响是由沙尘、水和硫化物的吸收效率因子和散射效率因子的影响所共同决定的。由图 4-25 可以看出,含水量和含硫量对衰减效率因子的影响很小,这是由于气溶胶粒子中水和硫酸盐对光的吸收较小,对光的散射较大,两者相加后的影效果就较小了。

沙尘能见度 V_b 与高度 h 的关系可表示为

$$V_b = V_0 \cdot \exp(1.25h) \quad (4-19)$$

式中　V_0——地面附近的水平能见度。

根据衰减系数公式与能见度的关系和上式,可得出沙尘气溶胶随能见度的衰减趋势如图 4-26 所示。

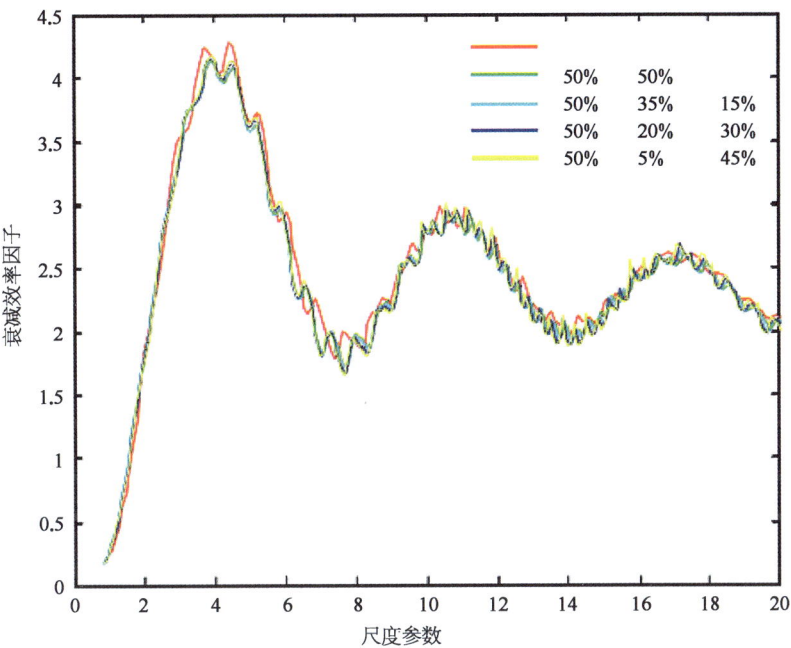

图 4-25 单个沙尘粒子的吸收效率因子与含水量和硫化的关系

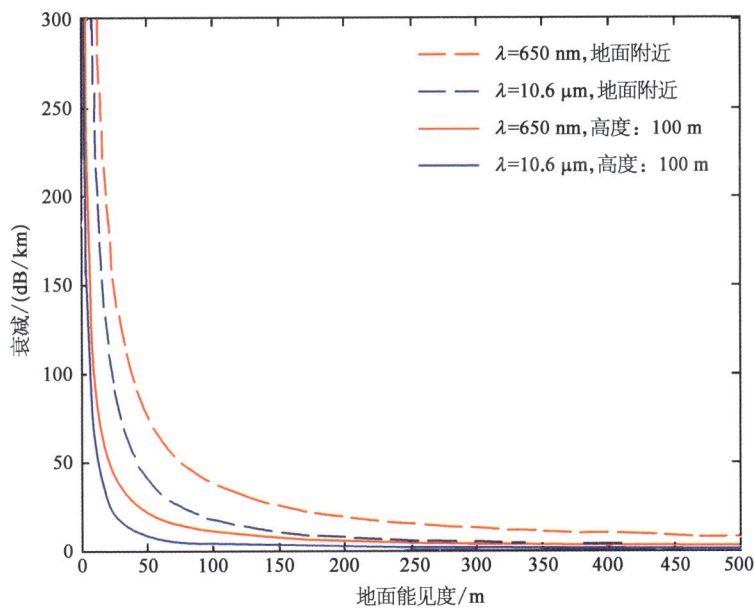

图 4-26 不同波长、不同高度下激光信号的衰减随沙尘能见度的变化曲线

从图 4-26 可以看出,随地面能见度的增加,沙尘气溶胶对光信号的衰减越大;当波长为 10.6 μm 时,衰减系数明显大于光波长为 0.650 μm 时的衰减系数。随着离地面高度的增加,由于沙尘气溶胶的重力作用沙尘气溶胶的浓度减小,沙尘气溶胶的能见度增加,对光信号的衰减作用减弱。

4.4.2　无线传输骨干节点合理设置间距

光信号在大气介质中传播,能量有一定的衰减,其损耗主要来自发射光学损耗、大气损耗、对准损耗、几何损耗、接收光学损耗、光纤耦合损耗等。为保证无线传输的可靠性,无线传输节点间的链路冗余须大于零。

对于不同的设备,其发射光功率、接收光功率是一定的,所以传输过程中的能量损耗也是一定的。通信波长为 1 550 nm 时,根据其对准损耗、几何损耗、发射及接收光学损耗、光纤耦合损耗,可得到当链路冗余等于 0 时的大气损耗衰减量 TL 的最大值,见表 4-11。

表 4-11　链路光信号损耗分配表

参　　数	数　量	参　　数	数　量
发射光功率	20 dBm	光纤耦合损耗	-3 dB
发射光学损耗	-2 dB	接收光功率	-35 dBm
对准损耗	-2 dB	信号光接收灵敏度	-35 dBm
几何损耗	-22 dB	链路冗余	0
接收光学损耗	-2 dB	大气损耗	-24 dB

根据 4.4.1.1 小节中介绍的能见度对光信号在大气介质的影响关系,可以确定无线传输骨干节点受天气单因素影响的最大设置间距。根据式(4-6)可得出通信距离 d 与链路冗余 R 的关系:

$$R = TL - \alpha \cdot d \tag{4-20}$$

分析不同降雨量、降雪量、雾/霾天及沙尘天气能见度,对无线传输通信的影响,计算不同工况条件下无线通信的最大距离。其中通信波长 1 550 nm,发射功率 25 dBm,衰减量 $TL \leqslant 24$ dB。

不同天气条件下无线传输的最大通信距离见表 4-12。

表 4-12 不同天气条件下无线传输的最大通信距离

工况条件		数 值	通信波长	衰减量	衰减系数	最大通信距离
雨天	微雨	0.1~0.25 mm/h	1 550 nm	≤24 dB	0.39	61.8 km
	小雨	0.25~1 mm/h	1 550 nm	≤24 dB	0.68	35.1 km
	中雨	1~4 mm/h	1 550 nm	≤24 dB	1.83	13.1 km
	大雨	4~16 mm/h	1 550 nm	≤24 dB	6.00	4 km
	暴雨	≥16 mm/h	1 550 nm	≤24 dB	/	/
雪天	小雪	0.1~1 mm/h	1 550 nm	≤24 dB	2.43	9.9 km
	中雪	1~3 mm/h	1 550 nm	≤24 dB	4.54	5.3 km
	大雪	3~6 mm/h	1 550 nm	≤24 dB	6.75	3.6 km
	暴雪	≥6 mm/h	1 550 nm	≤24 dB	/	/
雾/霾	轻雾	1~10 km	1 550 nm	≤24 dB	9.26	2.6 km
	大雾	0.5~1 km	1 550 nm	≤24 dB	21.0	1.14 km
	浓雾	≤0.5 km	1 550 nm	≤24 dB	/	/
沙尘	浮尘	≥10 km	1 550 nm	≤24 dB	0.21	112.3
	扬尘	1~10 km	1 550 nm	≤24 dB	2.13	11.2
	沙尘暴	0.5~1 km	1 550 nm	≤24 dB	4.28	5.6
	强沙尘暴	≤0.5 km	1 550 nm	≤24 dB	/	/

从表 4-12 可以看出，大雨、大雪、大雾、沙尘暴对应的大气激光传输距离极值分别为 4 km、3.6 km、1.14 km、5.6 km，对应的衰减系数 α 为 6.00 dB/km、6.75 dB/km、21.0 dB/km、4.28 dB/km。国内外相关研究结果同样表明，大气激光的有效传输距离在 2~4 km 之间。本书取 6.0 km 作为无线传输骨干节点设置最大间距，衰减量 TL≤24 dB，根据式(4-20)计算不同天气条件下的链路损耗，确定不良天气因素的阈值，进而分析其距离值在不良天气条件下的通信能力。

激光传输链路损耗天气因素阈值计算见表 4-13。图 4-27 所示为降雨强度与链路冗余的关系;图 4-28 所示为降雪强度与链路冗余的关系;图 4-29 所示为雾/雾霾能见度与链路冗余的关系;图 4-30 所示为沙尘暴能见度与链路冗余的关系。

表 4-13 激光传输链路损耗天气因素阈值计算

天 气	影响参数	衰减系数 α/(dB/km)	最远距离/km	衰减量/dB	链路冗余/dB
雨天(大雨)	降雨量≤10.1 mm/h	≤4	6	≤24	≥0
雪天(中雪)	降雪量≤2.43 mm/h	≤4	6	≤24	≥0
雾/雾霾(轻雾)	能见度≥1.97 km	≤4	6	≤24	≥0
沙尘暴(中等沙尘)	能见度≥0.53 km	≤4	6	≤24	≥0

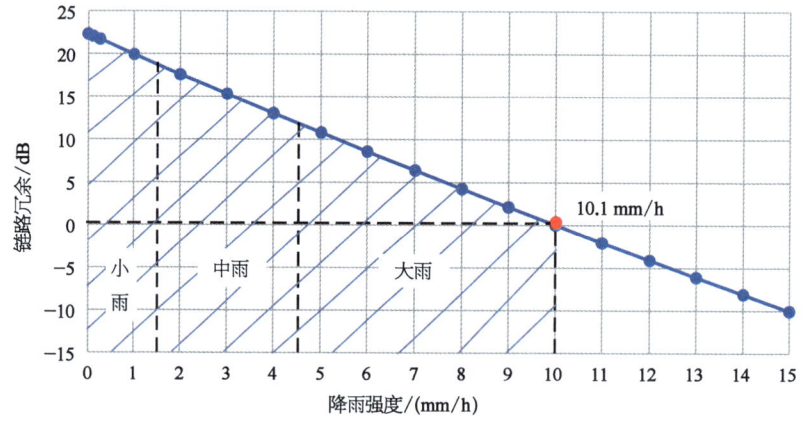

图 4-27 降雨强度与链路冗余的关系

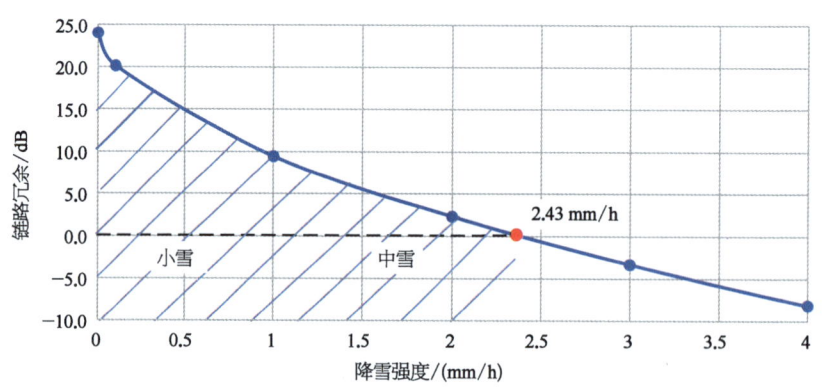

图 4-28 降雪强度与链路冗余的关系

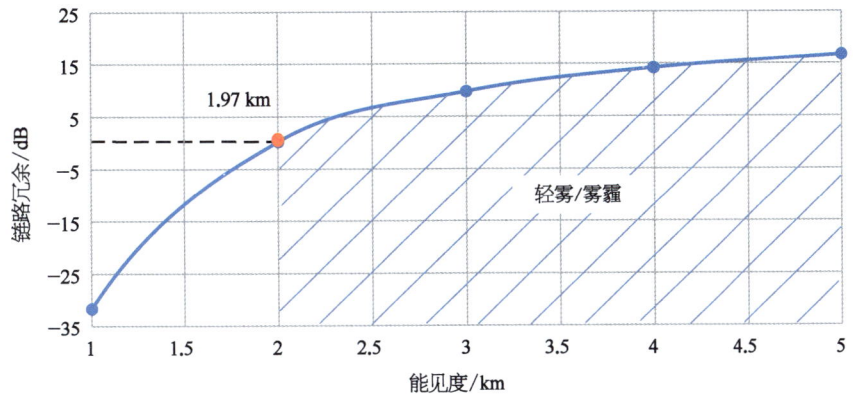

图 4-29　雾/雾霾能见度与链路冗余的关系

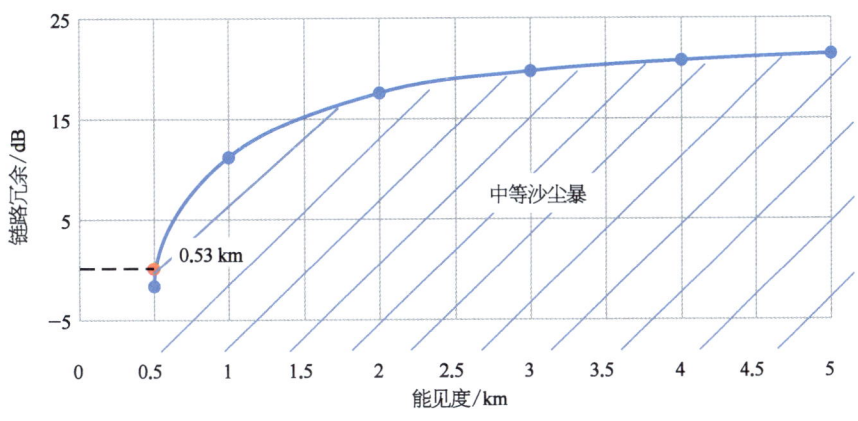

图 4-30　沙尘暴能见度与链路冗余的关系

根据上述不良天气条件与链路冗余的关系,可得出当大雨(降雨量≤10.1 mm/h)、中雪(降雪量≤2.43 mm/h)、轻雾/雾霾(能见度≥1.97 km)、沙尘暴(能见度≥0.53 km)天气条件,无线传输激光通信终端之间可以正常通信。因此,取 6.0 km 作为无线传输骨干节点设置间距参考值,即具有一定在极端恶劣天气下正常通信的能力,也能保证较远较经济的传输距离。实际工程运用中,可根据通信区域的不良天气出现的强度和频率,综合确定无线传输骨干节点间距的具体值。

第 5 章

基于视频的不良交通行为识别与提取技术

视频大数据分析技术是目前监测车辆交通行为的有效手段。相比线圈等其他传感器,通过监控视频可以获取更加丰富的车辆交通行为信息。采用当前基于深度学习的人工智能技术,能够进一步提高车辆交通行为信息获取的准确性和实时性。不良交通行为特征主要是指以车辆行为轨迹为基础所提取的行为特征。车辆目标检测是获取车辆轨迹的前提,车辆跟踪能够获取车辆在连续时间内的位置变化信息。驾驶员在驾车行驶时,正确操控方向盘、加速踏板、制动踏板等车辆控制装置是其主要任务。但由于其他任务的影响,驾驶员还存在接打电话、与乘客交谈等行为,这些行为会分散驾驶员的注意力,从而影响行车安全。通过车内的视频监控,可以全面观测驾驶员行车时的行为变化,从而识别其存在安全隐患的驾驶行为。对此,本章提出基于视频的不良交通行为识别与提取技术,即基于深度学习模型,从视频大数据中提取车辆及驾驶员行为特征,从而识别存在安全风险的交通行为。

5.1 基于深度学习的车辆检测技术

目标检测是计算机视觉与图像处理领域最受关注的任务之一。利用车辆目标检测技术,可以获得图像中所有车辆所处的位置坐标、像素大小和类别信息等。车辆检测技术作为车辆轨迹分析的前提,是车辆行为分析系统中的一个重要环节。近年来,深度学习技术的快速发展大大提高了图像目标检测的效果,针对不同的检测场景和任务,国内外研究人员提出了多种目标检测的神经网络,如 Fast-RCNN、Faster-RCNN、YOLO 等。同时,发布了若干通用场景下的目标检测公开数据集,用于深度学习模型的训练,如 ImageNet、

COCO、Pascal VOC、KITTI Vision 等。然而,通用的目标检测技术使用的模型和训练数据集需要兼顾多种类型的目标,并且针对"车辆"这一目标类别的训练数据具有多样的来源和视角,与本书相关项目应用的场景存在一定的差别,因此目标检测效果仍有待提高。

5.1.1 车辆检测数据集构建

针对项目的目标,为了获得路侧视频和无人机视频中更为准确的车辆检测结果,收集了与项目关联度较高的公开数据集,并使用安装的路侧摄像机和无人机相机采集了真实交通场景下路侧道路交通车辆视频数据集和无人机道路交通车辆视频数据集。为保证训练出模型的鲁棒性,要求采集的数据集具有多样性,同时需要对数据集中的图像进行标注。

1)数据集标注方法

在目标检测中,对原始图像进行标注的过程是十分关键的。图片标注的作用是在原始图像中标注出目标的位置和大小,通常是用矩形框来表示目标。进而生成相应的真值文件来表示图像中不同目标矩形框的信息,即矩形框的位置和长宽。由于目标检测模型的训练和测试都是直接利用真值文件,而不同的数据标注规则、标注的准确度均会对最后的模型和测试结果产生直接影响,因此其是目标检测过程中最重要的一环。

所采用的数据标注工具为软件 LabelImg,许多目标检测网络所需要的数据集,均可以借此工具标定图像中的待检测目标。图 5-1 为 LabelImg 标注软件界面。LabelImg 生成的原始标注文件以 XML 文件形式保存,并遵循 PASCAL VOC 数据集的格式,在后期可以把原始标注文件转化为 TXT 文件,并根据需求对格式进行变换。

2)路侧交通监控视频车辆数据集

路侧交通监控视频车辆数据集除了 ImageNet 数据集、KITTI 车辆检测数据集、BoxCar 数据集、Stanford 车辆数据集、BIT-Vehicle 数据集等,还有在西安丈八绕城高速出口处和云南楚雄牟定县元双公路多路段安装的多组摄像头所采集的真实交通场景下车辆视频。其中,拍摄的道路交通视频涵盖了不同天气条件、光照条件、时间段,以及车流量大小、车辆种类等这些均为变化因素下的交通场景;因此,采集到的视频数据较为丰富、

图 5-1　LabelImg 标注软件界面

具有多样性。从该数据集中,挑选出不同场景下的 200 多张图片数据,并进行标注组成新的数据集。如图 5-2 所示为路侧交通监控视频车辆图像示例。

对于路侧摄像机拍摄图像,针对后期真实数据库的建立,制定了数据标注标准(图 5-3),后期将根据这个标准采集、标注数据以构建训练数据库。

(1) 绿色框标出有效区域的边界。系统只检测/识别有效区域内的车辆目标,标注时也只考虑位于该区域中的目标;输出该区域矩形框的左上角坐标和右下角坐标。

(2) 红色框标出待检测/识别的车辆目标。输出每个车辆目标矩形框的坐标、目标的类型代号等(具体代号定义根据接口文档来确定)。

(3) 对于有效区域(绿框)边界处的目标,如果其中心点落在有效区域内,则标注可见部分。否则,不进行标注,如忽略掉图中绿框上边缘较远的一辆小车。

图 5-2 路侧交通监控视频车辆图像示例

图 5-3　路侧图像数据标注标准示意

3）航拍交通监控视频车辆数据集

航拍交通监控视频车辆数据集除公开数据集如用于航拍图像中目标检测的大型数据集（a large-scale database for object detection in aerial image，DOTA 数据集）等，本项目组利用四旋翼无人机，在不同的公路路段上进行试飞和航拍，采集真实交通场景下的道路交通视频数据。为了满足多场景下的应用需求，航拍过程中根据实际需要，设计了不同的拍摄环境变量，如拍摄的角度、四旋翼无人机航拍时所处的高度、不同的拍摄光照条件和不同的背景环境等。利用数据集中不同条件下多样性的航拍图像，提升车辆检测模型的检测性能。航拍交通监控视频车辆图像示例如图 5-4 所示。

对于无人机拍摄的图像，由于车辆目标的尺寸普遍偏小，最小的车辆像素尺寸甚至仅为 8 个像素点大小。在此情况下，为了便于分类，将车辆目标根据尺寸信息分为两类：大型车和小型车。在车辆进出航拍视野范围时，车辆在航拍图像的范围内目标框尺寸会逐渐变大或变小，为了便于区分，对在航拍视野中尺寸大于或等于一半的车辆进行标注，而舍去在航拍视野中尺寸小于一半的车辆，航拍图像数据标注示例如图 5-5 所示。

第 5 章 基于视频的不良交通行为识别与提取技术

图 5-4 航拍交通监控视频车辆图像示例

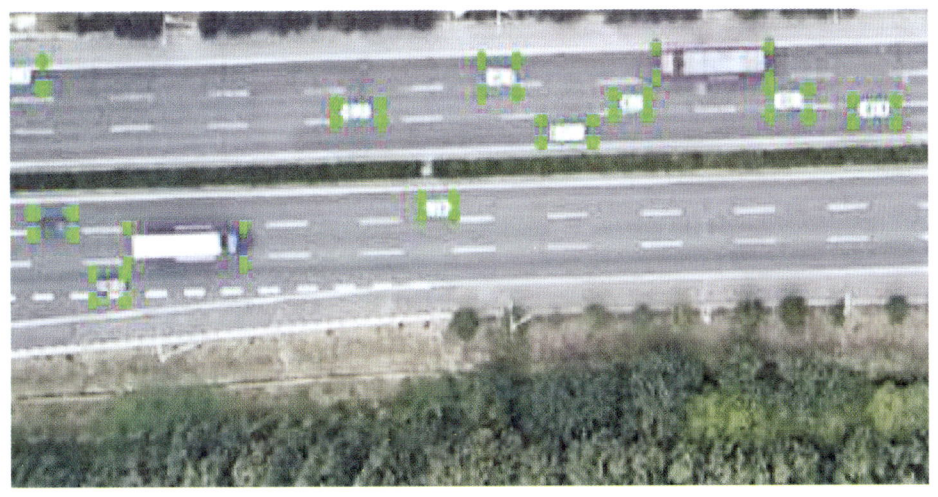

图 5-5 航拍图像数据标注示例

每一张图像生成一个 TXT 格式的真值文件,每一个目标检测标准框用 TXT 的中包含五个参数的一行表示,五个参数分别为类别、矩形框中心点的横轴坐标(x)、矩形框中心点的纵轴坐标(y)以及矩形框的长(w)和宽(h)的大小。

除类别外,上述参数均为归一化后的结果,归一化的方式如下所示:

$$x = X/Width \tag{5-1}$$

$$y = Y/Height \tag{5-2}$$

$$w = W/Width \tag{5-3}$$

$$h = H/Height \tag{5-4}$$

式中　X——矩形框中心点在图像坐标系下的横轴坐标;

　　　$Width$——图像的宽度;

　　　Y——矩形框中心点在图像坐标系下的纵轴坐标;

　　　$Height$——图像的长度;

　　　W——矩形框的宽度;

　　　H——矩形框的长度。

5.1.2　基于深度学习的车辆检测方法

为了获得更好的车辆检测效果,针对本项目的需求,课题组提出了一种基于深度学习的车辆检测方法,主要包括通过自上而下的反向干预机制引导视皮层各层的信息流和调整人眼的视焦点且对目标潜在区域进行聚焦。本方法基于现有的经典目标检测神经网络模型,提出了具有类别感知特性的候选区域提取网络(class aware region proposal network,CARPN),用于生成高质量的区域候选框。在训练候选区域提取网络时,与传统的检测模型只是使用前景和背景两类作为监督信号不同,本方法利用了目标的具体类别标签作为监督信号;还提出了注意力聚焦(focused attention,FA)策略来让网络更多地关注目标区域,同时抑制背景信息的干扰,减少具有复杂纹理的背景引起的误检。

具有类别感知特性的候选区域提取网络可以基于任意模型结构实现,其改进主要体现在锚点生成、损失函数设计等几个方面。CARPN 模型示意如图 5-6 所示。

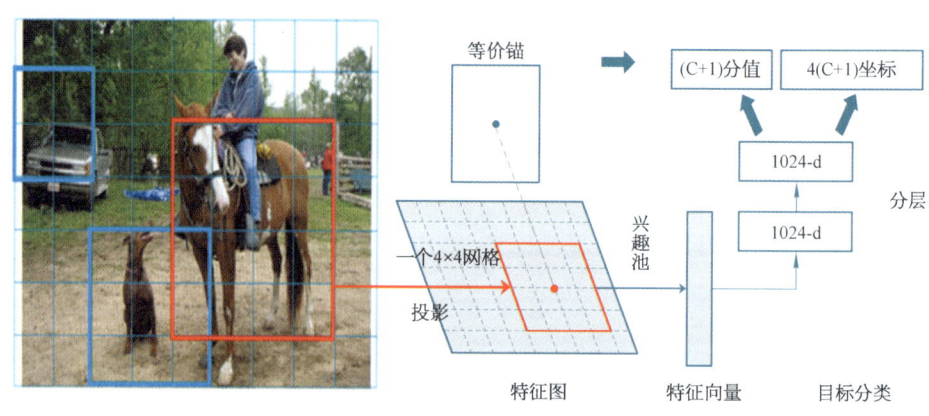

图 5-6 CARPN 模型示意

1)锚点生成

在生成锚点时,本方法采用如下策略。首先将每张图片划分为 $M \times N$ 个等大小的方形小块($M < N$,如图 5-6 左图所示),然后设置一系列的基准框(大小为 $1 \times 1, 2 \times 2, \cdots, M \times N$ 个正方形小块)。从图像左上角为起始点,将每个不同尺寸的基准框从以自身尺寸为步长沿着图像上下左右滑动,形成所有的候选锚点。这种锚点生成方式是滑动窗口法和空间金字塔法之间的一种折中,使得所有尺度和位置的物体都可以被相对少量的锚点覆盖,而只有少量的窗口被评估,因此减少了由于背景对应的锚点窗口过多引起的

误检。

2）特征提取

假设对于一张尺寸为 $H \times W$ 的图片，$R_a = \{a_i \mid a_i = (x_a, y_a, w_a, h_a)_i, i = 1, \cdots, N_a\}$ 表示其按上述策略生成的所有锚点。将这些锚点坐标映射到最底层的卷积层，再结合 Roi 池化可以得到对应各个锚点的特征向量。

这些特征向量将被输入回归网络去预测目标的位置。回归网络的分类层会为特征向量在所有类别上预测概率分布，并且位置回归层也会为每个类别都预测一个坐标框。

3）具有类别感知能力的损失函数

给定一个训练样本 (X, B)，其中 X 表示图片，$B = \{(b_m, c_m) \mid m = 1, \cdots, M\}$ 表示目标框坐标和标签信息，M 是该图像中目标的总数。$b_m = (x^*, y^*, w^*, h^*)_m$ 代表第 m 个目标的四个坐标点；$c_m \in \{0, 1, \cdots, C\}$ 是第 m 个目标的标签，并且 $c_m = 0$ 表示背景。回归目标计算如下：

$$\Delta x^* = (x^* - x_a)/w_a, \Delta y^* = (y^* - y_a)/h_a \quad (5-5)$$

$$\Delta w^* = \log(w^*/w_a), \Delta h^* = \log(h^*/h_a) \quad (5-6)$$

如果某一锚点是背景，则跳过回归过程。对每个锚点 k，它的多任务损失函数定义为

$$L_{\text{CARPN}}(y, c_k, \Delta b, \Delta b_k) = L_{\text{cls}}(y, c_k) + \lambda \{c_k \geq 1\} L_{\text{reg}}(\Delta b, \Delta b_k) \quad (5-7)$$

式中　$L_{\text{cls}}(y, c_k)$——分类损失；

$L_{\text{reg}}(\Delta b, \Delta b_k)$——框坐标回归损失；

Δb——预测的框坐标；

Δb_k——回归目标；

λ——超参数用于平衡分类损失和回归损失的权重。

对于分类，使用如下多类别交叉熵损失函数：

$$L_{\text{cls}}(y, c_k) = -\sum_{j=0}^{C} \{j = c_k\} \log p_j, p_j = \frac{e^{y_j}}{\sum_{i=0}^{C} e^{y_i}} \quad (5-8)$$

对于框坐标回归，使用 smooth L_1 损失，其定义如下：

$$L_{\text{reg}}(\Delta b, \Delta b_k) = \sum_{\Delta t \in \Delta b, \Delta t^* \in \Delta b_k} smooth_{L_1}(\Delta t - \Delta t^*) \quad (5-9)$$

式中 $\Delta t \in \Delta b = \{\Delta x, \Delta y, \Delta w, \Delta h\}$——预测框的每个坐标；

$\Delta t^* \in \Delta b_k$——真值的坐标。

4) 优化方法

这里使用小批量 SGD 训练 CARPN。初始学习率设置为 0.001,在训练过程的 75% 处降至 0.000 1,权重衰减设置为 0.000 5。训练时遵循"以图像为中心"的采样策略,通过随机采样 256 个锚点来从单个图像构造每个迷你批。在采样过程中,设置目标锚点与非目标锚点之间的比例为 1∶3,并且覆盖所有锚点比例。为了共享候选区域和目标检测的网络特征,采用两步优化的方法,而非 Faster R-CNN 使用的四步交替优化方法：第一步,使用 ImageNet 预训练模型初始化 CARPN 网络,并进行微调;第二步,固定共享的卷积层,仅使用生成的候选区域微调特定网络层。为了进行数据增强,随机在步幅范围内偏移图像,并在其与原始图像交叠的区域裁剪一个区域,这样回归网络在不同的训练时期具有不同的位置尺度特点。

对于常规的候选区域提取方法,一个共同的问题是从背景中提取的候选区域占很大比例。这主要是由于图像背景区域中复杂的纹理或边缘产生了强烈的特征响应,因此检测器需要对大量的背景候选区域进行评估,从而降低检测的准确率。当人类从各种场景中检测到物体时,不会像滑动窗口一样逐个位置地搜索它们,相反会毫不犹豫地忽略背景区域,而将注意力集中在感兴趣的位置上。即使场景在背景中可能包含复杂的纹理或边缘,也可以毫不费力地在几分之一秒内轻松定位对象并准确识别它们。这可能是因为在腹侧流传播过程中,背景激活在很大程度上受到抑制,而前景(目标)激活被保留并增强以形成高级表示。受此观察结果的启发,本书提出了"集中注意力(FA)"目标函数,旨在强制 CNN 主要从感兴趣的目标中学习特征,同时抑制背景区域中那些特征。目标函数在训练期间应用于高级卷积层,并通过反向传播过程生效。

注意力聚焦目标函数(FA)的具体定义如下：给定一个样本(X, B),将处于 B 中的像素点视为目标像素点,否则视为非目标像素点。对每个边框 b_m,将其坐标映射到模型第 l 层的特征图上。用如下递归式子来表示每一层的前向传播过程：

$$Z^{(l)} = f(U^{(l)}), Z^0 \equiv X, U^{(l)} = W^{(l)} \cdot Z^{(l-1)} \tag{5-10}$$

式中 l ——层数；

$Z^{(l)}$ ——输入图像在第 l 输出的特征图；

$U^{(l)}$ ——在神经元激活前的卷积层响应；

$W^{(l)}$ ——卷积层权重和偏置；

$f(\cdots)$ ——神经元激活层。

卷积层的响应 $Z^{(l)}$ 可以被分为两部分：目标区域的响应和非目标区域的响应，如下式：

$$O^l = \{z \in Z^{(l)} \mid z \text{ 在目标区域}\} \tag{5-11}$$

$$C^l = \{z \in Z^{(l)} \mid z \text{ 在非目标区域}\} \tag{5-12}$$

$$\text{s.t.} \quad O^l \cup C^l = Z^{(l)}, O^l \cap C^l = \emptyset \tag{5-13}$$

让 S_o、S_c 分别表示 O^l 和 C^l 的响应和。FA 目标函数将用以下相减的形式表达：

$$L_{FA} = \frac{1}{n^{(l)}}(-\alpha S_o + S_c) \tag{5-14}$$

$$S_o = \sum_{z_o \in O^{(l)}} z_o, S_c = \sum_{z_c \in C^{(l)}} z_c \tag{5-15}$$

式中 $n^{(l)}$ ——第 l 层神经元总数，相当于正则化处理；

α ——一个超参数用于平衡这两个相加项。

在训练过程中使 FA 目标函数最小化，这等同于使 O^l 的响应值增加并且 C^l 的响应值减小。为了避免神经元激活值任意的忽高忽低，以 hinge 损失函数的形式实现 FA 目标损失：

$$L_{FA} = \frac{1}{n^{(l)}} \max(0, 1 - \alpha S_o + S_c) \tag{5-16}$$

L_{FA} 关于 z_o 和 z_c 的亚梯度为

$$\frac{\partial L_{FA}}{\partial z_o} = \begin{cases} -\dfrac{\alpha}{n^{(l)}}, \alpha S_o - S_c < 1 \\ 0, \text{其他} \end{cases} \tag{5-17}$$

$$\frac{\partial L_{\mathrm{FA}}}{\partial z_{\mathrm{c}}} = \begin{cases} \dfrac{1}{n^{(l)}}, \alpha S_{\mathrm{o}} - S_{\mathrm{c}} < 1 \\ 0, \text{其他} \end{cases} \quad (5-18)$$

总损失函数表示为

$$\min L = L_{\mathrm{CARPN}} + \gamma L_{\mathrm{FA}} \quad (5-19)$$

5.1.3 跨摄像头车辆多目标跟踪

为了利用多个连续布设的摄像头,以实现对路段的全覆盖监控,需要研究多摄像头多目标跟踪任务。根据本书所基于项目的示范需求,有交叠区域的跨摄像头多目标跟踪被作为研究的重点。项目设计的跨摄像并没有多目标跟踪整体技术方案,如图 5-7 所示。

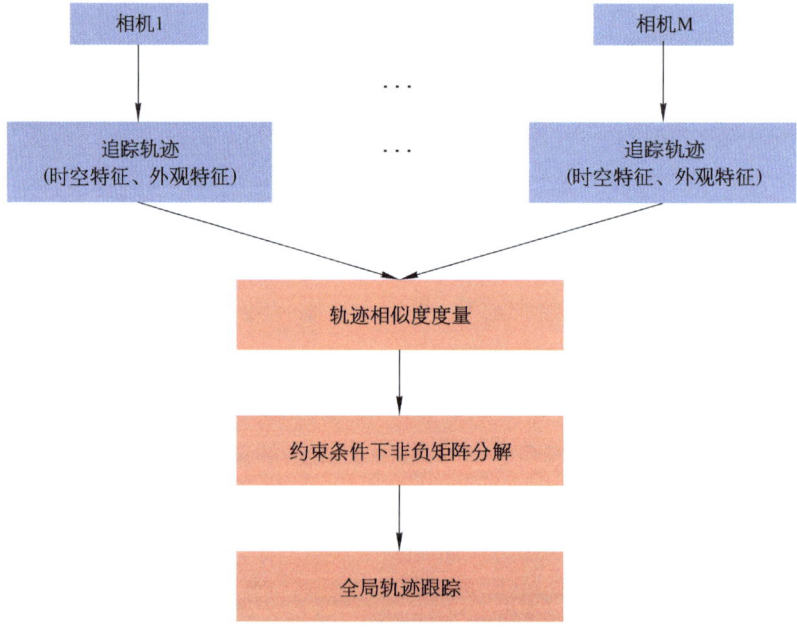

图 5-7 跨摄像头多目标跟踪整体方案

(1) 在单个摄像头拍摄的车辆监控视频中,应用车辆目标检测和多目标跟踪技术,提取每个车辆目标在图像中的行驶轨迹。根据预先获取的摄像头标定信息,可以得到该车辆在该摄像头中行驶轨迹在设定的世界坐标系中的时空特征。

（2）由于摄像头的布设位置、方向、光照和角度等因素影响，同一个车辆在不同的摄像头中呈现的形态大小存在差异。为了更有效地关联多摄像头中的车辆目标，除了(1)中提取的时空特征，还进一步利用多通道卷积神经网络以及改进的 triplet 损失函数提取同时具有可分辨性和鲁棒性的车辆外观特征。

（3）基于单摄像头中识别的车辆轨迹及其时空特征和外观特征，建立有重叠区域的多摄像头下轨迹匹配的相似度度量矩阵，使用提出的约束条件下非负矩阵分解来求解出局部追踪轨迹间的匹配关系，为每个目标生成无缝的全局追踪轨迹，完成有交叠区域的多摄像头多目标追踪。

1）单摄像头车辆行驶轨迹时空特征提取

多年来，单摄像头下的多目标跟踪一直是计算机视觉领域的热点研究问题。国内外的高校、研究机构和企业都已经在该研究领域开展了一系列的研究工作，并取得了一批重要的研究成果。

Sort 多目标跟踪算法是针对单摄像头多目标追踪任务的一种快速、有效的基准方法，该算法基于车辆检测模块得到的车辆位置信息以及历史车辆轨迹信息，对属于同一辆车的信息进行归类，从而达到车辆轨迹信息的实时更新。为了实现更快速度的目标跟踪，Sort 多目标跟踪算法在进行目标的运动估计和数据关联时，只关注目标的位置和大小，而忽视目标的其他特征，这在无遮挡的场景下非常实用。目标检测的输出相当于 Sort 多目标跟踪算法的输入。Sort 将目标在多帧之间的运动近似视为一种线性的运动，与其他目标的运动无关，也与相机的运动无关。每一个目标的状态可以用其中心点坐标以及长和宽表示。Sort 多目标跟踪算法会根据当前帧目标的位置和大小信息，利用卡尔曼滤波的方法来估计下一帧目标的位置与大小信息。在卡尔曼滤波对目标的运动状态进行预测时，匈牙利算法根据预测框和已有的检测框之间的交并比(intersection over union, IOU)，来判断是否由检测框与目标关联成功。若数据关联成功，则用检测框来更新目标的状态；若数据关联失败，则用线性模型对目标进行预测。当某一帧出现检测框与上一帧产生的预测框之间的 IOU 都小于一个阈值，则可认为新目标已经出现，为其分配新的标签，并利用检测框预测下一帧目标的状态。当某个目标的预测框在多帧均无检测框与其相匹配，则可认为该目标已经消失，可停止对其进行预测。

基于 Sort 多目标追踪算法的优点，在 Sort 算法的基础上增加了深度度量学习(deep association metric),改进得到了更为鲁棒的 DeepSort 算法。deep association metric 本质上为在大型跨摄像头目标匹配网络上训练的一个特征学习网络。目的是区分出不同车辆,通过比对两个车辆目标的特征向量之间的距离,来判断两个车辆是否是同一个车辆。此外还加入了外观信息以实现较长时间遮挡的目标跟踪,减少 ID Switch 情况的发生次数。

在本项目的设定中,相邻摄像头之间有一定的空间重叠区域。当一辆车处于该区域时,在这两个相邻摄像头分别的图像坐标 $(x_1,y_1)(x_2,y_2)$ 虽然不同,但是根据投影矩阵 T 进行转换后的世界坐标 $(U_1,v_1)(U_2,v_2)$ 应该是相近的。通过比较同一时间内相邻两个视频所有车辆的世界坐标,若有位置非常相近的,可以推测其属于同一目标的概率较大。因此,时间特征的关联可以根据如下流程完成:

(1)读取单摄像头目标追踪结果文件,以单摄像头单目标为单元记录数据,每个目标记录的信息包括所属视频号、类型、出现时间、消失时间以及每一帧的图像位置信息、车道信息。

(2)根据标定得到的投影矩阵 T,对所有车辆每一帧的图像位置信息进行处理,为每个单元更新每帧图像的世界坐标位置信息。

(3)对第 1 路视频的目标,使用第 2 路视频的目标进行初次匹配。为第 1 路视频中每个目标建立一个匹配集合 $M = \{\}$,根据以下规则将第 2 路视频的目标归入集合中:① 是同种车型;② 有重叠的有效时间,有效时间指该目标出现到消失的时间段;③ 在重叠的有效时间内,车道相同。

按照上述条件筛选后,计算每个目标与匹配集合中所有单元在重叠的有效时间内轨迹的距离,将集合中距离最小且低于设定阈值的目标保留,其余目标删除。

(4)将第 1 路视频的信息更新到其匹配集合的单元中,然后删除该单元,若无匹配的单元,则保留。

(5)以此类推,对第 2 路视频和第 3 路视频进行步骤(3)、(4)的操作,直至所有视频都进行过匹配。

上述过程完成后,我们以车辆 ID 为单位保存信息,文件中数据形式如下:

$$\text{frame, ID, } x_1, y_1, x_2, y_2, \text{road, cam, type}$$

其中　frame——该信息所属帧号;

ID——该信息所属目标车辆;

x_1——该车检测框中心点经过投影矩阵 W 调整后坐标的横坐标;

y_1——该车检测框中心点经过投影矩阵 W 调整后坐标的纵坐标;

x_2——该车检测框中心点在世界坐标系上的横坐标;

y_2——该车检测框中心点在世界坐标系上的纵坐标;

road——该车所处车道(以数字区分);

cam——该帧图像所属视频号;

type——该车所属类型(0 为小型车,1 为大型车)。

该信息在后续的轨迹匹配中,为相似度矩阵提供了轨迹的时空特征。

2) 基于多通道卷积神经网络的外观特征提取

跨摄像头多目标追踪的主要任务就是找出同一个目标在不同视频中出现的所有场景,或在同一个视频的不同时间段出现的所有场景。这是一个极具挑战性的任务,因为当同一个目标在不同视频或同一视频的不同时间段中出现时,其外观、姿态、大小和位置等属性都会发生很大的变化,周围场景及光照等也会有极大的不同。要想在这种情况下准确找出同一个目标,不变性特征的提取和特征间相似度度量方法是两个至关重要的要素。

为了在多个摄像头中实现对同一个车辆连续且准确的跟踪,本书使用了基于多通道卷积神经网络以及改进的 triplet 损失函数的特征提取算法,用于提取车辆目标的不变性特征。多通道卷积神经网络的目的是针对视频中出现的每个目标提取不变性特征,其结构如图 5-8 所示。该网络由一个全局通道及 4 个局部特征通道构成,分别负责提取目标图像的全局特征和各个部分的有用特征。这 5 个通道提取的全局和局部特征被整合成一个特征向量后,再被输入到网络的全连接层。

全连接层通过改进的 triplet 损失函数进行训练,使得该层通过学习取得有效的特征间相似度度量。使用三元组 $I_i = \langle I_i^o, I_i^+, I_i^- \rangle$ 训练模型,其中 I_i^o、I_i^+ 及 I_i^- 分别为检测到的车辆,I_i^o 和 I_i^+ 是同一辆车,I_i^- 是来自其他车辆的图像。通过网络模型将图像映射到学习到的特征空间后表示为 $\emptyset_w(I_i) = \langle \emptyset_w(I_i^o), \emptyset_w(I_i^+), \emptyset_w(I_i^-) \rangle$。三元组中的车辆图像间的相似度使用 $\emptyset_w(I_i^o)$,$\emptyset_w(I_i^+)$ 和 $\emptyset_w(I_i^-)$ 之间用 L_2-norm 距离来度量。原始的 triplet 损失函数要求锚点 $\emptyset_w(I_i^o)$ 和正样本 $\emptyset_w(I_i^+)$ 对之间的距离大于锚点 $\emptyset_w(I_i^o)$ 和负样本

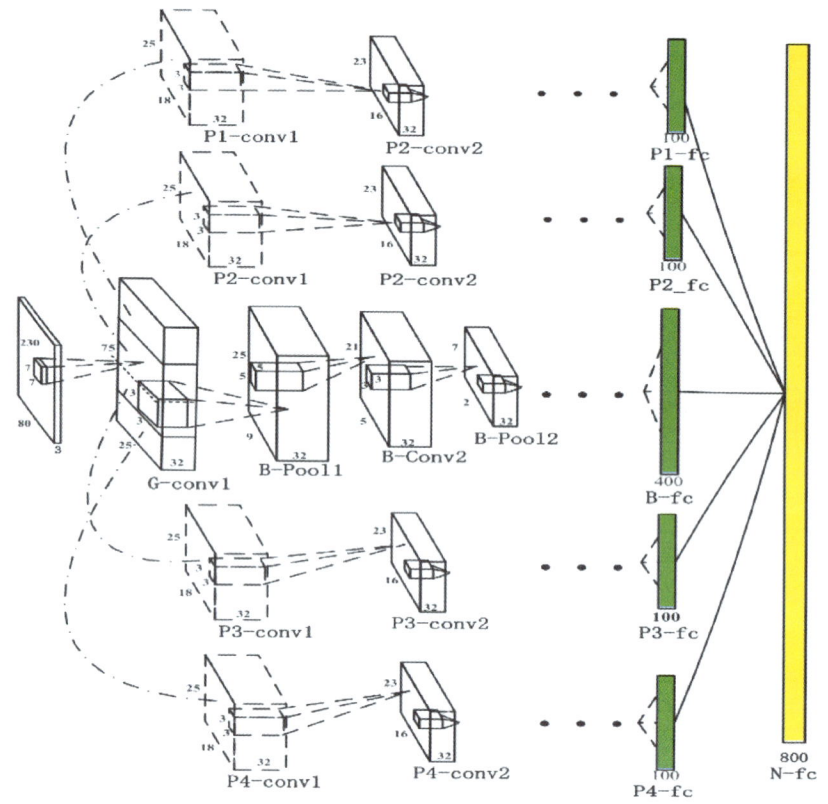

图 5-8　多通道卷积神经网络结构

$\emptyset_w(I_i^-)$ 对之间的距离,并且距离差值超过预设的间隔 τ_1,即

$$d^n(I_i^o, I_i^+, I_i^-, w) = d[\emptyset_w(I_i^o), \emptyset_w(I_i^+)] - d[\emptyset_w(I_i^o), \emptyset_w(I_i^+)] \leqslant \tau_1 \tag{5-20}$$

式中　τ_1——负数。

式(5-20)中损失函数未对正样本对距离 $d[\emptyset_w(I_i^o), \emptyset_w(I_i^+)]$ 的值进行规定,因此属于同一辆车的样本在特征空间的平均距离可能较大,进而可能影响跨摄像头车辆识别的效果。基于上述观察,改进的 triplet 损失函数增加了一项对正样本对之间的特征距离进行约束,$[\emptyset_w(I_i^o), \emptyset_w(I_i^+)]$ 之间的特征距离应当小于间隔 τ_2,τ_2 远小于 $|\tau_1|$,即

$$d^p(I_i^o, I_i^+, w) = d[\emptyset_w(I_i^o), \emptyset_w(I_i^+)] \leqslant \tau_2 \tag{5-21}$$

改进的 triplet 损失函数要求学习到的相似度度量能够在特征空间里把属

于同一个车辆的特征拉得更近,把属于不同车辆的特征推得更远,则有:

$$L(I, w) = \frac{1}{N} \sum_{i=1}^{N} (\max\{d^n(I_i^o, I_i^+, I_i^-, w), \tau_1\} + \beta \max\{d^p(I_i^o, I_i^+, I_i^-, w), \tau_2\}) \quad (5-22)$$

式中 N——三元组训练样本的数量;

β——用于调节类内距离和类间距离约束的权重。

函数 $d(\cdot, \cdot)$ 表示 $L_2\text{-}norm$ 距离:

$$d[\emptyset_w(I_i^o), \emptyset_w(I_i^+)] = \|\emptyset_w(I_i^o) - \emptyset_w(I_i^+)\|^2 \quad (5-23)$$

显而易见,将多通道卷积神经网络与改进的 triplet 损失函数组合并通过学习训练,不仅能得到车辆的不变特征,而且还学习到有效的特征间相似度度量。详细的性能比较实验表明,本书提出的方法在 4 个被学术界广泛采纳的标准测试集上均超越了当前顶尖的跨摄像头追踪算法,取得了较高的追踪精度。该实验还表明,与单通道卷积神经网络相比,本书提出的多通道卷积神经网络能够提升精度达十几个百分点。改进的 triplet 损失函数本身也能够产生四个百分点的精度提升。因此,使用该模型提取到的外观特征可以进一步增强跨摄像头轨迹匹配的可靠性。

3) 基于轨迹-目标关联的跨摄像头多目标跟踪框架

通过车辆目标检测和基于视频的车辆多目标跟踪,可以得到单摄像头下的车辆行驶轨迹。为了获得对车辆交通行为的长距离监控,将连续布设的多个摄像头中相同的车辆目标匹配关联,得到车辆在整个监控路段的完整轨迹。对于跨摄像头多目标跟踪,现有的大多方法是使用轨迹到轨迹(tracklet-to-tracklet)匹配的方法解决此问题。其中,有些方法在每两个相邻摄像头之间匹配局部轨迹,直到所有摄像头上的局部轨迹都匹配为止;有些方法使用贪婪匹配或层次聚类方法来迭代地匹配全部摄像头中的所有局部轨迹;有些方法为了减少搜索空间并提高匹配效率,在匹配过程中开发了其他机制,例如使用摄像头拓扑的候选修剪和自适应属性选择等;有些方法试图使用贝叶斯公式或图模型来找到轨迹匹配的全局解决方案,通过最大化后验概率或找到从源节点到宿节点的网络流来获得每个目标的全局轨迹等。

然而,这样的 tracklet-to-tracklet 匹配方案存在两个问题。一是由于不同的目标出现在不同数量的摄像头中,因此与每个目标相关联的局部轨迹的数量是不同且未知的,且很难确定应该匹配多少个局部轨迹并将其整合为全局轨迹。二是为了使匹配结果在实践中可行,局部轨迹的匹配应满足匹配一致性原则,以确保匹配的轨迹可以被完全连接(例如,如果局部轨迹 A 与局部轨迹 B 匹配,局部轨迹 B 与局部轨迹 C 匹配,则局部轨迹 A 应与局部轨迹 C 匹配),并且在不同的局部轨迹集合之间没有连接(例如,如果一些局部轨迹组合在一起形成了一个特定目标的全局轨迹,则不同的被组合的局部轨迹集应该互斥)。而使用 tracklet-to-tracklet 匹配方案,很难以系统的方式施加这种匹配一致性原则。

针对本项目的目标,结合项目应用场景的实际情况,本书提出了一种基于约束条件下非负矩阵的有交叠区域多摄像头多目标追踪方法。该方法将跨摄像头轨迹匹配问题表述为局部轨迹与目标间的匹配(tracklet-to-target assignment,TRACTA)问题,适用于具有或不具有重叠区域的视频场景,其框架如图 5-9 所示。其中每个局部轨迹被分配给唯一的目标,并且使用所提出的受限非负矩阵分解(restrictions on non-negative matrix factorization,RNMF)算法来计算满足一组约束的最佳分配矩阵,该算法保证了解决方案满足匹配一致性原则。另外使用最佳分配矩阵,并整合来自所有局部轨迹集的信息,可以校正由局部轨迹集中存在的遮挡和漏检而引起的跟踪错误,并为跨摄像头中的每个目标生成完整、准确的全局轨迹。

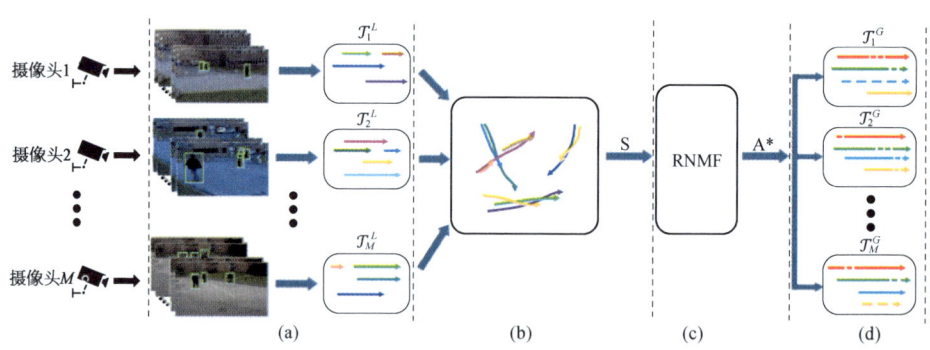

图 5-9 TRACTA 框架

具体来讲,利用前文所叙述方法得到的目标时空特征以及外观特征信息,结合使用 deep sort 算法,获得单一摄像头下的局部目标追踪轨迹,并用 T_i^L 表示第 i 个摄像头下产生所有的局部追踪轨迹的集合。对于第 i 个摄像头下获得的任意一条轨迹 $T_i^L(u)$，其由一段时间内的轨迹元组构建而成：

$$T_i^L(u) = \{(a_{iu}^L(t), b_{iu}^L(t), l_{iu}^L(t)) \mid t \in \pi\}, \quad (5-24)$$

式中　π——其时间戳集合；

$a_{iu}^L(t)$、$b_{iu}^L(t)$、$l_{iu}^L(t)$——其 t 时刻的外观特征信息、检测框信息以及参考坐标系位置信息。

利用局部追踪轨迹的外观特征、运动特征及位置特征的相似度度量矩阵的方法。设 $S_{ij} \in [0,1]^{N_i \times N_j}$ 为 T_i^L 和 T_j^L 局部追踪轨迹间的相似度度量矩阵，其中任意一个元素 $S_{ij}(u,v)$ 代表轨迹 $T_i^L(u)$ 和轨迹 $T_j^L(v)$ 的相似度，N_i 和 N_j 分别代表 T_i^L 和 T_j^L 的轨迹数目。相似度度量矩阵 S_{ij} 由轨迹中包含的外观信息、运动信息以及在参考平面的位置信息综合得出。设 $\mathcal{A}_{iu}^L$、$\mathcal{B}_{iu}^L$、$\mathcal{L}_{iu}^L$ 分别为轨迹 $T_i^L(u)$ 中的外观特征提取器提取到的外观特征信息、目标检测器提取到的图像位置信息以及投影到参考坐标系内的坐标位置信息，S_{ij} 的计算可分为以下两种情况进行计算：

（1）情况 1：T_i^L 和 T_j^L 来自同一摄像头，即 $i = j$。轨迹间的相似度可由以下公式计算：

$$S_{ii}(u, v) = \eta_1 \cdot \psi_{app}(\mathcal{A}_{iu}^L, \mathcal{A}_{iv}^L) + (1 - \eta_1) \cdot \psi_{mot}(\mathcal{B}_{iu}^L, \mathcal{B}_{iv}^L) \quad (5-25)$$

式中　η_1——权重系数；

$\psi_{app}(\cdot,\cdot)$——计算轨迹间外观特征信息间的相似度的函数；

$\psi_{mot}(\cdot,\cdot)$——计算目标在图像平面运动特征相似度的函数。

（2）情况 2：T_i^L 和 T_j^L 来自不同摄像头，即 $i \neq j$。轨迹间的相似度可由以下公式计算：

$$S_{ij}(u, v) = \eta_2 \cdot \psi_{app}(\mathcal{A}_{iu}^L, \mathcal{A}_{jv}^L) + (1 - \eta_2) \cdot \psi_{loc}(\mathcal{L}_{iu}^L, \mathcal{L}_{iv}^L) \quad (5-26)$$

式中　η_2——权重系数；

$\psi_{app}(\cdot,\cdot)$——计算轨迹间外观特征信息间的相似度的函数；

$\psi_{loc}(\cdot,\cdot)$——计算目标在参考平面坐标系内位置间的相似度的函数。

获得各个摄像头间的相似度度量矩阵 S_{ij} 后，将用以下方法构造 $N \times N$ 维度的全局相似度度量矩阵 S：

$$S = \begin{bmatrix} S_{11} & L & S_{1M} \\ M & O & M \\ S_{M1} & L & S_{MM} \end{bmatrix} \quad (5-27)$$

利用得到的全局相似度矩阵 S，以及在提出的约束条件下的非负矩阵分解来求解局部追踪轨迹间的匹配关系。设 $A_i \in \{0,1\}^{N_i \times K}$ 为第 i 个摄像头下的 N_i 条局部追踪轨迹与全局中 K 个车辆间的匹配矩阵，其中，T_i^l 为局部追踪轨迹的个数，K 为各个摄像头下拍摄到的车辆的数目。$A_i(u,v) = 1$ 则代表第 u 条轨迹被分配给第 v 个车辆，反之亦然。与全局相似度度量矩阵 S 的构建类似，构建 $N \times K$ 维的全局分配矩阵 A：

$$A = \begin{bmatrix} A_1 \\ M \\ A_M \end{bmatrix} \quad (5-28)$$

全局分配矩阵和全局相似度矩阵之间有很高的关联性，即 $AA^T \to S$。因此，可利用如下公式来求解全局分配矩阵：

$$\left. \begin{array}{l} A^* = \arg\min \| S - AA^T \|^2 \\ \text{s.t.} \quad A \in \{0,1\}^{N \times K} \\ AI_1 = I_2 \end{array} \right\} \quad (5-29)$$

利用得到的全局匹配矩阵 A^*，将不同摄像头下的局部追踪轨迹拼接起来，实现对目标的跨摄像头追踪；同时进一步利用视角间的交叠区域，可以将被遮挡目标的轨迹补全，得到全局追踪轨迹。

相比于传统方法的视角间两两匹配方法，本书提出的约束条件下非负矩阵分解的方法是从全局的角度上求解目标间的匹配关系，避免多个视角间两两匹配结果不一致，从而获得更加准确的目标间匹配关系，从而生成准确的全局追踪轨迹，实现多摄像头下对多个目标连续无缝地追踪。

5.2 交通行为特征提取与不良交通行为识别方法

5.2.1 数据预处理

在系统中对实际视频进行处理时,需要对数据进行预处理,实现车辆目标轨迹从图像坐标系到世界坐标系的转换,从而保障车辆交通参数的提取和车辆行为的计算。根据系统需求,数据预处理模块目前主要包括三部分:坐标系变换功能、车道线拟合功能和图像匹配功能。其中,坐标系变换和车道线拟合对每个场景只需要处理一次,而图像匹配功能需要对每帧图片进行处理。

1)坐标系变换

当获取一组新场景下的视频时,首先需要标定每个摄像机采集到的图像与世界坐标系的变换关系,实现车辆运动轨迹从该摄像机的图像坐标与世界坐标的映射。具体方法为:从每个视频中挑选一帧图作为该视频的参考帧,对该参考帧进行标定。在参考图像上标记若干个标记点,并记录其图像坐标,同时在世界坐标系(如东北天坐标系)下获取相同标记点的世界坐标,两个坐标系下的两组点具有对应关系,通过数学运算可估算出参考图像的图像坐标系和世界坐标系的透视投影矩阵 T。利用矩阵 T,就能获得图像中所有图像坐标对应的真实世界的坐标信息,即可以获得车辆在世界坐标系上的运动轨迹。使用 MATLAB 为该功能制作软件,下面按照软件操作流程详细说明矩阵的计算过程。

参考图像中的标记点在世界坐标系下的坐标,由 GPS 定位系统在实际场景下获取,其坐标为东北天坐标形式。如图 5-10 所示,图中所标记的各个点均对应一个世界坐标。该图像上一系列对应点的世界坐标,保存于一个 TXT 文件中。在软件中点击"输入世界坐标"按钮,选择该 TXT 文件,即可导入世界坐标。

点击软件中的"输入图像坐标"按钮,可根据图像中对应点世界坐标的表示,用鼠标光标根据世界坐标在 TXT 的保存顺序,按顺序依次点击图像上的对应点,可导入对应点图像坐标系下的坐标。

由于在本场景下,世界坐标投影至图像坐标时,四边形映射到四边形,直线保持直线形式,故计算世界坐标与图像坐标的透视投影矩阵。设该透视投影矩阵为 T,T 为 3×3 的矩阵,则有:

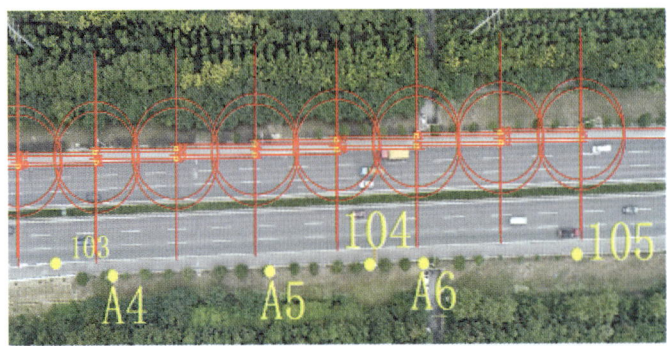

图 5-10　道路交通图像中标记点位置和在世界坐标系下坐标

$$T = \begin{bmatrix} A & D & G \\ B & E & H \\ C & F & I \end{bmatrix} \quad (5-30)$$

$$[up\ vp\ wp] = [x\ y\ w] \times T \quad (5-31)$$

$$wp = Gx + Hy + Iw \quad (5-32)$$

式中　$[up\ vp\ wp]$ ——世界坐标矩阵表示；

$[x\ y\ w]$ ——图像坐标的矩阵表示。

由于图像坐标为二维坐标，故 $[x\ y\ w]$ 中的 w 可设为 1。设 $[u\ v]$ 为世界坐标的矩阵表示，将 $[up\ vp\ wp]$ 对 wp 归一化，可得到伪世界坐标 $[up\ vp\ wp]$ 与世界坐标 $[u\ v]$ 的关系为

$$u = (Ax + By + C)/(Gx + Hy + I) \quad (5-33)$$

$$v = (Dx + Ey + F)/(Gx + Hy + I) \quad (5-34)$$

将前面获取的世界坐标以及图像坐标代入式(5-33)、式(5-34)中,根据最小二乘线性回归的方法,可拟合求出透视投影矩阵 T 中的 9 个参数。其中,求取这 9 个参数至少需要四个对应点对,点数越多变换矩阵的估计越准确。

为评估所求得的透视投影矩阵 T 的精度,故采用欧几里得距离,计算其重投影误差。将之前获取的图像坐标 $[x\ y\ 1]$ 代入式(5-31)中,求得重投影伪世界坐标 $[up_1\ wp_1\ wp_1]$,进一步计算出重投影世界坐标 $[u_1\ v_1]$。根据均方误差的定义,可求得误差 E 为

$$E = \sqrt[2]{(u-u_1)^2 + (v-v_1)^2} \tag{5-35}$$

将多个匹配点代入上式,即可求得最大重投影误差、最小重投影误差和标准重投影误差。

若误差在允许的范围内,则可以点击软件中的"保存"按钮,将求得的透视投影矩阵 T 保存。若误差过大,则需要点击"重置",重新获取图像坐标数据并计算透视投影矩阵。

为了可视化误差,可以使用公式变式:

$$[x\ y\ w] = [up\ vp\ wp] \cdot T^{-1} \tag{5-36}$$

在计算出投影矩阵 T 后,将目标点的世界坐标进行坐标系变换,即可得到这些点在图像上的坐标,与手工标记的坐标一同进行可视化,有助于更加直观地分析当前的重投影误差。如图 5-11 所示,蓝点为手工标记的坐标点,红点为与手工标记点对应的世界坐标重投影到图像坐标后的坐标点。

图 5-11 重投影误差可视化分析

2) 车道线拟合

车道线是道路交通中的一个重要元素,通过计算车辆和车道线的位置关系,可以获得车辆行驶的车道信息,分析车辆变道行为。在项目研发的系统中,对每个场景中的车道线进行拟合,并将拟合好的车道线函数模型保存于 TXT 中,用于后续计算。如图 5-12 所示为车道线拟合示意图,图中红线为拟合车道线的可视化示意。

图 5-12　车道线拟合示意

3) 图像匹配与拼接

通过前面所述的坐标系标定和车道线拟合,对于一个固定的场景则已获得需要的先验知识。图像匹配与拼接的操作是针对一个固定场景,因此只需对一帧参考图像进行处理即可。在假设摄像机完全固定的前提下,场景内所有相同位置的点在视频图像中每一帧的图像坐标是不会变化的,因此,包括坐标标定模块得出的投影矩阵 T 和车道线拟合模块得到的车道线拟合函数在理想情况下适用于整个视频。然而,在实际场景下,摄像机可能受到外界的干扰(如微风、路面震动等)发生微小位移、俯仰角变化等。尤其是无人机,在采集数据的过程中不可能达到完全静止,因此在视频中,同一个位置会随着视频时间的不同,其图像坐标也会发生变化,这会给后面的车辆轨迹计算等引入误差。因此,在处理每一帧图像前,需要先计算该帧图像与标定帧之间的旋转位移矩阵 W,然后通过矩阵 W 来调整从该帧图像上获得的车辆信息,使得在标定帧上计算的投影矩阵 T 和车道线拟合函数能适用于该帧图像上,这就是图像匹配模块的主要功能。下面按照实现步骤来介绍功能。

基于 OpenCV 库开发实现图像匹配模块的功能,OpenCV 是一个基于 BSD 许可(开源)发行的跨平台计算机视觉库,可以运行在 Linux、Windows、Android 和 Mac OS 操作系统上。它轻量级而且高效,由一系列 C 函数和少量 C++ 类构成,同时提供了 Python、Ruby 和 MATLAB 等语言的接口,实现了图像处理和计算机视觉方面的很多通用算法。

使用 OpenCV 的 cv2.imread 函数,将当前帧和标定帧的图像以数组形式代入程序,并使用 cv2.cvtColor 函数对图像像素进行二值化预处理。基于一种快速提取和检测特征(oriented fast and rotated brief, ORB)算法,分别提取两幅图像中的特征点信息。ORB 算法是由 Ethan Rublee, Vincent Rabaud, Kurt Konolige 以及 Gary R.Bradski 在 2011 年一篇名为 *ORB: An Efficient Alternative to SIFT or SURF* 的文章中提出。ORB 特征将 FAST 特征点的检测方法与 BRIEF 特征描述子结合起来,并在它们原来的基础上做了改进与优化。首先,它利用 FAST 特征点检测的方法来检测特征点,然后利用 Harris 角点的度量方法,从 FAST 特征点从挑选出 Harris 角点响应值最大的 N 个特征点以及描述这些特征点的 N 个特征向量。如图 5-13 所示为特征点提取可视化图,圆圈部分为 ORB 算法得到的该图的特征点位置。

图 5-13 特征点提取可视化图

使用 ORB 算法分别得到当前调整帧和标定帧的特征点以及对应特征向量后,对向量特征进行匹配,从而求出两图中特征点的一一对应关系(图 5-14)。

图 5-14　特征点匹配可视化图

仿照将图像坐标系投影到世界坐标系的方法,根据匹配成功的特征点组,也能估算出由当前帧的图像坐标系投影到参考帧图像坐标系的矩阵,由于这两个坐标系都是二维直角坐标系,所以得到的投影矩阵为 3×3 的矩阵 W。根据矩阵 W 对当前帧的像素点进行变换,即可减少由于摄像头晃动导致的位移误差,如图 5-15 所示为变换后的图像与参考图像的对比。图 5-15 中,(a)为变换前的当前图像,(b)为参考图像;(c)为变换后的当前图像,(d)为参考图像。

(a)

第 5 章 基于视频的不良交通行为识别与提取技术

(b)

(c)

(d)

图 5-15 匹配变换后图像与参考图像对比

5.2.2 车辆交通参数提取方法

交通参数提取是对车辆行为分析系统的后端模块,此模块的功能是利用多目标跟踪算法输出的结果,并利用交通参数计算公式,计算出车辆具体的交通参数,以此来判定车辆是否出现了不良行为。

得到车辆的检测框后,可获得原始的车辆数据,根据标定,从中能进一步计算车辆信息。这些车辆信息将与该检测框绑定,并在后续追踪模块中记录到检测框所对应车辆的信息当中。

1) 中心点信息

检测框能提供 4 个车辆目标的信息:x,y,w,h。其中,x 代表该检测框左上角点在图像中的横坐标;y 代表该检测框左上角点在图像中的纵坐标;w 代表该检测框在图像中的宽度;h 代表该检测框在图像中的高度。根据这四个信息,可以计算出该检测框的中心点在图像中的坐标 (x_c, y_c):

$$\left. \begin{array}{l} x_c = x + \dfrac{w}{2} \\ y_c = y + \dfrac{y}{2} \end{array} \right\} \quad (5-37)$$

根据标定模块中的坐标调整,在检测某帧图像前,我们会计算该帧图像与标定帧之间的投影矩阵 W。通过以下公式,可以获得经过矫正后的中心点坐标 (x'_c, y'_c):

$$\left.\begin{aligned}
[up\ vp\ wp] &= [x_c\ y_c\ w] \times W \\
x'_c &= \frac{up}{wp} \\
y'_c &= \frac{vp}{wp}
\end{aligned}\right\} \quad (5-38)$$

2) 车道线信息

根据车道线拟合,可以获得标定帧中每条车道线的拟合函数集 $F = \{f_i(x)\}$,其中,i 为车道线的数量。将检测框矫正后的中心点的横坐标 x'_c 代入 F 中,得到集合 $\{a_i\} = \{f_i(x'_c)\}$,通过比较 y'_c 和 a_i,若:

(1) $a_i < y'_c$,说明第 i 条车道线在该中心点的上方。

(2) $a_i \geq y'_c$,说明第 i 条车道线在该中心点的下方。

由此来判定,该中心点位于哪两条车道线之间,从而判定该检测框代表的车辆当前处于哪条车道。

3) 车辆轨迹

通过车辆检测和追踪技术,可以很容易地获得车辆在图像不同位置的中心点信息,从而得到车辆在视频观测范围内的轨迹。

4) 车辆速度

根据追踪模块所获取的车辆的位置信息,再与视频的帧差表示的时间相结合,可以计算出车辆在世界坐标下的速度。在预处理中,将视频分隔成每 1 s 15 帧,即帧差为 1/15 s。由于每两帧的时间间隔过低,仅根据两帧间的时间差来计算速度容易造成较大的误差,故选当前帧与第前五帧计算一次速度,计算出来的结果如图 5-16 所示,红色曲线表示车辆的速度。

由图 5-16 可以看出,原始速度有规律性抖动以及"突刺",其原因是受图像清晰度、检测器精度等影响,检测框会以检测对象为中心、以像素为单位地抖动,导致在计算对象位置和速度时结果会受到干扰。于是在计算完原始数据后,使用中位值平均滤波法,把抖动干扰消除掉,从而获得更加平滑稳定的数据。如图 5-16 所示,绿色曲线为中值滤波后的结果。可以

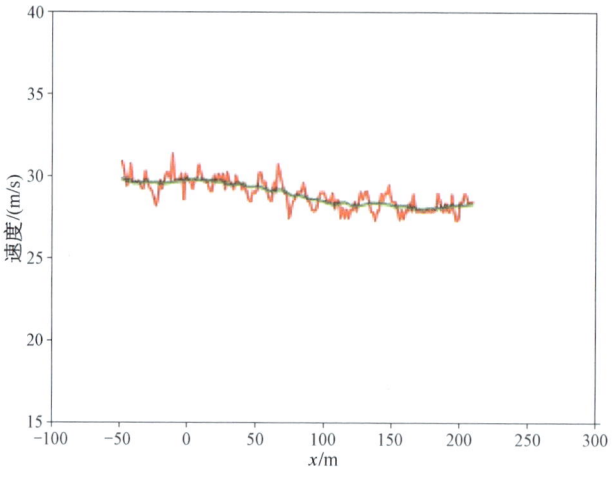

图 5-16　车辆速度滤波

看出，该车辆的速度为 29 m/s 左右，即 105 km/h 左右，这是高速公路上比较合理的速度。

如图 5-17、图 5-18 所示为高度为 200 m 时拍摄的无人机视频，视频中小轿车的尺寸约 30×10 像素大小。计算视频中各车辆的行驶速度、轨迹、车辆间相对位置等指标，其效果图如图 5-17、图 5-18 所示，自动检测算法能更高效地获得车辆运动参数。

图 5-17　车辆速度、轨迹示意

图 5-18 车辆速度、相对位置示意

5.2.3 车辆不良交通行为检测方法

车辆在行驶过程可能会出现不良交通行为。基于前面介绍的车辆检测、追踪及交通参数提取功能,设计车辆不良交通行为检测方法对可能出现的危险变道、速度不稳定、蛇形驾驶、不良跟驰、车道侵占、转弯过快或过慢、交叉路口不减速等不良交通行为进行检测。

使用的检测方法以车速(km/h)、前后车距(m)、车辆所处世界坐标、车辆检测框四个顶点和中心点的图像坐标等为基础,利用这些参数依据项目合作单位同济大学提供的计算公式,计算每种不良行为的危险驾驶行为参数(MOR)。对于每类不良交通行为,用于判定的 MOR 阈值由统计得到。本书基于的项目实验中,每种不良交通行为的阈值都是统计 500~1 000 条车辆交通 MOR 值,提取前 5%位数作为阈值。在测试时,当计算得到的 MOR 值超过阈值,即判定为不良交通行为。

1) 危险变道

危险变道分为对向车道有迎面车辆和对向车道无迎面车辆两种类型进行计算。对向车道无迎面车辆时按照式(5-39)进行计算,其中,v 是本车速度,v_p 是前车速度,v_f 是后车速度,x_r 代表前后车距。

$$TH1 = \frac{v - v_p}{x_r} \\ TH2 = \frac{v_f - v}{x_r} \Biggr\} \qquad (5-39)$$

对向车道有车辆时按照式(5-40)进行计算：

$$TH1 = \frac{v - v_p}{x_{r1}} \\ TH2 = \frac{v_f - v}{x_{r1}} \\ TH3 = \frac{v + v_{tp}}{x_{r2}} \Biggr\} \qquad (5-40)$$

式中　v——本车速度；

　　　v_p——原始车道前车速度；

　　　v_f——原始车道后车速度；

　　　x_{r1}——原始车道前后车距；

　　　x_{r2}——对向车道迎面车辆与本车车距；

　　　v_{tp}——对向车道车速。

在算法实现中，两车距离的计算是先将两车检测框中心点坐标换算为世界坐标，然后算出真实距离。通过世界坐标的变化趋势来判断车辆的行驶方向以便于找到车辆原本应该在的车道和对向车道。例如，当车辆检测框 y 坐标减小时，车辆处于右车道；当 y 坐标增大时，车辆处于左车道。并对每个车道的车辆按照坐标从近及远排序，这样就可以找到车辆每辆车的前后车，如图 5-19 所示为危险变道检测结果示例。

2）车道侵占

车道侵占即压线行驶，侵占到其他道路。算法是首先得到车辆检测框的左上角和右上角像素坐标，然后判断这两个点所在车道，当这两个点分别在两个不同车道时，并且式(5-41)计算结果大于阈值时，则认为车辆车道侵占。其中，t 为压线时间，T 为单位时间窗口。例如，以 3 s 为一时间窗，判断 5 s 内压线的时间；然后以 1 s 为滑动长度，判断下一个 3 s 内的压线时间。时

图 5-19　危险变道检测结果示例

间窗和滑动长度可经过比较后确认。如图 5-20 所示为车道侵占检测结果示例。

$$TH = \frac{t}{T} \tag{5-41}$$

图 5-20　车道侵占检测结果示例

3）蛇形驾驶

蛇形驾驶是指车辆行驶过程中左右摆动的驾驶状态。对其 MOR 计算的是横向速度变异系数，即方差与均值的比值。速度采样时间间隔为 0.2 s，并记录采样到的离当前最近的三十个横向速度值由式(5-42)计算 MOR 值。其中，v_{lat} 为横向速度，$var(v_{lat})$ 代表其方差，$\overline{v_{lat}}$ 代表其均值。如图 5-21 所示为蛇形驾驶检测结果示例。

$$TH = \frac{var(v_{lat})}{\overline{v_{lat}}} \qquad (5-42)$$

图 5-21　蛇形驾驶检测结果示例

4）不良跟驰

不良跟驰是指车辆对前车跟驰过近。根据式(5-43)计算 MOR 值，其中，v 是本车速度，v_p 是前车速度，x_r 是前后车间隔。如图 5-22 所示为不良跟驰检测结果示例。

$$TH = \frac{v - v_p}{x_r} \qquad (5-43)$$

5）速度不稳定

速度不稳定是指车辆正常行驶过程中急加速、急减速或者频繁加减速。纵向速度采样时间间隔为 0.2 s，并记录采样到的离当前最近的 30 个速度值由式(5-44)计算 MOR 值。根据纵向速度均值与方差的比值即式(5-44)计算其 MOR 值，其中，v 代表本车纵向车速。如图 5-23 所示为速度不稳定检测结果示例。

$$TH = \frac{var(v)}{\overline{v}} \qquad (5-44)$$

图 5-22 不良跟驰检测结果示例

图 5-23 速度不稳定检测结果示例

6) 转弯过快或过慢

转弯过快或过慢是指交叉口车辆转弯速度不宜过快以避免行人非机动车等侧向碰撞,也不宜过慢,以免后车追尾。根据式(5-45)计算其 MOR 值,其中,t_1 代表转弯完成的时刻,t_0 代表开始转弯的时刻。

$$TH = |\, t_1 - t_0\, | \qquad (5-45)$$

通过对交叉路口周围四条道路以及中心交叉区域划分,并用车辆检测框中心点坐标所处区域来判断车辆何时离开本车道和何时完成转弯达到另一车道。如图 5-24 所示为右转弯过快检测结果示例。

图 5-24　转弯过快或过慢检测结果示例

7) 交叉口不减速

交叉口不减速是指车辆无信控交叉口没有减速。根据式(5-46)计算其 MOR 值,其中,V_0 为交叉口车流速度,V_1 为车辆行驶速度。车流速度 V_0 的计算是通过统计所有在交叉路口车辆的平均速度而来。如图 5-25 所示为交叉

图 5-25　交叉口直行不减速示例

口执行不减速检测结果示例。

$$TH = V_1 - V_0 \qquad (5-46)$$

5.3 基于多尺度卷积网络的驾驶员姿态估计

5.3.1 基于多尺度卷积操作的模型设计与分析

在智能驾驶领域,对驾驶员姿态进行检测和判断的研究包含了驾驶员头部的研究、关节肢体动作的捕捉以及驾驶员手部动作的研究。但是上述研究都存在着被检测部位被其他物体遮挡、自我遮挡以及被检测部位比例缩放等问题而导致的误检和假阳性检测。针对驾驶员姿态检测的研究,本项目采用了自下向上的方法,通过预先收集各种场景下驾驶员的姿态数据集,训练一个检测驾驶员姿态信息的模型。在二维空间中,多次利用派系过滤算法(clique percolation method,CPM方法)检测出驾驶员头部、手臂、和上半身的关节节点,对检测出的粗略关节位置以及精细关节位置进行位置叠加,确定关节位置的预测值,再将预测值与数据集中标注关节的真值(ground truth,GT)进行欧几里得距离计算,多次迭代后,得到最终的关节位置热度图。对得到的所有关节位置预测值之间利用 PAF 算法进行肢体连接,形成驾驶员的部分骨骼连接图,其中包括:由左手腕、左手肘和左肩膀三部分组成的左上半肢体骨骼;由右手腕、右手肘和右肩膀三部分组成的右上半肢体骨骼;由眼睛、鼻子、耳朵、嘴巴和颈部组成的上肢体骨骼;由颈部、左胯骨和右胯骨组成的下肢体骨骼。通过将驾驶员的上半身肢体划分为四个部分肢体骨骼,并考虑到驾驶员在实际的驾驶环境中,各个部分肢体骨骼的位置相对于户外行人的动作来说较为固定,因此,在前面研究的基础上增加了基于骨架的参考模型,来解决实际检测中出现的遮挡问题。

在过去的数年时间里,各种各样的辅助驾驶技术被应用到安全驾驶领域,一个非常重要的基础问题是如何评估驾驶员的动作行为。驾驶动作监控系统不仅能对驾驶员进行驾驶辅助,而且在危险到来之前能够及时提醒驾驶员做好预防工作。在最近几年的时间,对于人体姿态估计的研究层出不穷,大量的研究都显示在人体估计方面遇到了一些瓶颈。然而,在这些研究中,人体估计并没有应用到一个具体的场景,因此一些较为精确地检测在实际场景中应用时并没有得到令人满意的结果。上述所说的问题是普遍存在的,然而解决以上问题的关键是准确地预测出关节的位置,并通过一定的判定机制,将预测的结果多次迭代,直到最后的值满足预先设定的阈值,即认定该预测值在一定程度上无限接近真实值。驾驶员的姿态估计一直以来困扰着大量的研究者,造成困扰的原因大多是检测对象的关节被全部遮挡或部分遮挡,还有各种变化形式的动作姿态,复杂的关节间相互依赖关系,衣着变化、光线强度变化以及不受控制的视角。早期的工作使用单一的强图像特征和运动特征来解决这些困难,此外,还有使用复杂的结构化预测方法,例如利用手工制作的人体结构树模型,对检测对象建立一个结构化模型,来提高检测的准确度。在单人姿势估计中,常用的方法是使用 ConvNet 在多分辨率输入条件下训练关节的热图,并多次叠加生成的热图以获得近似区域。结合输入视频流中的彩色光流和运动特性,利用帧速率之间上下文信息关联实现更精确的位置定位。上述过程实现了粗热图,其涉及在卷积运算中使用不同分辨率大小的滑动窗口。这种隐含的空间结构和几何约束可以适应更多变化的场景。这项工作引入了用于驾驶员姿态估计任务的混合卷积网络架构,如图 5-26 所示为驾驶员姿态估计算法框图,所提出的架构包括一个粗略的 ConvNet,它为关节位置提供粗略的低分辨率热图,再加上一个改进的 ConvNet,在粗略热图峰值周围的滑动窗口内细化估计。除此之外,结合多分辨率图像特征检测,对输入的原始图像进行预处理以生成光流特征图,并分别以相同的分辨率大小对生成的光流特征图和输入的原始图像进行采样。卷积运算中的前三个阶段使用相同大小的卷积核并共享权重参数以生成 16×16 大小的特征映射。

图 5-26 驾驶员姿态估计算法框图

具体来说,在本项目中,提出了一个 ConvNet 架构,它结合了三种以端到端方式进行训练的模型。第一个 ConvNet 架构是粗热图回归模型,通过使用更深层来提高粗略模型的性能,从而产生更小的预测误差方差。第二个 ConvNet 是在将多个图像分辨率库融合后,结合上下文信息和视频的前后帧,分析驾驶员的运动,从而判断驾驶员的动作状态。第三个是研究了细化复合模式,用一组空间高斯来表示人体模型,强化关节之间的空间几何约束,为此,从稀疏的图像集创建一个特定于人的模型。该模型包括定义人体模型自由度(degrees of freedom,DoF)的运动骨架和表示人体外形的统计模型。将图像表示为空间 2D 高斯的总和,其覆盖颜色一致的图像斑点,并添加 3D 高斯模型作为驾驶员姿势估计的补充;同时,使用姿势参数来构建能量函数来优化和约束检测到的姿势。在本书的试验中,证明了所提出的方法,即使不存在先前的背景估计和在相对不受控制的环境中也能工作。在一些具有挑战性的情况下也能够跟踪驾驶员的动作,包括彼此紧密相互作用的特征以及遮挡情况,例如驾驶员的手臂位于方向盘下方或驾驶员的手臂在某一时刻被遮挡。本书提出了跟踪性能定量评估方法并证明了其可靠性。

5.3.2 驾驶员姿态检测的详细设计与实现

为了适应复杂环境下驾驶员姿态的检测和估计分析,更好地解决遮挡、缩放等问题对检测结果造成的影响,提高关节检测的精确度以及关节之间相连正确性,具体进行了以下几个方面的研究。

1) 关节点的检测

在进行身体关节点部位检测中,CPM 提出的姿态机(pose machine)是由多类预测器 $g_t(\cdot)$ 组成,利用多类预测器经过训练后得到的序列来预测每个层次结构中每个身体部位的大致位置。在每个预测阶段 $t \in \{1, \cdots, T\}$,对于所有的身体部位 p,设经过预测器预测后的输出为 $Y = (Y_1, \cdots, Y_p)$,且 $Y_p \in Z \subset R^2$,其中 Z 是图像中所有位置 (u, v) 的集合。经过分类器预测后每个部位的置信值 $Y_p = z, \forall z \in Z$ 是基于图像数据 $x_z \in R^d$ 的特征以及来自每个 Y_p 周围邻域中的前一分类器的上下文信息来获得。设在 T 阶段经过预测器处理后的置信值用 b_t^p 表示,那么有:

$$b_t^p[u, v] = \{b_t^p(Y_p = Z)\}_{z \in Z} \qquad (5-47)$$

表示所有部位 p 的置信值在图像中每一个像素位置 $z = (u, v)^T$，即 $b_t^p \in R^{w \times h}$，w 和 h 分别表示为图像的宽度和高度，与图像中的每一个位置 $z = (u, v)^T$ 相对应。最终经过分类预测器训练后得到的关节部位 p 预测置信值是：

$$g_t^p(x_z'; \Psi_t(z, b_{t-1})) \to \{b_t^p(Y_p = Z)\}_{p \in \{0, \cdots, P+1\}} \qquad (5-48)$$

通过使用上述关节分类器可以粗略地检测关节的近似位置。使用 K. Simonyan 提出的网络结构生成空间上下文特征信息以补偿检测缺陷。完全卷积网络 7 层 VGG 用作基础模型来提取特征图。每个身体关节都有一组独立的 128 个特征图，所有关节共用下层到完全卷积的 6 层网络，其中有 4 096 个特征通道。将作为在 fcn6 层中的位置处获得的特征向量，并且它是 4 096 维向量。fcn7 层中处的体关节的 128 维特征向量被计算为

$$h_{\text{fcn7}}^p(x, y) = f(h_{\text{fcn6}}(x, y) \otimes w_{\text{fcn7}}^p + b_{\text{fcn6}}) \qquad (5-49)$$

式(5-49)表示卷积操作，是一个非线性函数，是拥有 128 个过滤器的关节的过滤工具(filterbank)，是偏置项，是特征张量包含关节的 128 个特征图。这些特征通道还描述了关节的特征向量。使用前一层的特征向量和滤波器组卷运算加上偏移项，可以获得后续关节的卷积结果。这些身体关节的特征图包含了丰富的细节。因此，获取不同分辨率下有效感受野的图像特征图并感知图像特征图重叠从而获得特定图像信息，使用 Boosted Random Forest 来确定关节的最终位置。重复上述过程，部分的理想置信映射设置为 $b_*^p(Y_p = z)$，这是创建的是通过将 2D 高斯函数峰值放置在每个身体部位的真实位置 p。计算置信度值和实际位置之间的成本函数 Eq.3，以确定最终的关节位置：

$$f_t = \sum_{p=1}^{p+1} \sum_{z \in Z} \| b_t^p(z) - b_*^p(z) \|_2^2 \qquad (5-50)$$

获得成本函数后，通过最小化成本函数 f_t 以获得更准确的联合位置。在所有训练阶段 $t \in T$，通过使用标准随机梯度下降来融合所有阶段的概率计算总成本函数。

2) 关节点关联

根据前面介绍的相关方法，通过深度神经网络预测图像中身体部位的位

置,并参考序列化关节的上下文来确定关节部位的基本事实。下面参考两种不同的方法详细描述关节的连接。

关节相连的难点是遮挡部分的连接。AdrianBulat 提出了检测跟随回归 CNN 架构,它将 CNN 级联划分为两个子网络部分,其中一个使用像素方式的 S 形交叉熵损失函数和部分检测器;另一个回归子网与输入图像堆叠,以通过关节位置的置信图回归来执行。通过级联网络结构,当身体部分被衣服、自身或其他物体遮挡时,可以有效地实现关节的准确定位。根据上下文信息和被遮挡部分热图的置信度得分,关节部分的关联由叠加部分的热图回归确定。然而,对预测位置的直接回归操作将导致某些训练难度增大和非线性问题。因此,对位于真实位置附近的一组置信度图执行回归操作。真实的关节位置由一个全连接的 N 层组成,每个身体部位,无论该部位是否可见,都由标准差为 5px 的高斯函数表示。实际位置使用 VGG-FCN 来改变网络卷积过程中的步幅大小,即梯度下降率,并执行语义分割以确定图像中关节的真实位置。之后,采用部分亲和度字段(part affinity field,PAF)来关联检测到的点的位置,从而可以在诸如遮挡或多个人存在的复杂环境中获得每个人的关节部位关联。人体姿势信息可以进一步进行语义分析,以判断驾驶员的行为。同时,二分图中的匹配是以这样的方式选择边缘的子集,即没有两个边缘共享节点。为了找到与所选边缘的最大权重匹配,可以使用匈牙利算法来获得最佳匹配。其中,融合使用 3D 高斯骨架模型独立匹配图像的骨骼关节点,减少了检测边界框的数量。

3) 3D 驾驶员姿态估计

通过 CNN 来计算整幅图像每个像素的置信度形成置信度矩阵,$s \in S$ 是每个像素点的置信度(confidence score),L 是每个像素点 (x,y) 在 x 和 y 上方向分量,利用前馈网络同时预测身体部位位置的一组二维置信度图 S 与 PAF 的一组二维矢量场 L,PAF 表示身体部位之间的关联程度。在计算得到关节部位的置信度之后,利用两个关节点所在的区域的像素位置 (x,y) 来计算两个关节点肢体方向上单位向量,再将计算得到的方向向量沿着肢体方向附加权重,求得两个候选关联部位的亲和字段,L_c 线段表示衡量它们关联的置信度,即

$$E = \int_{u=0}^{1} L_c[p(u)] \cdot \frac{d_{j_2} - d_{j_1}}{\parallel d_{j_2} - d_{j_1} \parallel_2} d_u \qquad (5-51)$$

同时,在进行匹配关联的时候也用到了最大权二部图匹配,来去除多个候选关联点之间的误联,使得没有两个边共享节点,最终的目标就是找到所选边缘的最大权重匹配,即

$$\left.\begin{aligned}\max_{Z_c} E_c &= \max_{Z_c} \sum_{m \in D_{j_1}} \sum_{n \in D_{j_2}} E_{mn} \cdot z_{j_1 j_2}^{mn} \\ \forall m &\in D_{j_1}, \sum_{n \in D_{j_2}} z_{j_1 j_2}^{mn} \leq 1 \\ \forall n &\in D_{j_2}, \sum_{m \in D_{j_1}} z_{j_1 j_2}^{mn} \leq 1\end{aligned}\right\} \quad (5-52)$$

最后利用匈牙利算法(Hungarian algorithm)获得最佳匹配,优化的结果为

$$\max_{Z} E = \sum_{c=1}^{C} \max_{Z_c} E_c \quad (5-53)$$

获取肢体连接候选点后,可以将共享相同部位检测候选点的连接组装成全身多人的姿态。其中,提到用树型骨骼结构来独立的匹配树型骨骼中的点,从而获取更少数量的边界框,这种优化方案比前面提到的完全图模型的性能更好。

在前面已讨论了如何使用部分检测器模型和上下文信息来执行人体的姿态估计。在辅助驾驶系统中,常用单目摄像机捕捉驾驶员的姿势。在这种情况下,需要在光线和场景变化等条件下监控驾驶员的实时姿势,同时处理和判断获取的姿势信息。此时,单人姿势估计尤为重要,因为这样可以更有效地处理紧急情况。

在与关节点相关和姿势捕获的过程中,将存在内部光线和驾驶员的肢体被汽车内部物品遮挡的情况,导致假阳性连接和不确定的连接。针对这些情况,基于之前的二维联合检测和相关,尝试建立一个联合骨架模型来模拟实际场景中人体的姿势信息。同时,使用快速四叉树聚类方法将每个输入图像细分为恒定颜色区域,该快速四叉树聚类方法是基于颜色模型的 2D 高斯模型,用于跟踪每个关节的状态。这些方法在视频监视中具有令人满意的效果,足以补偿关节中的假阳性连接问题。基于生成模型和基于标记的运动捕捉方法通过优化基于颜色和基于形状的模型使用上述场景表示和估计姿势中的图像相似度能量 Θ。如果实际场景有利于检测,并且通过深网络的关节检测更准确,则最终将产生完全连接的关节角度。

然而,如果汽车的内部环境小而无序且光线暗淡,则基于颜色和经验形状模型的特征捕捉方法将很快失去其效果。因此,基于先前的成就,研究人员提出了 ConvNet 级联检测方法。该方法在单个图像中显示出最先进的精度,并且在杂乱的室外场景中也被很好地用于检测和定位。然而当驾驶员的服装颜色与内部环境相似时,则不能准确地执行语义分割。为了处理这些客观存在的不确定性,提出了一种模型引导概率方法,用于从不确定的 ConvNet 检测中提取多视图图像中可能性最大的关节位置。使用滑动窗口 ConvNet 架构,叠加多分辨率下的密集热图以获得更大的感知场,并通过图像中检测可能性权重的重要性采样来近似下一帧的后预测。作为约束,它被结合到姿势优化能量函数中。

总之,应用一个能量函数来优化二维关节位置和当前姿势的检测,使其能够适应不同的汽车内部环境,检测和处理复杂多变的驾驶员姿势,并处理由非人为因素引起的遮挡问题:

$$E(\Theta) = w_{BP} E_{BP}(\Theta) - w_l E_{\lim}(\Theta) - w_a E_{acc}(\Theta) \quad (5-54)$$

$E_{BP}(\Theta)$ 是测量 2D 关节位置与当前姿势之间的相似性,$E_{\lim}(\Theta)$ 限制了不可能的姿势,$E_{acc}(\Theta)$ 通过惩罚过强的加速度来防止骨架模型(skeleton model)过度拟合到 2D 位置。w_{BP}、w_l 和 w_a 分别表示 $E_{BP}(\Theta)$、$E_{\lim}(\Theta)$ 和 $E_{acc}(\Theta)$ 的权重,在实验中各自的赋值为 $w_{BP} = 5$、$w_l = 0.1$ 和 $w_a = 0.05$。

4)优化 Θ 来最大化能量度量

前面给出了利用姿势参数 Θ 来构造能量函数,参照颜色形状以及构造的 3D 人体模型来对检测出的姿势进行优化和约束。这里给出在每个阶段 $t \in T$ 中,m 帧的输入图像序列的姿势估计 Θ^t,参考上下文信息优化在某一阶段中 Θ^t,使能量函数最大化,从而提高检测正确姿势的准确率:

$$\Theta^t = \Theta^{t-1} + \alpha(\Theta^{t-1} - \Theta^{t-2}) \quad (5-55)$$

这里的 α 设置为 0.5。由于在驾驶员姿态检测中,侧重强调检测的实时性、可靠性以及稳定性,因此应更加注重系统的性能。为了符合良好的性能要求,通过分析能量函数的梯度 $\nabla E(\Theta)$ 来有效优化处理过程。

前面提到基于 ConvNet 联合网络进行身体部位关节点定位时,将运动骨架和身体的近似模型组合成高斯和(Sum of Gaussians, SoG)。一个简单的高斯函数 G 形式为

$$G(x) = \exp\left(-\frac{\|x-\mu\|^2}{2\sigma^2}\right) \tag{5-56}$$

式中，σ^2 为方差；$\mu \in R^d$；$d=2$、$d=3$ 表示该高斯函数应用在 2D 和 3D 的人体模型中。由于在驾驶员姿态检测中，更加关注检测的实时性，因此，为了覆盖所有的图像区域和 3D 模型，将几个空间高斯组合成一个高斯和：

$$Sum(x) = \sum_{i=1}^{n} G_i(x) \tag{5-57}$$

在前面提到默认情况下的人体模型有 58 个关节并附加 63 个高斯组合而成，每一个高斯被附加在模型的关节点上，并由姿势参数 Θ 来参数化。这里给出两个 SoG 模型 $Sum_a(x)$ 和 $Sum_b(x)$，两个 SoG 模型对应的颜色模型分别是 C_a 和 C_b，因此定义一个函数来衡量两个 SoG 模型之间的相似性，两个颜色模型对应的相似性为 $D(c_i, c_j)$：

$$\begin{aligned} E(Sum_a, Sum_b, C_a, C_b) &= \int_\Omega \sum_{i \in Sum_a} \sum_{j \in Sum_b} D(c_i, c_j) G_i(x) G_j(x) \mathrm{d}x \\ &= \sum_{i \in Sum_a} \sum_{j \in Sum_b} E_{ij} \end{aligned} \tag{5-58}$$

其中，

$$\begin{aligned} E_{ij} &= D(c_i, c_j) \int_\Omega G_i(x) G_j(x) \mathrm{d}x \\ &= D(c_i, c_j) 2\pi \frac{\sigma_i^2 \sigma_j^2}{\sigma_i^2 + \sigma_j^2} \exp\left(-\frac{\|\mu_i - \mu_j\|^2}{\sigma_i^2 + \sigma_j^2}\right) \end{aligned} \tag{5-59}$$

平滑函数 $D(c_i, c_j)$ 是在色调、饱和度、明度（hue, saturation, value, HSV）颜色空间测量 c_i 和 c_j 之间的欧几里得距离，并将结果输入到 Wendland function。

考虑到 3D SoG 模型在 2D 模型上的投影，这里用 $\Psi(Sum_J)$ 表示与图像模型用 Sum_J 表示，在处理的过程中，必须考虑投影操作的特殊属性。投影函数忽略了在将 3D 模型投影到 2D 图像平面上时可能发生的自我遮挡问题，使得几个高斯投影到重叠的 2D 位置上，从而对能量函数贡献若干次。这样会导致计算的冗余，降低系统的性能，因此可以通过限制投影次数，只利用一个简单的图像高斯来贡献所有的能量给所建立的模型。

$$E[Sum_I, \Psi(Sum_J), C_I, C_J] = \sum_{i \in Sum_I} \min\left[\sum_{j \in \Psi(Sum_J)} E_{ij}, E_{ii}\right] \tag{5-60}$$

这里的 $E_{ii} = \pi \sigma_i^2$ 是一幅图像高斯与自己的叠加。

在前面提到的能量函数 $E(\Theta)$ 最终的目的是测量由 Θ 定义的姿势中的身体模型与所有输入图像的相似性。给出 n_{cam} 个相机 C_l 对应的 SoG 图像 (Sum, C_l) 以及 3D 身体模型 (Sum_m, C_m)，由姿势矢量 Θ 进行参数化，则有：

$$E_{\text{BP}}(\Theta) = \frac{1}{n_{\text{cam}}} \sum_{l=1}^{n_{\text{cam}}} \frac{1}{E(Sum_l, Sum_l)} E\{Sum_l, \Psi_l[Sum_m(\Theta)], C_l, C_m\} \quad (5-61)$$

对于关节连接限制的约束 $E_{\lim}(\Theta)$ 有如下定义：

$$E_{\lim}(\Theta) = \sum_{l \in \Theta} \begin{cases} 0, & l_l^{(l)} \leq \Theta^{(l)} \leq l_h^{(l)} \\ \| l_l^{(1)} - \Theta^{(l)} \|^2, & \Theta^{(l)} < l_1^{(l)} \\ \| \Theta^{(l)} - l_h^{(\Theta)} \|^2, & \Theta^{(l)} < l_1^{(l)} \end{cases} \quad (5-62)$$

$$E_{\text{acc}}(\Theta_t) = \sum_{l \in \Theta_t} \left[\frac{1}{2}(\Theta_{t-2}^{(l)} + \Theta_t^{(l)}) - \Theta_{t-1}^{(l)} \right]^2 \quad (5-63)$$

式中 l_1、l_h——关节限制的下限和上限；

Θ_{t-1}、Θ_{t-2}——前面两帧的姿势。

前面给出了利用姿势参数 Θ 来构造能量函数，参照颜色形状以及构造的 3D 人体模型来对检测出的姿势进行优化和约束。这里给出在每个阶段 $t \in T$ 中，m 帧的输入图像序列的姿势估计 Θ^t，然后参考上下文信息优化在某一阶段中 Θ^t，使其能量函数最大化，从而提高检测正确姿势的准确率：

$$\Theta^t = \Theta^{t-1} + \alpha(\Theta^{t-1} - \Theta^{t-2}) \quad (5-64)$$

这里的 α 设置为 0.5。由于在驾驶员姿态检测中，为了保证检测的实时性、可靠性以及稳定性，因此要更加注重系统的性能，使其符合良好的性能要求，通过分析能量函数的梯度 $\nabla E(\Theta)$ 来有效优化处理过程。采用条件梯度上升的优化方法来对能量函数进行优化，简单的条梯度上升在神经网络中会出现在某一时间跨步较大的情况，即出现"锯齿形(zig-zag)"的方向跳变，为了解决该情况，提出了一个条件向量 σ_i 来优化梯度上升，即

$$\Theta_{i+1}^{t} = \Theta_{i}^{t} + \nabla E(\Theta_{i}^{t}) \circ \sigma_{i} \quad (5-65)$$

这里，$\circ$ 是两个向量的组件式 Hadamard 乘积，条件向量 σ_i 在每次迭代之后就会进行更新，更新方法如下：

$$\sigma_{i+1}^{(l)} = \begin{cases} \sigma_i^{(l)} \mu^+ & [\nabla E^{(l)}(\Theta_i^t) \nabla E^{(l)}(\Theta_{i-1}^t) > 0] \\ \sigma_i^{(l)} \mu^- & [\nabla E^{(l)}(\Theta_i^t) \nabla E^{(l)}(\Theta_{i-1}^t) \leq 0] \end{cases} \quad (5-66)$$

直观地，这种调节将在梯度符号恒定的方向上增加步长，并且如果上升是"锯齿形"则减小它。这受到用于更新神经网络的弹性反向传播算法的启发，并且被证明可以减少必要的迭代次数，从而无须采用更复杂和更昂贵的二阶优化器来大幅度地达到最小值。在实验中，选择 $\mu^+ = 1.2, \mu^-$ 作为初始的赋值，在每个阶段迭代的次数 n_{iter} 满足 $\| \nabla E(\Theta_i^t) \circ \sigma_i \| < \epsilon, n_{\text{iter}} = 10$ 和 $\sigma_i = 0.002$ 时，则停止进行迭代。

5.3.3 数据采集模块的设计与实现

数据采集模块的作用是通过安装在副驾驶方 A 柱附近的宽动态摄像头实时拍摄驾驶员驾驶车辆时的动作行为，同时在计算单元中调用 VideoCapture 方法从摄像头处捕获视频并以帧图像的形式保存在计算单元内方便动作识别模块的处理。在该模块内还按照特定时间间隔不断合成驾驶员驾驶车辆的视频片段方便在远程服务器上展示使用。

5.3.4 动作识别模块的设计与实现

目前深度学习在人体姿态识别中的运用较为广泛，其效果也得到了试验的支撑，本书设计实现的车载系统是在动作识别模块使用深度学习方法来完成。考虑到深度学习对计算机有着较高的计算要求并且很多计算能力出众的硬件不适用于安装在较小的汽车内部空间。因此课题组选择了 NVIDIA 公司生产的 NVIDIA Jetson TX2 开发板，它的优势在于拥有成熟的软件生态，可以缩短开发周期，本身也带有 NVIDIA Pascal GPU，能够匹配本节中动作识别算法的计算要求，TX2 开发板如图 5-27 所示。

考虑到车载系统研究开发的背景是低计算资源的嵌入式场景，本书选用

图 5-27 TX2 开发板

轻量化神经网络 MobileNetV2 来完成驾驶员不良驾驶行为识别算法。MobileNetV2 采用了优化模型结构的方式,可以直接减小参数量和计算量,且经过试验验证和实践检验,在保证模型精度的同时可以实现模型规模的降低和计算量的减少,最终提供准确且低延迟的模型。在面对车载系统动作识别模块中数量庞大而分类特征不过于复杂的场景,且同时需要得到高速响应的批量分类预测需求时,它能够做到精度高、速度快。

动作识别模块首先读取数据采集模块存储的驾驶员驾驶行为帧图像,然后将其送入 MobileNetV2 神经网络模型进行动作识别分类,最后将分类结果写在帧图像左上角并进行存储。若在某个规定长度的时间段内同类别的驾驶员不良驾驶行为帧图像超过一定阈值,则合成视频作为不良驾驶行为视频片段将在远程服务器上展示使用,这也是较为方便的。

5.3.5 车载系统实现

5.3.5.1 软件环境配置

将本节所使用的神经网络模型移植到 Jetson TX2 开发板所需要的系统软件环境为 Python3.6.2、opencv-python3.3.0、PyTorch1.1.0 等。

1) PyTorch 深度学习框架介绍

PyTorch 是一个基于深度学习的学习框架,它不仅能够实现强大的图形处理器（graphics processing unit，GPU）加速，同时还支持动态神经网络，PyTorch 在很多方面都有优秀的性能表现，主要优点有 4 个：① 简洁。PyTorch 是一种十分简洁且高效快速的深度学习框架，它的设计初衷就是追求尽量少的封装，可以同时进行修改和操作，这样做的好处是设计出来的代码简短易懂，由于其内部包含大量的接口函数，因此使用较少的代码行数就能将复杂的深度学习神经网络表示出来。② 运行速度快。PyTorch 深度学习框架具有反向传播的技术，这意味着使用者仅须将数据的正向传播方式编写好，PyTorch 会自动反向求导并进行反向传播，这大大减少了程序的代码量，并可以自由地改变神经网络的结构，加快了程序编写以及运行速度。③ 易用。PyTorch 深度学习框架是所有框架中面向对象设计最优秀的一个，它的程序设计思路是线性直观的，从程序中使用者可以轻易地得知每层神经网络的结构以及输入数据和输出数据的张量并可以随意更改其学习特征的通道数。④ 拥有活跃的社区。PyTorch 深度学习框架在其官网上提供了完整的文档，并提供了各种语言版本的文档便于全世界的使用者进行学习。本系统主要利用 PyTorch 深度学习框架搭建基于注意力机制的双流时空图卷积神经网络模型。

2）Python 语言介绍

Python 是一种广泛使用的通用高级编程语言，其语言的简洁性、易读性以及可扩展性是它流行的主要原因。Python 在深度学习的项目中使用广泛，它为各种深度学习算法提供简洁的接口函数以及大量的科学计算库，还为深度学习中的大量的数据计算以及图像识别等需求提供技术支撑。Python 支持多操作系统使用，在 windows 操作系统和 linux 操作系统上均有广泛的使用。

3）OpenCV 介绍

OpenCV 是一个基于 BSD 许可的开源的跨平台计算机视觉和机器学习软件库，可以在 Linux、Windows、Android 和 Mac OS 操作系统上使用。OpenCV 的优点是在计算机图像视觉的任务处理与工程项目开发中可以为研究者或开发者体提供丰富的常用图像处理接口，同时提供其他编程语言的使用接口，可以灵活地使用。本系统主要将其运用在图像处理以及人体关节点信息可视化的操作上。

在 NVIDIA Jetson TX2 开发板上安装配置这些软件环境前需要在开发板

上安装 Ubuntu 系统和一些必要的工具包。因此,需要对开发版进行刷机,NVIDIA 公司提供了专门的 Jetpack SDK,通过此软件可以为开发版安装 Ubuntu 系统镜像以及 CUDA、PyTorch、cuDNN 等工具包。刷机过程需要另一台装有 Ubuntu16.04 版本的计算机作为主机,将操作系统镜像烧录到 Jetson TX2 开发板上并安装相应的 SDK 组件。NVIDIA Jetson TX2 在 Jetpack SDK 上的配置过程如下:① 在主机上安装 Jetpack SDK 4.2;② 将 Jetson TX2 开发板的网线连接到与主机同一个路由器上,保证两个机器处于同一网络中;③ 将 Jetson TX2 开发板的原装 type-c 转 USB 线与主机 USB3.0 接口相连接;④ 按下 Jetson TX2 开发板的开机键进行开机;⑤ 同时按住 Jetson TX2 开发板的强制恢复键和开机键,等待两秒后同时松开,此时 Jetson TX2 开发板的正面白色电源指示灯亮起,进入强制恢复模式。

若上述操作均成功的情况下,打开主机的终端就可以看到 Jetson TX2 开发板已经与主机连接成功此后将开始烧录 Ubuntu16.04 镜像。安装完操作系统后,Jetpack SDK 4.2 会将 CUDA 以及对应的 cuDNN 同时烧录进 Jetson TX2 开发板。在此基础上继续安装 PyTorch 深度学习框架,其配置过程如下:① 使用 pip3 安装并更新 pytorch-arm 源码;② 使用 apt-get 通过官网安装相应版本的 torchvision。至此,Jetson TX2 开发板上针对该车载系统所使用的软件环境就已经配置完成,此后可使用提供的 Python 接口函数搭建本节所使用的驾驶员不良驾驶行为识别算法和系统。

5.3.5.2 系统流程

如图 5 - 28 所示为本节车载驾驶员不良驾驶行为识别系统的网络拓扑图,主要描述该车载系统的设备状态以及工作流程,该车载系统的基本工作流程为在车内连接好车载系统各个设备,通电后启动嵌入式计算单元,摄像头、计算单元和 4G 路由器开始工作,同时部署在计算单元中的不良驾驶行为核心算法程序开始运行,程序处理数据的开始与结束标志由事先设定好的 GPS 坐标位置规定。当车辆驶入预定坐标时,TX2 中的动作识别程序开始向摄像头请求数据,经过识别算法的处理后得到处理结果并将结果文件通过 4G 路由器发往远程服务器,人们可以在远程服务器端观看驾驶员驾驶车辆的视频片段以及被检测为发生不良驾驶行为的视频片段。

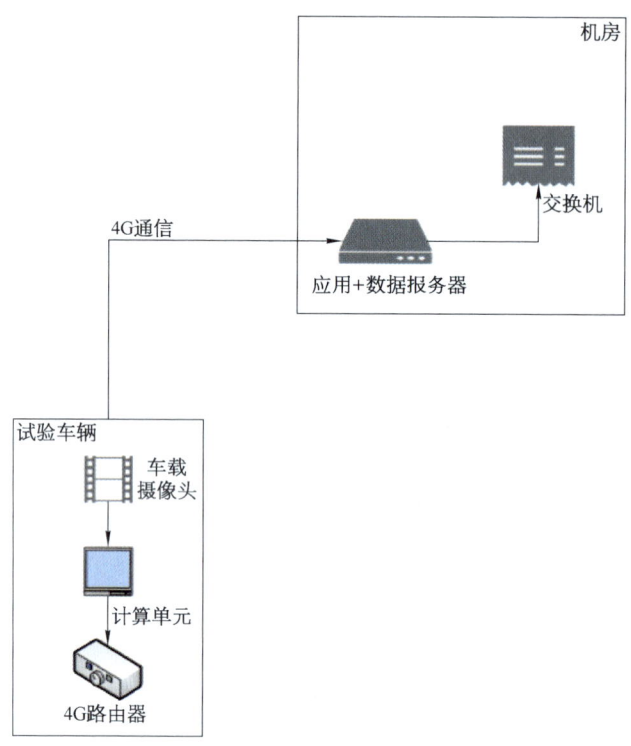

图 5-28 车载系统网络拓扑图

5.3.6 车载系统测试

1）性能测试

为了评估系统的功能以及性能表现，本节在测试驾驶员驾驶行为数据的同时检测以下两项指标的性能，从而检测驾驶员不良驾驶行为监控系统的性能。

（1）资源占用测试：记录驾驶员不良驾驶行为监控系统运行前后，NVIDIA Jetson TX2 开发板的 CPU 利用率、内存占用率以及 GPU 利用率的变化情况。程序运行前后 CPU 利用率由 5% 提升到 13%，内存占用率从 35% 提升到 48%，GPU 利用率从 1% 提升到 9%。

（2）检测速度测试：在驾驶员不良驾驶行为监控系统识别驾驶员动作时，利用 Python 内置时间函数统计识别过程所耗费的总时间，并统计输入帧图像的总帧数,用以计算每一帧所耗费的时间。测试结果为处理每个帧图像信息平均耗费 74 ms。

2) 功能测试

为了对提出的车载驾驶员不良驾驶行为监控系统的可行性和精度进行测试与验证,课题组在云南实验场地租用了多辆汽车并在每辆车上部署了相同的车载系统,针对车载系统数据采集模块的需要,车内安装了高清摄像头,拍摄角度为100°,负责采集驾驶员驾驶行为图像,如图 5-29 所示。

图 5-29 驾驶员驾驶行为图像示例

同时,本书课题组在每辆车上安装了车载系统相关设备来对驾驶员不良驾驶行为动作识别算法进行验证,实验时,考虑到处理后的视频流畅度以及车载系统与服务器监测平台间的 4G 传输通信延迟,视频的分辨率为 640×480,平均处理速度为 13.4 f/s,车载系统给动作识别模块通过基于深度学习的驾驶员不良驾驶行为动作识别算法实时处理摄像头拍摄到的驾驶员图像(图 5-29)。

中国软件评测中心为云南实地场景下的测试出具了《软件产品技术鉴定测试报告》,关于该车载系统的测评内容节选见表 5-1。

表 5-1 软件产品技术鉴定测试内容节选

技术指标	测 试 结 果	用例编号
1. 功能性		
驾驶员不良驾驶行为展示	在应用+数据服务器和车载计算单元上运行基于轻量级神经网络的驾驶员动作检测算法,处理驾驶员行为监测视频后,系统可以实现展示驾驶员不良驾驶行为视频	XJJT_GN01
驾驶员不良驾驶行为视频信息播放	双击驾驶员不良驾驶行为视频画面,可以实现全屏播放驾驶员不良驾驶行为视频	XJJT_GN02

续 表

技术指标	测 试 结 果	用例编号
驾驶员不良驾驶行为视频信息快进	在播放界面拖动播放进度条,可以快进播放驾驶员不良驾驶行为视频	XJJT_GN03
驾驶员不良驾驶行为视频信息播放界面关闭	按下键盘"Esc键",可以实现关闭全屏播放驾驶员不良驾驶行为视频	XJJT_GN04
2. 性能效率		
驾驶员不良驾驶行为取证有效率	(1) 启动基于轻量级神经网络的驾驶员动作检测算法,可以识别5种类型的驾驶员不良驾驶行为,包括打电话、用手机发短信、喝水、调节汽车中央控制台、头向右转 (2) 启动基于轻量级神经网络的驾驶员动作检测算法,分别对包含打电话类型的驾驶员不良驾驶行为的60套帧图像、包含用手机发短信类型的驾驶员不良驾驶行为的57套帧图像、包含喝水类型的驾驶员不良驾驶行为的58套帧图像、包含调节汽车中央控制台类型的驾驶员不良驾驶行为的60套帧图像、包含头向右转类型的驾驶员不良驾驶行为的60套帧图像、不包含驾驶员不良驾驶行为的274套帧图像进行检测;重复3次,3次检测结果均为:打电话共检测出60个违规行为,用手机发短信共检测出55个违规行为、2个检测错误,喝水共检测出58个违规行为,调节汽车中央控制台共检测出60个违规行为,头向右转共检测出60个违规行为,不包含驾驶员不良驾驶行为共检测出1个违规行为、273个正确行为,平均取证有效率为99.47%,大于95%	XJJT_XL035

表5-1中的取证有效率为:在抓取的车辆不良交通行为或驾驶员不良驾驶行为中,满足对应测试范例描述且清晰拍到行为主体(车辆前方/后方或驾驶员)的信息数量占总抓取信息数量的比例。

第 6 章

普通公路不良交通行为预警预报系统

普通公路交通安全风险预警的场景较多，如无信号交叉口、急弯段视距不良和不良气象条件等，如何利用公路信息化设施（视频、可变情报板等）、设计和研发较低成本的交通安全预警预报系统及装备，是普通公路科技兴安的主题之一。本节从多源数据融合、不良交通行为监测提取和前端闭环处理决策的角度出发，研发适用于多种场景的交通安全风险预警预报技术及装备，从而实现不良交通行为的主动安全预警。

6.1 新型视线诱导系统

6.1.1 系统架构

新型视线诱导系统主要由智慧信标感知端和网关控制端组成，系统架构如图6-1所示。

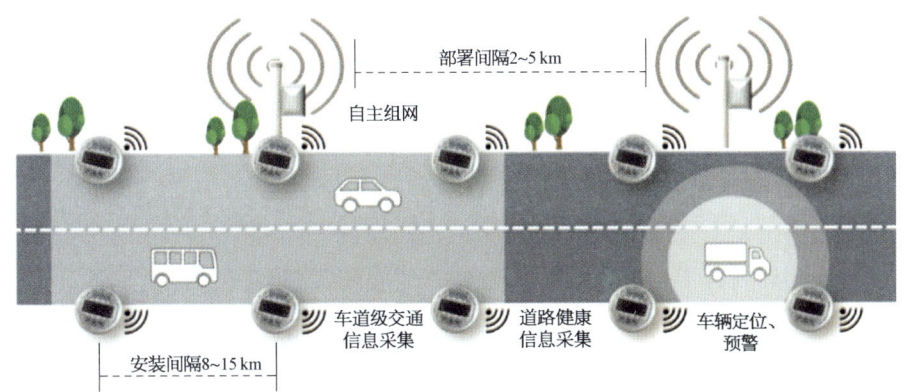

图6-1 新型视线诱导系统架构

（1）智慧信标（图6-2）：采用实时运动物体检测、目标跟踪和模式识别三项核心技术，实现对影响公路正常交通秩序的事件过程进行实时车道级监测，分析公路上机动车辆运行状态及路况信息。

（2）网关控制端：分组控制智慧信标，当触发预警阈值时，发送控制信息至智慧信标。

图6-2　智慧信标和Lora通信基站

6.1.2　系统功能

1）智慧信标响应

（1）当车辆驶停时，车辆两侧一定范围内无线信标设备显示为红色；

（2）当车辆变线时，车辆两侧一定范围内无线信标设备显示为红色；

（3）当车辆超速行驶时，车辆两侧一定范围内无线信标设备显示为红色；

（4）当车辆慢速行驶时，车辆两侧一定范围内无线信标设备显示为红色；

（5）公路有施工时，施工来向方向，一定范围无线信标设备显示为黄色。

2）API输出接口

在公路内部署各类传感器采集信息、历史数据信息、接入外界交通流量和环境等数据，统一形成智慧公路大数据库，利用AI智能分析，形成标准数据接口,可对外输出,便于第三方相关产品开发与接入,从而更好地服务于智慧公路的建设。

6.1.3 典型场景布设方案

基于智慧信标的新型视线诱导系统在无信号交叉口场景下,典型布设图如图6-3所示。当主线有车辆进入时,双侧的智慧信标通过不同颜色提示不同风险。

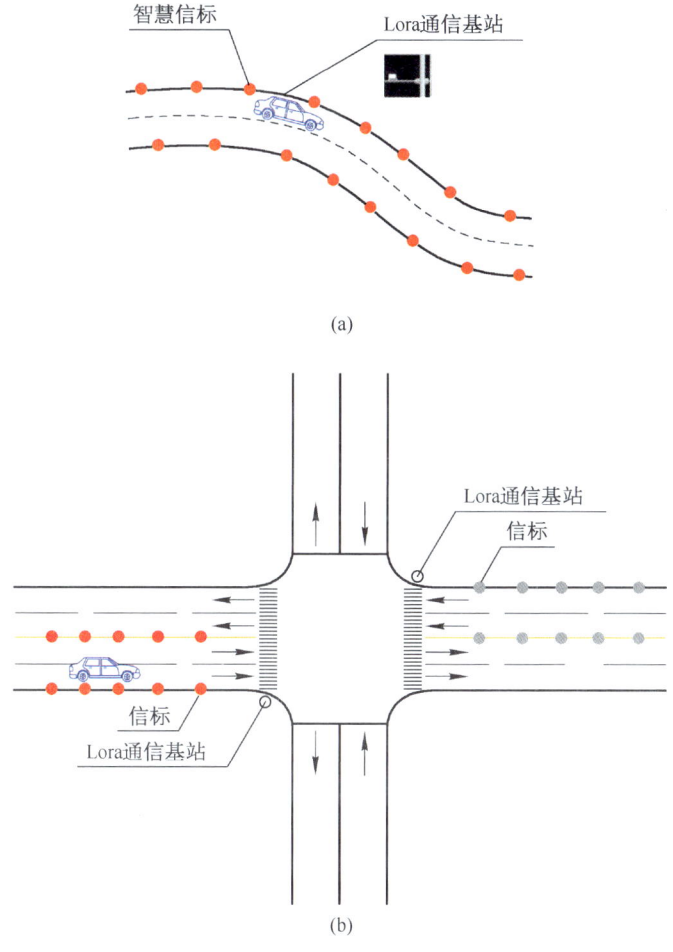

图6-3 典型场景布设
(a)弯道场景智慧信标布设;(b)无信号交叉口智慧信标布设

6.2 雷达全域感知预警系统

6.2.1 系统架构

雷达全域感知预警系统主要由雷达感知端、网络传输和声光一体预警单元三部分组成,系统架构图如图6-4所示。

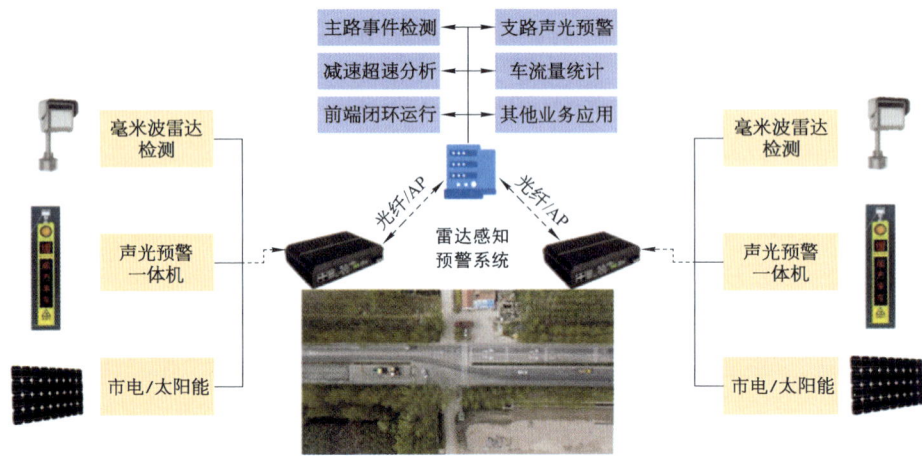

图6-4 雷达全域感知预警系统架构

（1）感知端：毫米波雷达；可实现移动目标的跟踪定位、速度检测、方向检测及提取目标结构化数据。

（2）网络传输：雷达采集到预警信息后通过无线网桥将预警信号传递给户外警示屏，无须使用有线连接。

（3）声光一体预警单元：含多功能预警屏（图6-5），前端设备检测到预警信息后，预警信息传递至预警发布系统，通过多功能预警屏显示预警文字、声音和警示灯提醒行人及车辆，文字及信息可自定义。

6.2.2 系统功能

本系统具备目标分类检测、速度检测、距离检测和动态预警等功能。

多功能五字预警屏
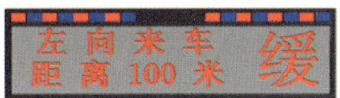
多功能十字预警屏

单行五字预警屏

单面四片红蓝爆闪灯

单面六片红蓝爆闪灯

双行十字预警屏

图 6-5 红蓝爆闪文字预警屏示意

(1) 目标分类检测:支持运动目标捕获及类型区分,可识别机动车、非机动车、行人,并支持分类统计。

(2) 目标速度检测:目标进入检测范围内,自动对目标进行实时跟踪,记录实时速度,并跟踪速度变化趋势,判断车辆是否有减速或加速行为。

(3) 目标距离检测:精确定位运动目标在检测区域内位置,并判断目标距离路口等参照物的距离。

(4) 远距离检测:检测距离最远距离可到 200 m,目标进入检测范围,便可对目标进行精准捕获并保持实时跟踪,最多可同时检测 128 个目标,直至超出检测范围。

可实时发布信息至预警提示模块,支持多样化动态预警,通过多种预警手段,尽可能地引起交通参与者的注意,保证预警的有效性。

6.2.3 典型场景布设方案

本系统主要用于无信号交叉口行人、非机动车等支路安全预警,布设方案如图 6-6 所示。

无信号交叉口的布设原则有:

(1) 分别在主路两侧路侧立杆,在 6~8 m 高度架设毫米波雷达,监测主路交通状况。

(2) 在支路右侧路侧放置声光一体安全预警设备,包含发光二极管(light-emitting diode,LED)显示屏和喇叭。

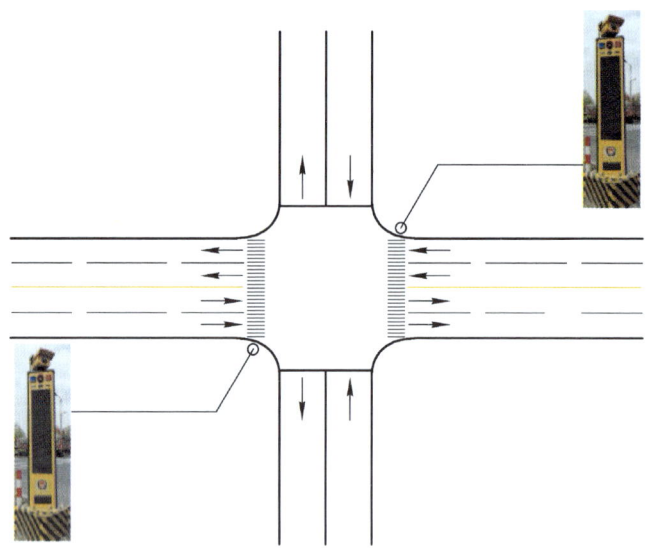

图 6-6 雷达全域感知预警系统布设

6.3 雷达视频融合感知与主动安全防控系统

6.3.1 系统架构

雷达视频融合感知与主动安全防控系统主要由雷达视频融合感知端、网络传输、边缘计算单元、声光一体预警单元和控制中心五部分组成,系统架构如图 6-7 所示。

1) 雷达视频融合感知端

雷达与视频融合一体机不受光线、天气变化影响,能够始终保持高可靠的数据输出,24 h 稳定工作;整个系统能够实现可靠的事件检测。检测事件类型包括:车辆停驶、交通事故、车辆拥堵、车辆排队、车辆逆行、占用应急车道、压线行驶、非法变道、车辆慢行、行人以及特定区域的非法入侵等异常事件,并对异常事件快速形成报警信息予以提示。系统检测到异常事件时能够驱动与雷达融合的摄像机对异常车辆、行人或事故现场持续自动跟踪、定位和查看。

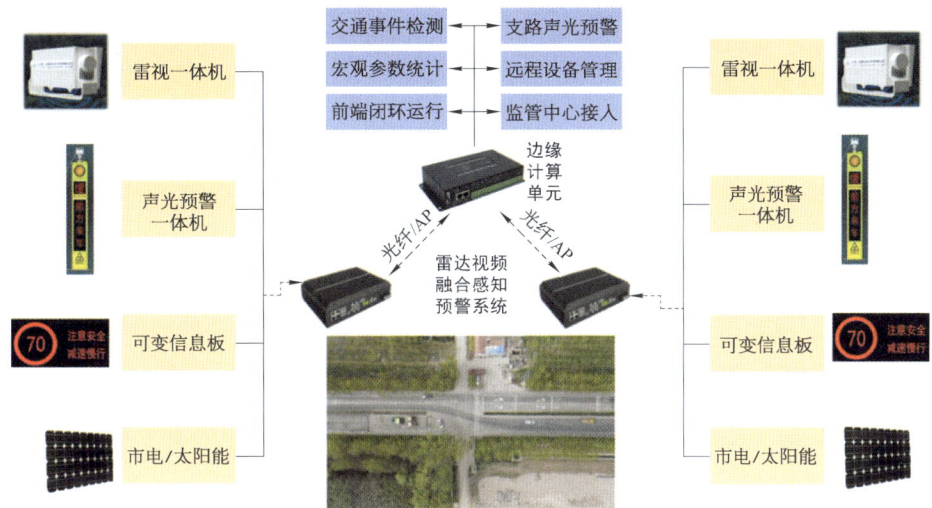

图 6-7 雷达视频融合感知与主动安全防控系统架构

2）网络传输部分

雷达视频一体机采集到预警信息后通过无线网桥将预警信号传递给户外警示屏，无须使用有线连接；雷达视频一体机可通过 4G 网络或有线网络将存储的目标数据传输给后端平台进行展示。

3）边缘计算单元

系统前端闭环的核心，完成数据实时分析与信息发布。

4）声光一体预警单元

含多功能预警屏，前端设备检测到预警信息后，预警信息传递至预警发布系统，通过多功能预警屏显示预警文字、声音和警示灯提醒行人及车辆，文字及信息可自定义。

6.3.2 系统功能

本系统具备高精度微观参数提取、交通事件高可靠检测、前端闭环预警、全天候实时监测和事件信息溯源等功能，具体如下所述。

1）动态交通流运行状态感知

单台雷达在通视条件良好的情况下，最远检测距离可满足 $\geqslant 400\ \mathrm{m}$，可对单一车辆在整个路段上的运行状态进行连续追踪。单一雷达检测器可以采集的参数应包括：

（1）每一时刻车辆的编号、车型、速度、加速度、车道位置、横向坐标和纵向坐标等微观交通参数。

（2）单位时间内车辆的平均速度分布、流量、车型比例、时间占有率和空间占有率、平均车头间距、车辆密度等宏观交通流参数。其中，车流量精确度>95%，距离精度<±0.25 m，速度精度<±1 km/h。

2）交通事件精准检测

雷达与视频融合一体机可实时检测的事件类型包括：拥堵、超速、低速、强制变道、停车、逆行和事故等十余类，可以帮助管理者及时采取相应的管控措施，对于规范交通秩序，减少交通事故数量，及降低交通事故的严重程度具有重要意义。

交通数据采集类型包括：车辆流量、车辆速度和车辆分型等。同时，根据小型车、中型车、大型车、行人等不同特征而进行识别分类，并能够对其持续跟踪定位，直到它离开检测区域为止。此外，系统能够根据其运动规律和方向以及即时速度通过综合分析后提供人性化的评估报告给管理者，用于制定应急方案。

系统可通过创建或设定组合参数，对有可能构成威胁的行为规则进行详细的定义。包括如：车辆速度、移动方向、大小、检测区域、行驶时间、每周或每日动作重复的频率。系统按照这些行为判定标准进行自动分类，按照与之定义的对应动作指令进行动作。指令包括引导最合适的摄像机进行自动跟踪、警报提示方式以及对外联动控制等。

3）全天候实时检测

高精度定向雷达检测器不会被自然或人为的光线变化所影响，还可以在极恶劣条件下正常工作，包括雨、雪、雾、霾、沙尘、烟等，甚至是全黑无光源（夜间）的环境下24 h都可以保持较高的检测精度（图6-8、图6-9），在遇到特殊情况时还可以提前告知使用者规避危险或障碍。

4）交通运行状态实时预警和通行诱导

在前端雷达设备检测到突发交通事件或车辆危险驾驶行为时，采集数据通过光纤网络/无线网络，第一时间传回至边缘计算单元，在前端完成数据分析和计算，根据内置预案自动生成管控及诱导策略，并通过外场预警设备及时下发信息，警示即将进入平交口的车辆注意往来车辆，建议驾驶员安全行车

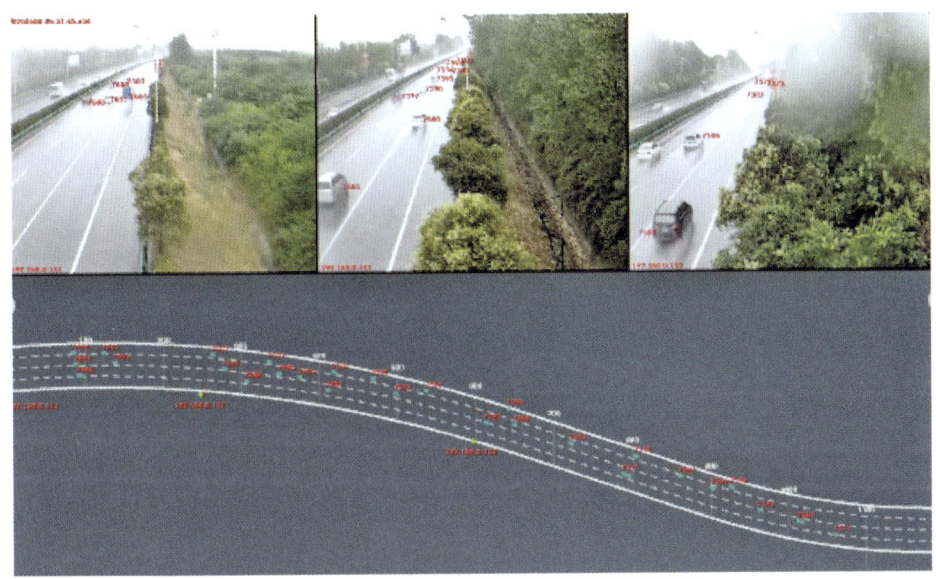

图 6-8　雨天环境下精准检测

图 6-9　夜间低照度环境下精准检测

操作(限速等),尽可能地减少由于次干道车辆突然进入平交口区域带来的交通事故风险,从而提高平交口的安全性能。

预警场景示意如下(图 6-10):

图 6-10　主干道路/支路可变信息提示示意

(1)当支路检测到车辆及行人信息时,边缘计算单元通过主干道路可变信息交通标志下发管控策略,对主干道路上的车辆进行信息预警,提示减速、慢行和注意避让等。

(2)当主干道路检测车辆信息时,边缘计算单元通过支路声光预警设备,下发管控策略,对即将进入主干道路的车辆、行人进行声光预警,提示注意减速、慢行、注意避让等。

(3)当主干道路检测到事故、拥堵等异常交通状况时,边缘计算单元通过主干道路可变信息交通标志,下发预警信息,警示还未驶入或即将靠近事故点的车辆,减速、慢行等;同时,通过支路声光预警设备,对即将驶入主干道路的车辆进行声光预警,提示交通异常状态信息。

5)交通流运行安全状态分析和控制决策

在前端雷达设备采集的微观、中观和宏观交通流参数的基础上,数据可汇总回传至监控中心,从而进一步开展数据挖掘,进行交通流运行安全状态分析(图 6-11、图 6-12),包括速度离散性、跟驰距离、碰撞时间和加速度等参数的分析,开展交通流风险识别,为管理者开展速度控制、流量控制等主动安全防控措施提供技术支撑。

6)轻量化数据传输

高精度定向雷达检测器通过内置的边缘计算模块,在数据采集端完成数据融合,直接将结构化数据传回。以单向三车道的高速公路为例,交通量约为 6 万辆/日,单个雷达 24 h 的总数据量约为 2 GB,是视频数据量的十五分之

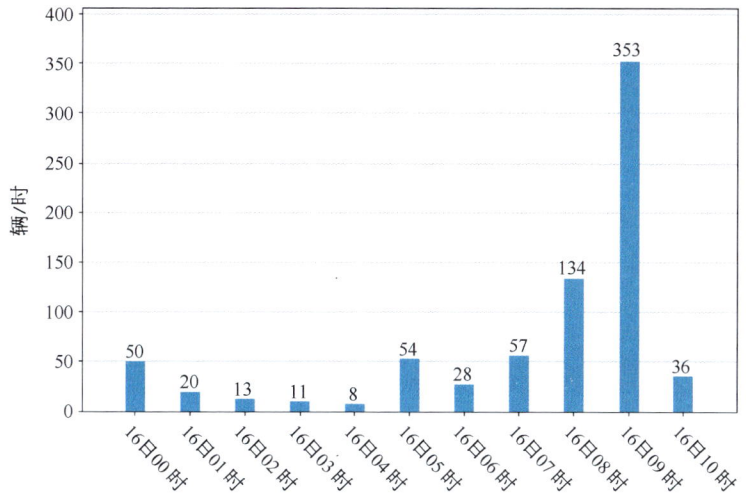

图 6-11 低速事件发生时间分布

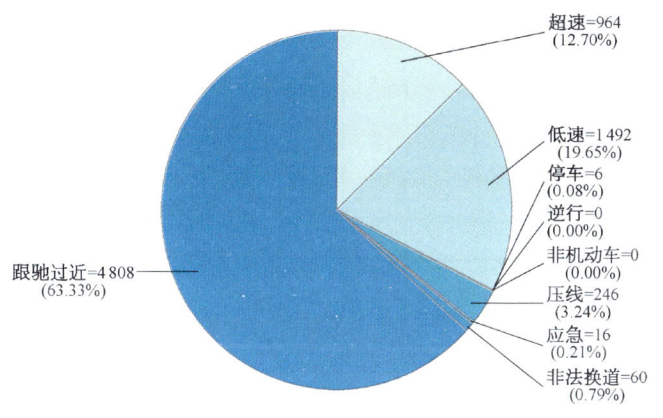

图 6-12 不同交通事件发生比例

一。不仅可以有效地减少存储空间,而且还大大提高了运算速度,对于服务器要求较低,能够有效地降低设备成本。

7) 便捷操作性、高兼容性和强拓展性

系统拥有综合集成管理平台,用来显示和管理所有的目标信息、威胁等级、报警数据、系统活动、健康诊断、高精度定向雷达检测器、摄像机和记录数据。支持实时以 XML 数据格式输入输出,可通过以太网交换机、网络服务器或应用程序接口输入指令,能够更加容易集成到第三方平台中去,并可实现远程控制功能。

系统内嵌大型三维 GIS 地图功能,可对被检测的物体、车辆、行人以及异常事件进行实时定位和详细查看。同时,针对异常事件检测管理和应用软件具有形象化、便捷的设置界面,可实现系统配置、维护等功能,并能够进行多级用户操作权限的不同设置,支持多个不同权限用户同时对系统进行操作管理。

6.3.3 典型场景布设方案

考虑到国内驾驶员驾驶习惯,需要同时对主干道和次干道的车辆、非机动车和行人进行预警;同时,针对现场安装环境,平交口预警系统由若干组预警单元组成,一个平交口的控制单元数量由平交口的类型决定,以双向四车道一级公路的平交口为例,平交口预警系统布设方案如图 6-13 所示。

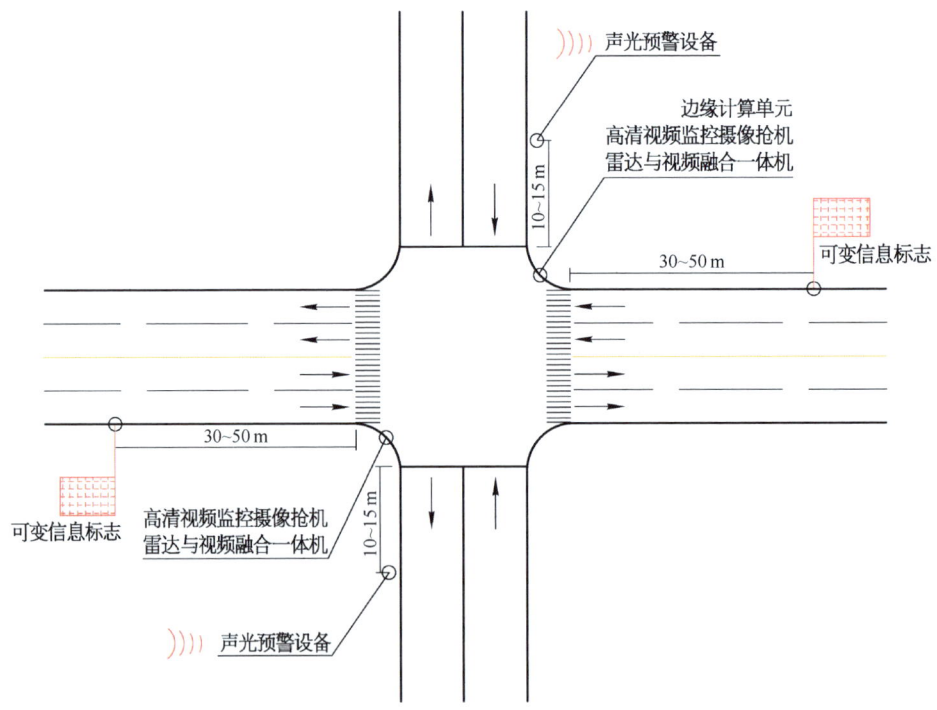

图 6-13 平交口交通状态感知及风险预警系统布设示意

(1) 在主干道双向停车线附近,布设雷达与视频融合一体机,用于检测主干道交通运行状态信息,一个平角口须设置 2 台。

(2) 雷达设备安装过程中,应保证视线良好,避免相关设施的遮挡,设施主要包括交通标志牌、路侧树木、中央分隔带护栏、挖方、跨线桥等。同时,安装雷达时应尽量利用既有杆体,降低工程造价,条件受限时杆件需要单独建设。

(3) 在路口设置高清监控摄像枪机,用于检测被交支路的机动车、非机动车和行人等。摄像机应与雷达设备共杆安装,避免重复新建杆体。一处平交口须设置 2 台监控摄像机。

(4) 每处平交口均设置 1 台边缘计算单元,用于前端解算、分析雷达、监控摄像机的检测数据,输出检测结果,并与信息发布预警设备互联,下发管控诱导信息。边缘计算单元应与其中 1 台雷视一体机共杆安装。

(5) 可变信息标志安装在距离主干道停车线前 50 m 左右,用于警示即将进入平交口的驾驶员;声光预警装置安装在距离支路路口前 10~15 m 的位置,用于发布声光预警信息,提示即将进入平交口的驾驶员或行人。因此,一个平交口须设置 2 套可变信息情报板和 2 套声光预警装置。

(6) 各平交口设置以太网交换机,汇聚雷达、监控摄像机、边缘计算单元等数据,通过既有/熔接光缆,将 6 处平交口的交换机连接组成环网。环网速率为 100 Mbit/s,环网拓扑结构采用光纤冗余环网(HIPER - RING)。若需要,可在就近点位设置三层汇聚以太网交换机,将数据实时上传至监控中心。

(7) 此外,根据现场实际情况,按需设置光纤收发器、光缆、网线等辅材。

6.4 不良交通行为监测及发布系统

6.4.1 系统架构

不良交通行为监测及发布系统主要由不良交通行为检测端、可变信息发布端组成,系统主要利用既有或者新建交通行为检测终端,将提取的不良交通行为通过可变信息板动态发布,警示、提醒驾驶员规范驾驶行为;系统架构如图 6-14 所示。

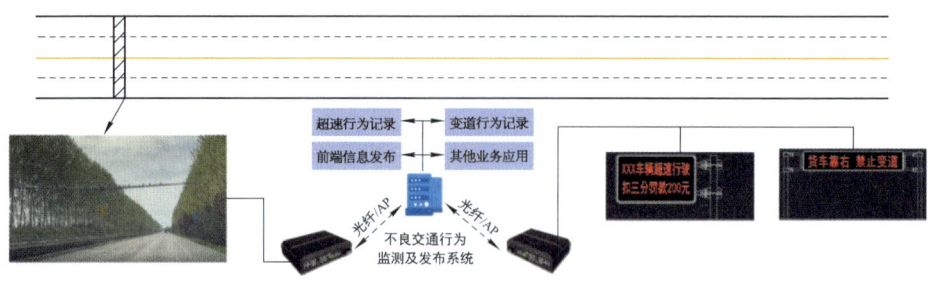

图 6-14　不良交通行为监测及发布系统架构

1) 不良交通行为检测端

不良交通行为检测端可检测车辆超速、违法变道等不良交通行为,可接入既有抓拍系统,也可以利用新建雷视融合数据。

2) 可变信息发布端

可变信息发布端可发布违法车辆信息,也可以根据交通事故的数据发布路段伤亡人数,从而起到警戒作用。

6.4.2　系统功能

1) 交通行为监测

根据交通法规,提取车辆违法信息,如超速、违法变道等。

2) 不良交通行为发布

基于不良交通行为检测终端,接入可变信息版,同步显示不良交通行为提取信息,警示驾驶员遵守交通规则,及时规范驾驶行为。

6.4.3　典型场景布设方案

不良交通行为检测信息来源主要为既有道路违法抓拍系统和雷视一体机高精度检测数据,可将示范路段既有违法抓拍系统的检测结果接入发布系统,进行不良交通行为同步显示。

第7章
示范工程应用

本章将以普通公路交通行为立体监测技术、不良交通行为监测系统、不良交通行为预警预报技术的应用为典型案例,介绍普通公路不良交通行为监测及预警预报技术的应用情况。

7.1 示范工程概况

本示范工程为国家重点研发计划专项"道路交通安全主动防控技术及系统集成"项目关键技术的示范应用之一。示范工程位于云南元双二级公路,选取了牟定县省道 S218 K67+450 平交口和长大下坡路段国道 G227 K2863+900～K2864+880 进行干线公路不良交通行为监测及预警预报技术应用示范,在戌街(K29+150)、哚基(K49+800)平交口进行干线公路无信号控制平交口实时交通冲突风险预警系统应用示范。长大下坡路段国道 G227 K2863+200～K2864+200 为线形复杂路段,路段平均纵坡为 3.49%,圆曲线最小半径为 251 m;示范平交口为山区干线公路无信号控制交叉口,事故多发;存在视距不良、混合交通和接入口管理不规范等不利的行车条件。

元双公路起于元谋县城,途经牟定县、楚雄市,止于双柏县城,全长约 163 km,过元谋、牟定、楚雄、双柏四县(市)路段按一级公路标准建设,路基宽 20 m,其余路段按二级公路标准建设,路基宽 8.5 m,设计速度 60 km/h。

表 7-1 技术标准及主要指标

指标名称	单位	二级公路	一级公路	备注
公路等级		二级	一级	
设计速度	km/h	60	60	

续 表

指标名称		单位	二级公路	一级公路	备注
路基宽度		m	8.5	20	
平曲线最小半径	一般值	m	200	200	
	极限值	m	125	125	
最大纵坡		%	6	6	
荷载等级			公路—Ⅱ级	公路—Ⅰ级	
设计洪水频率			1/100(特大桥) 1/50(其他)	1/300(特大桥) 1/100(其他)	

7.2 示范工程方案

7.2.1 示范内容

普通公路不良交通行为监测及预警预报技术重点示范内容如下所述。

1) 干线公路空地车一体化交通行为立体监测

根据示范路段已有的交通事故数据、道路特征数据和交通组成数据等，分析示范路段不良交通行为的主要表现形式，划分监测单元，针对不同的交通行为组合布设监测设备。干线公路局部路段由于供电和布设困难等原因，往往会出现检测盲点且事故数较多的路段，对事故多发重点路段形成视频监测全覆盖、车载视频监测提取驾驶员不良驾驶行为、无人机灵活用于定点监测和巡航监测，以便于路段的日常运营管理；组合优化布设可以持续提供示范路段的交通运行状态。

2) 不良交通行为高准确提取技术

搭建不良交通行为信息互证系统，根据瞬时传回的车载视频、路侧视频、无人机视频以及其他检测设备数据，通过系统平台的视频识别算法和车辆识别算法，与交通行为特征谱对比，实现车内、车外不良交通行为的取证与互证。研发不良交通行为取证移动通信装备,该装备主要包括一台平板电脑(采用安卓系统),该电脑具备 USB 接口、Wi-Fi 接口和 4G 通信接口。在该装备上运行不良交通行为取证应用程序。

7.2.2 总体布局

根据示范工程已有的交通事故、交通量、气象条件以及道路线形设计资料,确定示范工程建设路段,综合已有交通量、车速等车辆动静态数据信息,确定交通行为监测设备(空、地、车)布设位置。考虑交通行为数据传输的时效性、全面性,搭建监测设备通信终端、网络节点地址分配、多数据链空地车一体化光电信息混合立体网络。基于以上收集的交通行为数据、依托开发的不良行为信息互证系统平台以及平交口实时风险预警设备与远程管理系统,进行不良行为取证示范,并面向不同类别及等级的风险,通过黄闪信号、可变警示信息以及建议限速值等方式,实现行车风险数据的实时采集、分析与发布。最终,对各类监测、预警、系统平台的示范效果进行评估。示范工程总体布局如图 7-1 所示,示范工程实施技术路线图如图 7-2 所示。

图 7-1　示范工程总体布局

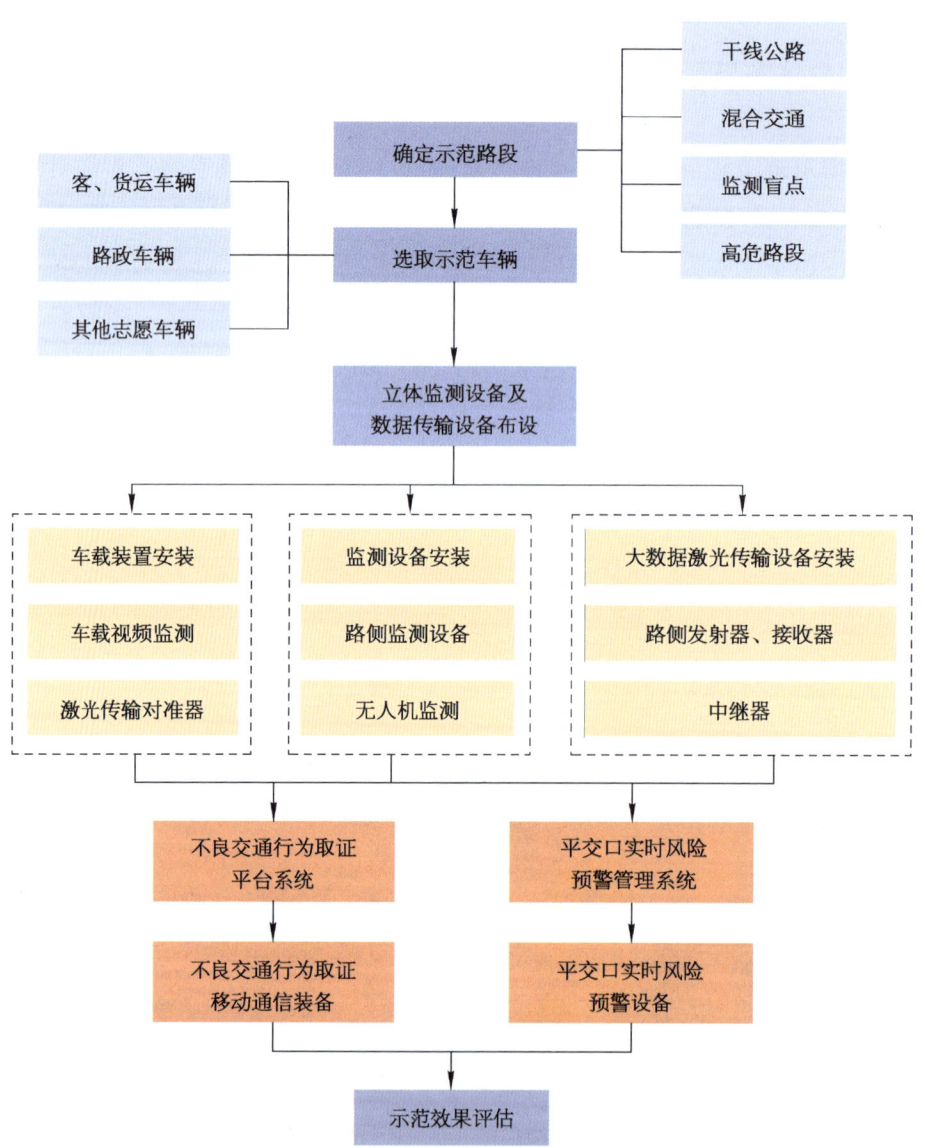

图 7-2 示范工程实施技术路线

7.2.3 分项设计方案

7.2.3.1 交通行为视频监测建设方案

1) 路段连续监测方案

本次示范路段主要集中在长大坡路段,以期通过不良交通行为立体监测,提升路段交通安全水平。选择云南省楚雄市牟定县国道 G227 K2863+900~K2864+880 进行长大坡路段视频监测示范,示范范围 1 km;选用高清全景球机(海康威视 500 W 网络球机 DS‑2DE7520IW‑A),安装高度 12 m,共安装 7 组高清球机,对示范路段进行全天候、全覆盖的实时监测。长大坡示范路段设备布设方案如图 7‑3 所示。

图 7‑3　长大坡示范路段设备布设方案

高清球机平均间距为150 m,安装位置分别为:K2863+200,K2863+350,K2863+500,K2863+650,K2863+800,K2863+950,K2864+100;摄像机均安装在上行方向右侧。具体分布见表7-2。

表7-2 路段路侧视频监测安装位置及方式

监测点编号	桩号位置	基础形式	立杆高度	悬臂情况	供　电
1	K2864+880	钢筋混凝土浇筑	12 m	悬臂3 m	太阳能组件
2	K2864+730	钢筋混凝土浇筑	8 m	无	太阳能组件
3	K2864+600	钢筋混凝土浇筑	12 m	无	太阳能组件
4	K2864+450	钢筋混凝土浇筑	12 m	无	太阳能组件
5	K2864+275	钢筋混凝土浇筑	12 m	悬臂3 m	太阳能组件
6	K2864+100	钢筋混凝土浇筑	12 m	悬臂3 m	太阳能组件
7	K2863+920	钢筋混凝土浇筑	12 m	悬臂3 m	太阳能组件

表7-2中的这7组监测视频数据通过交换机统一接入激光传输主干节点发射端,再通过激光接收端接入管理中心平台,平台根据干线公路MOR定义,利用视频识别算法提取不良交通行为。

2)平交口布点方案

选择云南省楚雄市牟定县二级公路省道S218 K67+450平交口为示范节点,在主路交叉点附近布设高清全景球机,摄像机安装高度为12 m,共安装2台高清全景球机(海康威视500 W网络球机DS-2DE7520IW-A),相机像素为800万、最大分辨率为3 840×2 160;两摄像机视角范围保证一定的重叠区域,并对整个平交口形成全覆盖。示范平交口设备布设方案如图7-4所示。

两台摄像机覆盖整个平交口,实时监测平交口交通状态,同时利用光纤将实时视频数据接入管理平台;平台算法根据MOR定义,利用视频识别算法提取不良交通行为。

7.2.3.2　海量交通数据激光传输建设方案

由于激光骨干传输需要满足通视要求,项目组经过实地踏勘,选择国道G227 K2863+800边坡高点处作为骨干节点发射端,激光传输发射装置安装

图 7-4　示范平交口设备布设方案

在 12 m 高立柱;接收端位于国道 G227 K2857+900,利用此处门架作为激光传输接收端基座。如图 7-5 所示,激光骨干传输节点直线距离为 5.5 km。

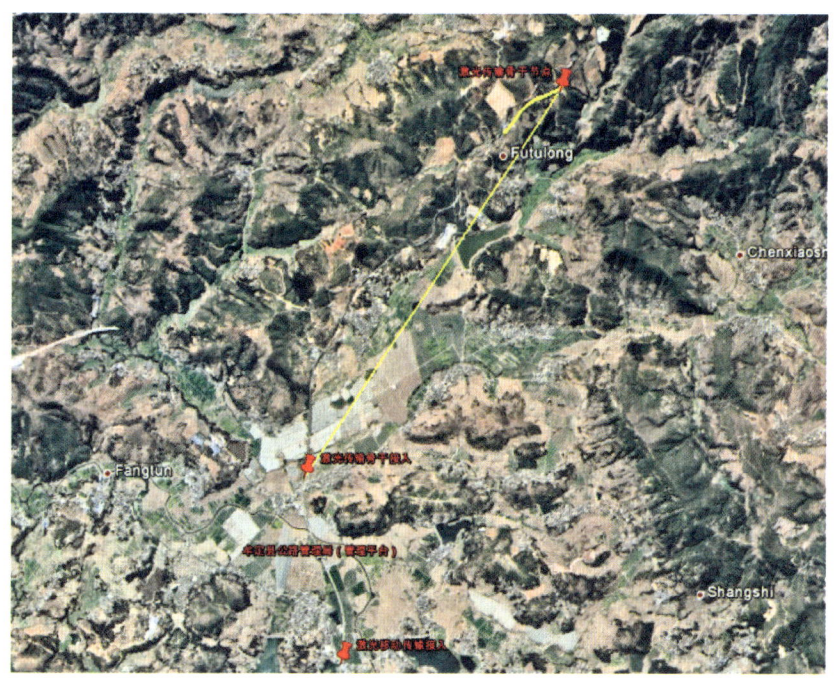

图 7-5　激光传输设备布设方案

移动光接入终端安装在省道 218 K72+550 平交口红绿灯横杆上,移动发射端安装在示范车辆,当示范车辆通过该路口时,移动接收端自动扫描发射端,接收车内视频监测数据。

7.2.3.3 系统平台建设方案

1) 前端系统

平台前端采用 BootStrap 框架,平台后端采用 Flask 框架。前端是运行在 PC 端、移动端等浏览器上展现给用户浏览的网页。随着互联网技术的发展,以及超文本标记语言 5.0(hyper text markup language 5,HTML5)、层叠样式表 3(cascading style sheets 3,CSS3)、JavaScript 和前端框架的应用,跨平台响应式网页设计能够适应各种屏幕分辨率,完美的动画效果设计,给用户带来极高的用户体验。HTML、CSS、JavaScript 是前端开发中最基本也是最必需的三个技能。前端的开发中,在页面的布局时,HTML 将元素进行定义,CSS 对展示的元素进行定位,再通过 JavaScript 实现相应的效果和交互。

Bootstrap 是基于 HTML、CSS、JavaScript 的,也是一个用于快速开发 Web 应用程序和网站的前端框架。Bootstrap 来自 Twitter,是目前很受欢迎的前端框架。Bootstrap 具有优雅的 HTML 和 CSS 规范,它提供了一个带有网格系统、链接样式、背景的基本结构。Bootstrap 的 CSS 自带了很多特点:全局的 CSS 设置、定义基本的 HTML 元素样式、可扩展的 class,以及一个先进的网络系统。Bootstrap 包含了丰富的 Web 组件,根据这些组件,可以快速地搭建一个漂亮的、功能完备的网站。其中包括以下组件:下拉菜单、按钮组、按钮下拉菜单、导航、导航条、路径导航、分页、排版、缩略图、警告对话框、进度条和媒体对象等。Bootstrap 自带了 13 个 jQuery 插件,其中包括模式对话框、标签页、滚动条和弹出框等。

本平台前端系统,包括用户注册、用户登录和数据显示功能,如图 7-6 所示。

(1) 用户注册。浏览本平台页面的用户可以进行注册,用户分为三个不同的等级:超级管理员、一般管理员和普通用户。普通用户具有接收平台推送的不良交通行为警告、查询不良交通行为信息等权限;一般管理员除了具有普通用户的权限,还可以对监控系统中的传感器布设参数、监控范围等进行设置;超级管理员除了具有一般管理员的权限外,还能够对交通行为特征

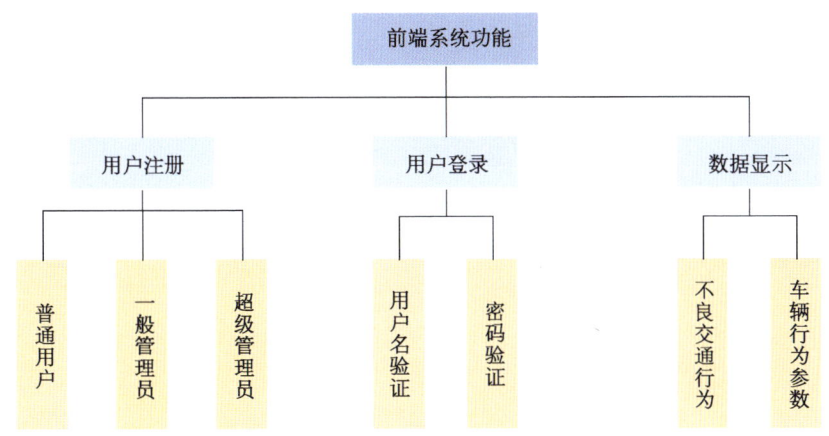

图 7-6 不良交通行为互证信息平台前端系统功能划分示意

提取、不良交通行为识别等算法的参数进行设置,并且可以对算法的不良交通行为识别结果进行修正。

(2)用户登录。已经在本平台注册过的用户可以直接通过用户名和密码进行登录。

(3)数据显示。用户可以通过该模块查看交通行为分析子系统的数据分析结果。

用户首次进入本平台会进入注册界面,注册之后会跳转到登录界面,登录之后进入平台主界面。其流程图如图 7-7 所示。

图 7-8 所示为用户第一次访问的首页,没有账号需要先进行注册(图 7-9),之后跳转到登录界面(图 7-10),登录完成跳转到平台首页(图 7-11)。

2)后端系统

Web 后端更多的是与数据库进行交互以处理相应的业务逻辑,需要考虑的是如何实现功能、数据的存取、平台的稳定性与性能。Flask 是一个使用 Python 编写的轻量级 Web 应用框架。其 Web 服务器网关接口(web server gateway interface,WSGI)工具箱采用 Werkzeug,模板引擎则使用 Jinja2。Flask 也被称为"micro framework",这是由于它使用简单的核心,采用 extension 增加其他功能。Flask 虽然没有默认使用的数据库、窗体验证工具,但是保留了扩展的弹性,可以用 Flask-extension 加入这些功能:ORM、窗体验证工具、文件上传、各种开放式身份验证。

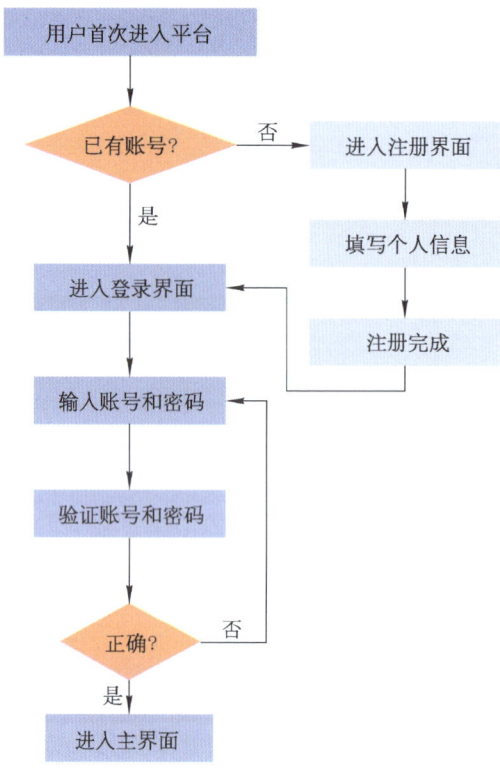

图 7-7　用户注册登录流程图

图 7-8　初次访问界面示例

图 7-9 注册界面示例

图 7-10 登录界面示例

图 7-11　首页示例

对于 Web 应用,与客户端发送给服务器的数据交互至关重要。在 Flask 中由全局的 request 对象来提供这些信息。Flask 中某些对象是全局对象,但却不是通常的那种,实际上是特定环境的局部对象的代理。一个请求传入,Web 服务器则决定生成一个新线程(或是其他,只要这个底层的对象可以胜任并发系统,而不仅是线程)。当 Flask 开始它内部的请求处理时,它认定当前线程是活动的环境,并绑定当前的应用和 WSGI 环境到那个环境上(线程)。通过 Flask 的 request 对象可以获取用户在前端输入的数据,然后在后端进行处理,最后通过 Flask 的 render_template 对象将处理后的数据结果返回到前端,从而实现数据的交互。

本系统的后端系统具有包括交通行为信息管理、用户权限管理、信号转换、信号传输、数据采集与分析、特征提取、行为识别等功能,如图 7-12 所示。

(1) 交通行为信息管理。该模块通过对交通行为原始数据与分析后的数据的存储,记录监控范围内的不良交通行为的车辆数据信息,包括车辆信息、发生时间、发生地点、持续时长、视频记录和其他传感器数据等,为事故调查提供证据,并为管理员提供查询统计。

(2) 用户权限管理。存储用户的基本信息以及提供权限分配等功能。

(3) 信号转换。将采集到的原始数据进行格式转换,以便进行数据的存储、处理和分析。

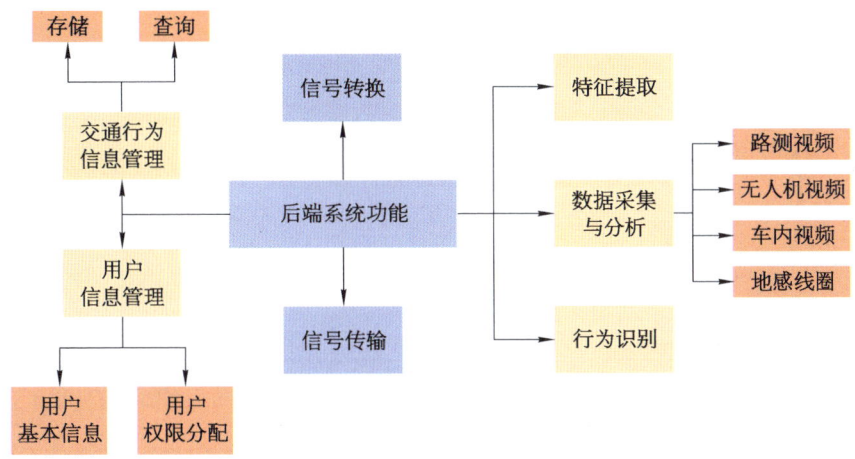

图 7-12　不良交通行为互证信息平台后端系统功能划分示意

（4）信号传输。实现平台在不同服务器之间的数据交换工作，以及前端和后端数据的交互。

（5）数据采集与分析。完成从监控传感器到平台的数据采集与解析，数据主要包括路测视频、无人机视频、车内视频和地感线圈等数据，解析完之后用课题组设计的模型算法进行分析。

（6）特征提取。对采集到的数据进行处理，提取出感兴趣的车辆行驶中的行为参数。

（7）行为识别。根据提取出的车辆行为参数，结合交通行为特征图谱对车辆进行识别，判别其是否有不良交通行为。

该平台共包含四部分：用户中心、车辆数据、交通行为分析、数据显示。用户中心（图 7-13）提供了查看个人信息（图 7-14）、修改个人信息（图 7-15）的功能。

车辆数据：用户可以上传并查看车辆相关的数据（图 7-16、图 7-17），包括路侧视频、无人机视频、车内视频、地感线圈等数据。用户点击查看车辆数据，可以选择查看各种视频或传感器的数据（图 7-18）。

交通行为分析：将车辆数据进行分析，得出相关参数，根据参数进行判定是否为不良交通行为。用户点击交通行为分析（图 7-19），即可在后台进行视频解析与分析（图 7-20），计算出相关参数，并根据参数对其进行判定是否为不良交通行为。

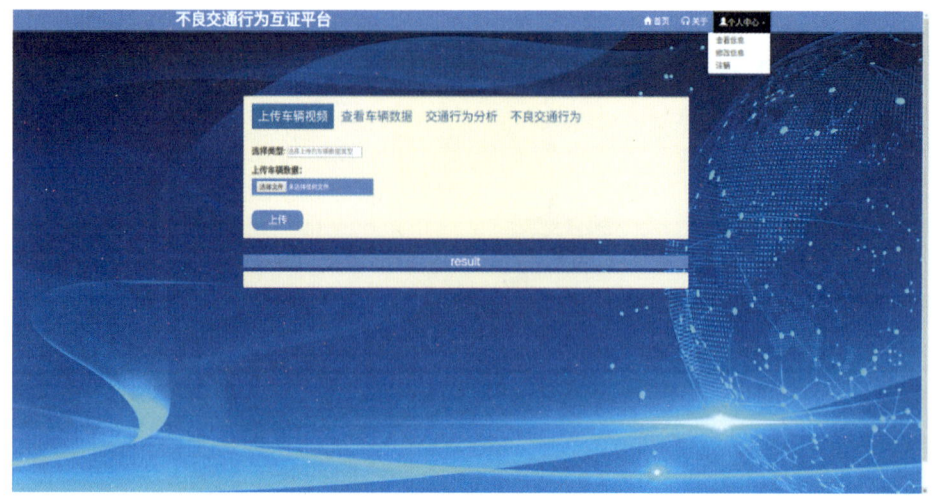

图 7-13 用户中心示例

图 7-14 查看个人信息示例

第 7 章　示范工程应用

图 7-15　修改个人信息示例

图 7-16　上传车辆数据示例

图 7-17　查看车辆数据示例

图 7-18　查看车辆视频结果示例

图 7-19 交通行为分析示例

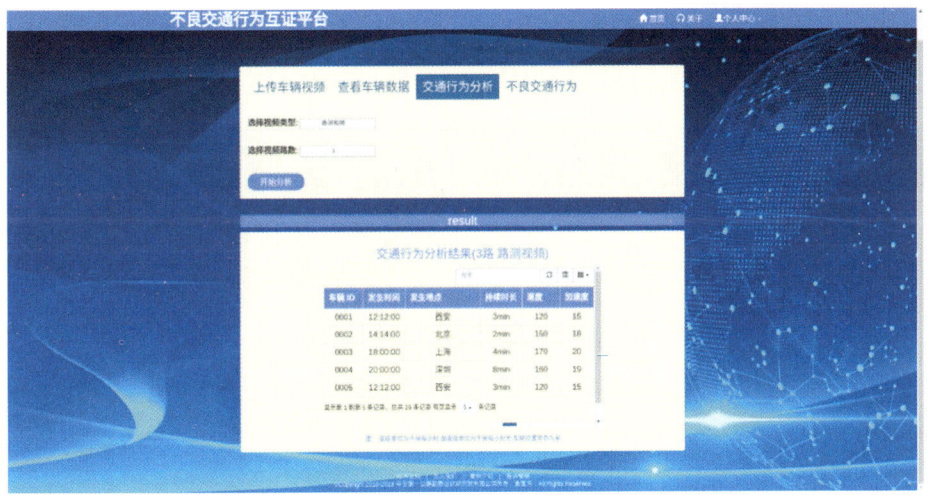

图 7-20 交通行为分析结果示例

此外,平台可以对一定时间段内的该路段交通参数进行统计,如平均速度、交通流量和不良交通行为出现频率等。

数据显示:查询不良交通行为的车辆信息(图7-21、图7-22),包括车辆信息、发生时间、发生地点、持续时长、视频记录和其他传感器数据等。

图7-21 不良交通行为查询示例

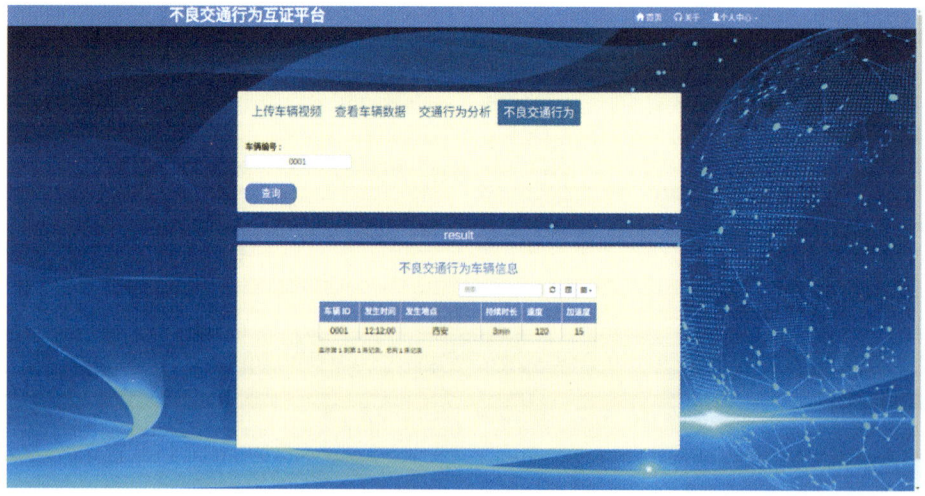

图7-22 不良交通行为查询结果示例

7.3 示范工程建设

7.3.1 前期调研

根据上述示范工程方案和建设方案(图7-23),为了高效地推进示范工程技术应用落地,项目组分别于2018年3月19日至20日、2019年11月14日至17日、2020年5月10日至15日,由项目牵头单位中交一公院以及课题九承担单位西安光机所、参研单位云南省交通规划设计研究院组成的示范工程联合调研组对示范依托项目进行了现场踏勘调研(图7-24);落实了示范工程施工方案的细节(图7-25)。

图7-23 项目组与示范工程依托单位沟通建设方案

图7-24 项目组现场踏勘选址

图 7-25 项目组与交通管理部门沟通协调

7.3.2 外场设备施工、安装和调试过程

项目组确定示范工程建设方案后,多次与示范工程地方管理部门沟通、报备,在取得施工许可后于 2020 年 4 月 25 日开工建设,于 2020 年 5 月 30 日完成外场土建(图 7-26)、监测设备基础(图 7-27)和供电系统施工,于 2020 年 6 月 3 日至 2020 年 6 月 26 日完成监测设备、通信设备安装与调试(图 7-28),2020 年 7 月进入监测平台数据采集和试验阶段(图 7-29)。

图 7-26 外场设备土建施工

图 7-27 路侧监测视频施工

图 7-28 通信链路调试

第 7 章　示范工程应用

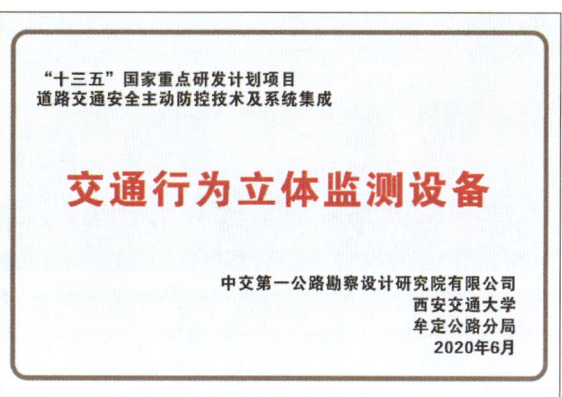

图 7-29　示范路段标志安装

7.3.3　交通行为监测系统测试

项目组在外场监测设备、通信设备和平台服务器搭建完成后,进行了多次通信链路调试、平台服务器算法加载测试、4G 通信车载终端通信测试等内测工作(图 7-30),于 2020 年 10 月 21 日—2020 年 11 月 11 日进行现场示范车辆集中测试,共租赁示范车辆 6 辆,其中中型货车 1 辆、小客车 5 辆,主要测试内容为交通行为立体监测平台不良交通行为提取准确率、平台实时展示与处理耐压测试等;在长大坡进行不良变道、蛇形驾驶、频繁加减速、压线、跟驰过近等不良交通行为数据采集与测试(图7-31),在平交口进行直行不减速、转弯过慢、转弯过快等不良交通行为数据采集与测试(图7-32、图7-33);共采集交通行为数据达1 000余条。

图7-30 监测平台数据库测试

图 7-31 长大坡示范车辆测试

图 7-32 平交口示范车辆测试

第 7 章 示范工程应用

(a)

(b)

(c)

(d)

第 7 章 示范工程应用

(e)

(f)

(g)

图 7-33 基于视频的不良交通行为识别与提取

（a）路侧视频提取不良跟驰行为；（b）路侧视频提取道路侵占不良行为；（c）路侧视频提取蛇形驾驶行为；
（d）路侧视频提取速度不稳定行为；（e）路侧视频提取危险换道行为；
（f）路侧视频提取平交口直行横向摆动行为；（g）路侧视频提取平交口直行不减速行为

7.4 示范效果评估

7.4.1 评估方法

为了评测本项目研发的示范系统对普通公路典型路段和节点不良交通行为的监测效果，重点从道路交通行为监测与互证集成装备监测性能、移动车载监测集成装备监测性能、道路交通行为互证信息系统功能和道路不良交通行为移动执法终端性能等方面开展评估。

针对不同种类的不良交通行为，结合试验场地的路况和测试条件，参照设计的不良交通行为测试范例，请驾驶员模拟指定类别的不良交通行为，利用摄像头采集不良交通行为道路监控视频，利用计算机进行离线或在线处理。对于道路监控视频，参照不良交通行为测试范例，标注该视频不良交通行为的类别,标注的类别记为真值(GT)。道路交通行为监测与互证集成装备自动识别数据集的视频,计算该车辆行为是否属于不良交通行为,并统计系统在该数据集上的取证有效率。计算公式如下:

$$acc = N\_(DT==GT)/N\_DT$$

式中　DT——系统检测出的不良交通行为的信息类别;

N_(DT==GT)——系统检测出不良交通行为类别与标注出不良交通行为类别相同且可有效取证的信息数量;

N_DT——系统检测出不良交通行为的总信息数量。

7.4.2　试验测试结果

针对车辆在行驶过程可能会出现不良交通行为设计了试验场景,主要针对该路段和平交口出现可能性较高的8种不良交通行为(表7-3、表7-4)和5种驾驶员不良驾驶行为(表7-5、表7-6)进行了验证。具体场景如危险变道、速度不稳定、蛇形驾驶、不良跟驰、车道侵占、转弯过快或过慢、交叉路口不减速、驾驶员打电话、喝水等。

1) 车辆不良交通行为

表7-3　车辆不良交通行为信息识别数量

序　号	不良交通行为名称	数　量
1	不良跟驰	62
2	危险变道	64
3	车道侵占	65
4	速度不稳定	64
5	蛇形驾驶	65
6	直线行驶不减速	64
7	转弯过快或过慢	64
8	直线横向摆动	64

表7-4 车辆道路交通行为监测与互证集成装备性能评测结果

检验项目		技术(标准)要求	样品编号	检 验 结 果	判定
不良交通行为检测功能检验	不良跟驰	当监视画面中后方机动车与前方行驶的机动车间距小于预设值,且后方机动车速度大于前方机动车时,样机可自动抓拍图片	1	符合要求	P
		在天气晴朗无雾的条件进行测试,日间测试时的环境光照度不低于200 lx,车速均不大于40 km/h,测试65次,捕获数量不少于62次	1	时间:10:02—10:47 环境平均光照度:73 067 lx 实际测试数量:65次 捕获数量:63次	P
	危险变道	当监视画面中后方机动车与前方行驶的机动车间距小于预设值,且后方机动车变道超车,样机可自动抓拍图片	1	符合要求	P
		在天气晴朗无雾的条件进行测试,日间测试时的环境光照度不低于200 lx,车速均不大于40 km/h,测试65次,捕获数量不少于62次	1	时间:10:51—11:37 环境平均光照度:74 675 lx 实际测试数量:65次 捕获数量:64次	P
	车道侵占	当监视画面中机动车压线行驶距离达到预设值时,样机可自动抓拍图片	1	符合要求	P
		在天气晴朗无雾的条件进行测试,日间测试时的环境光照度不低于200 lx,车速均不大于40 km/h,测试65次,捕获数量不少于62次	1	时间:11:40—12:22 环境平均光照度:73 475 lx 实际测试数量:65次 捕获数量:65次	P
	速度不稳定	当监视画面中机动车行驶速度变化频率大于预设值时,样机可自动抓拍图片	1	符合要求	P
		在天气晴朗无雾的条件进行测试,日间测试时的环境光照度不低于200 lx,车速均不大于60 km/h,测试65次,捕获数量不少于62次	1	时间:14:25—15:10 环境平均光照度:71 175 lx 实际测试数量:65次 捕获数量:64次	P

续 表

检验项目		技术(标准)要求	样品编号	检 验 结 果	判定
不良交通行为检测功能检验	蛇形驾驶	当监视画面中机动车在两车道间连续变道行驶时,样机可自动抓拍图片	1	符合要求	P
		在天气晴朗无雾的条件进行测试,日间测试时的环境光照度不低于200 lx,车速均不大于40 km/h,测试65次,捕获数量不少于62次	1	时间:15:16—15:53 环境平均光照度: 70 170 lx 实际测试数量:65次 捕获数量:65次	P
	直线行驶不减速	当监视画面中机动车行驶过程中速度未减至预设值时,样机可自动抓拍图片	1	符合要求	P
		在天气晴朗无雾的条件进行测试,日间测试时的环境光照度不低于200 lx,车速均不大于40 km/h,测试65次,捕获数量不少于62次	1	时间:15:58—16:29 环境平均光照度: 55 732 lx 实际测试数量:65次 捕获数量:64次	P
	转弯过快或过慢	当监视画面中机动车在路口转弯过程中速度不在预设范围内时,样机可自动抓拍图片	1	符合要求	P
		在天气晴朗无雾的条件进行测试,日间测试时的环境光照度不低于200 lx,车速均不大于40 km/h,测试65次,捕获数量不少于62次	1	时间:16:36—17:11 环境平均光照度: 55 732 lx 实际测试数量:65次 捕获数量:64次	P
	直线横向摆动	当监视画面中机动车在经过路口时连续来回摆动行驶,样机可自动抓拍图片	1	符合要求	P
		在天气晴朗无雾的条件进行测试,日间测试时的环境光照度不低于200 lx,车速均不大于40 km/h,测试65次,捕获数量不少于62次	1	时间:17:14—17:50 环境平均光照度: 50 120 lx 实际测试数量:65次 捕获数量:64次	P

注:P=合格,F=不合格,N/A=不适用,A=允许

由表7-3、表7-4可以看出,对每个类别的不良交通行为均测试了65次,总计测试520次,其中正确识别512次,因此取证有效率为98.46%。每个类别的不良交通行为,由于识别难度不同,因此取证有效率也不同。在8种不良交通行为验证实验中,车道侵占和路段的蛇形驾驶全部正确识别,取证

有效率为100%,不良跟驰的识别率为最低,为96.9%。

2) 驾驶员不良驾驶行为

表7-5 驾驶员各类交通行为信息识别数量

序 号	不良交通行为名称	数 量
1	打电话	50
2	用手机发短信	49
3	喝 水	50
4	调节汽车中央控制台	49
5	头向右转	48

表7-6 驾驶员道路交通行为监测与互证集成装备性能评测结果

检验项目	技术(标准)要求		样品编号	检 验 结 果	判定
驾驶员不良驾驶行为检测功能检验	打电话	当样机检测到驾驶员拿手机放在耳旁做通话动作时,可自动抓拍图片	1	符合要求	P
		测试50次,捕获数量不少于48次	1	实际测试数量:50次 捕获数量:50次	P
	用手机发短信	当样机检测到驾驶员拿手机做打字动作时,可自动抓拍图片	1	符合要求	P
		测试50次,捕获数量不少于48次	1	实际测试数量:50次 捕获数量:49次	P
	喝水	当样机检测到驾驶员左手握方向盘且右手拿水杯做喝水动作时,可自动抓拍图片	1	符合要求	P
		测试50次,捕获数量不少于48次	1	实际测试数量:50次 捕获数量:50次	P
	调节汽车中央控制台	当样机检测到驾驶员左手握方向盘且右手放置在车辆中央控制台区域时,可自动抓拍图片	1	符合要求	P
		测试50次,捕获数量不少于48次	1	实际测试数量:50次 捕获数量:49次	P
	头向右转	当样机检测到驾驶员头向右转朝向副驾驶员方向时,可自动抓拍图片	1	符合要求	P
		测试50次,捕获数量不少于48次	1	实际测试数量:50次 捕获数量:48次	P

注:P=合格,F=不合格,N/A=不适用,A=允许

表 7-6 为第三方测试的详细实验及结果记录,对表 7-5、表 7-6 的数据进行统计可知:对每个类别的不良驾驶行为均测试了 50 次,总计测试 250 次,其中正确识别 246 次,因此取证有效率为 98.4%。每个类别的不良驾驶行为,由于识别难度不同,因此取证有效率也不同。在 5 种不良驾驶行为验证实验中,打电话和喝水全部正确识别,取证有效率为 100%,头向右转的识别率为最低,为 96%。

第 8 章
创新成果及前景效益

8.1 科技成果与创新

（1）提出了点、线、面多层次的交通行为立体监测设备组合优化布设方法，构建了空-地-车多方位、全覆盖的立体交通监测网；实现了路网交通监测多种设备组合全覆盖，且成本最优，路段行程时间估计误差最小化，以及对节点不良交通行为特征参数的高准确性获取；弥补了现有交通检测设备布设经验化的缺陷，为主动安全综合防控体系提供基础交通数据采集网。

（2）提出了基于无线激光/微波多源链路的海量交通数据传输技术和装备技术，实现了激光通信技术在道路交通行业中的首次应用。还实现了海量交通数据调制发射、海量交通数据大动态范围解调、大数据长距离传输信号中继处理等关键技术的突破，研制了大数据高速发射机、大数据高速接收机等核心通信设备，优化了多数据链路空地车一体化光电信息混合立体网络，建立了实时、高效、全覆盖的数据传输系统，实现了海量交通数据（PB量级）实时高速传输。

（3）建立了两阶段跨摄像头车辆目标跟踪算法，提出了基于拉普拉斯结构化距离关系表示形式的不变性特征提取方法和基于注意力机制、流量拓扑推理及非负矩阵分解的跨摄像头目标匹配方法，提升了车辆长时间连续跟踪精度，提高了交通行为特征参数提取的准确性和全面性，并利用时空关联技术实现了车辆不良交通行为多维度、高准确提取。

（4）依托人工智能算法，高准确地提取普通公路典型不良交通行为，研发形成监测、预警、管控一体化普通公路不良交通行为提取与预警成套技术装备，实现了不良交通行为提取准确率达95%以上，以及交通冲突实时前端闭环预警。

8.2 应用前景与效益

本书内容属于"十三五"国家重点研发计划项目"道路交通安全主动防控

技术及系统集成"攻关的关键技术之一。针对普通公路交通安全特点,项目组开展了交通行为立体监测及布设方法、交通行为监测数据传输、交通行为特征提取与不良交通行为识别、交通安全风险预警预报等关键技术研究,并开展工程应用及示范,实现典型路段交通监测全覆盖、不良交通行为高准确提取、交通安全风险前端闭环主动预警预报,形成了交通行为监测、提取、预警全链条的管控系统及平台,开展了普通公路典型场景条件下的工程示范和应用(表8-1),并进行了第三方的效果评估。

表8-1 成果应用情况一览

示范工程名称	地 点	示 范 内 容	应 用 情 况
干线公路立体监测预警与海量交通数据传输技术	云南楚雄州元(谋)至双(柏)二级公路	项目组选定元双公路1 km长大坡路段作为示范路段,完成了示范工程外场设备建设、服务器监测平台部署,并完成不良交通行为算法平台化部署	共进行14种不良交通行为数据采集与验证,其中车辆不良交通行为8种、共计480条,驾驶员不良驾驶行为6种、共计300条。以上不良交通行为提取均通过第三方检测,准确率达95%以上
无信号交叉口主动安全防控技术	云南楚雄州牟定县	项目组选定云南元双公路2处平交口,进行无信号交叉口主动安全预警预报技术应用示范,提取交叉口不良交通行为,并实时预警交叉口冲突风险	共进行3种交叉口不良交通行为监测识别,共计200条不良交通行为,通过第三方检测,准确率达95%以上。同时,无信号交叉口主动安全防控系统预警准确率达98%
江苏连云港市G310国道科技兴安示范工程	江苏连云港市东海县	立足系统安全和风险管理理念,系统地示范了新型视线诱导系统、雷达全域感知预警系统、雷达视频融合与主动安全防控系统、不良交通行为监测及发布系统等装备,打造了江苏省首条"科技兴安"样板工程	共安装智能视线诱导装置244个、气象检测装置1套、雷达全域感知预警一体化装置6套、雷达视频融合感知与主动防控装备4套、可变信息发布装置8套、平台监测系统1套,打造了示范路段17 km全覆盖的"科技兴安"样板工程,实现了不同场景条件下交通安全风险的实时感知和预警

1) 以科技助推平安交通建设,提高普通公路主动交通安全水平

通过科技研发、应用示范,在主动安全层面形成了适应不同交通安全场景的预警预报系统及装备,可推广应用于不良气象条件安全预警、急弯视距不良路段安全预警、无信号交叉口交通冲突风险预警、高速公路分合流安全预警、不良交通行为监测及发布等场景。覆盖了大多数普通公路交通安全风

险场景,研发系统和装备的推广应用将促进被动安全向主动安全转变,项目的技术研发为科技兴安和主动交通安全提供了强有力的示范支撑,以科技助推平安交通建设,提高普通公路主动交通安全水平。

2)促进多学科交叉融合,探索了一条产学研用一体的产业化推广路径

项目的研发涉及智能化系统、通信、计算机、终端制造、交通工程等多领域,研发过程中又涉及测试、评估等多个环节。本书的技术研发涵盖了大多数普通公路的交通安全场景,不良行为监测和事件检测系统已在陕西汉坪高速公路、河北京石高速公路、西安绕城高速公路等路段落地应用,新型视线诱导系统、雷达全域感知预警系统、雷视融合监测和主动防控系统已同时在江苏省连云港 G310 国道"科技兴安"样板工程得到应用;安全预警效果良好、社会效益显著。通过理论研究—技术研发—示范应用—产业推广,探索出了一条产学研用一体的产业化推广路径。

3)促进智能交通产业发展,提升普通公路服务水平和经济效益

项目的技术研发涵盖了理论研究—技术研发—示范应用—产业推广全链条过程,形成了不良气象条件安全预警、急弯视距不良路段安全预警、无信号交叉口交通冲突风险预警、高速公路分合流安全预警、不良交通行为监测及发布等系统装备,已成功在多个科技兴安示范工程中得到应用。在交通强国战略纵深推进条件下,普通公路的科技兴安提升改造需求强烈、市场前景广阔,项目的研发和应用不仅促进了智能交通产业的发展,而且保障了普通公路的服务水平和经济效益。

参考文献

[1] 交通运输部. 公路网运行监测与服务暂行技术要求[M]. 北京: 人民交通出版社, 2012.
[2] FUJITO I, MARGIOTTA R, HUANG W, et al. Effect of sensor spacing on performance measure calculations[J]. Transportation research record, 2006, 1945(1): 1-11.
[3] KWON J, MCCULLOUGH B, PETTY K, et al. Evaluation of PeMS to improve the congestion monitoring program[M]. California PATH Program, Institute of Transportation Studies, University of California at Berkeley, 2007.
[4] 张墨逸, 曹洁, 牛建强, 等. 基于图论与矩阵论的交通检测器布设新方法[J]. 公路交通科技, 2012, 29(11): 130-134.
[5] 孙智源, 陆化普. 考虑交通大数据的交通检测器优化布置模型[J]. 清华大学学报: 自然科学版, 2016, 56(7): 743-750.
[6] 曹祎, 丁宏飞, 罗霞. 基于流量状态的路段交通信息检测器布设点优化[J]. 交通运输工程与信息学报, 2013, 11(4): 82-86.
[7] 王彦杰, 李文勇. 基于图论的交通检测器新型布设方法[J]. 西部交通科技, 2010(4): 92-95.
[8] 王静. 高速公路交通检测器布设方案研究[D]. 西安: 长安大学, 2007.
[9] 蔡志理. 高速公路交通事件自动检测算法研究[D]. 吉林: 吉林大学, 2003.
[10] 刘政威. 考虑交通事件检测的固定型交通检测器布设方法研究[D]. 南京: 东南大学, 2011.
[11] 张彬彬. 高速公路交通事件检测算法及检测器布设方案研究[D]. 吉林: 吉林大学, 2005.
[12] 杨梅. 基于视频与检测线圈的高速公路交通事件检测系统研究[D]. 西安: 长安大学, 2013.
[13] 姜桂艳. 道路交通状态判别技术与应用[M]. 北京: 人民交通出版社, 2004.
[14] 储浩, 杨晓光, 李克平, 等. 基于行程时间估计的快速路检测器布设密度优化方法研究[J]. 公路交通科技, 2006, 23(5): 84-87.
[15] 覃频频, 牙韩高, 黄大明. 基于数据挖掘的固定型交通检测器配置优化[J]. 交通与计算机, 2005, 23(5): 17-21.
[16] 柴干. 高速公路路网动态交通数据采集的需求分析[R]. 南京: 东南大学, 2006.
[17] 王谷, 过秀成, 陈玮. 基于数据需求的高速公路信息采集点分级布设策略研究[J]. 交通运输工程与信息学报, 2009, 7(1): 64-69.
[18] CASTILLO E, GRANDE Z, CALVIÑO A, et al. A state-of-the-art review of the sensor location, flow observability, estimation, and prediction problems in traffic networks[J]. Journal of Sensors, 2015, 2015: 1-26.
[19] CASTILLO E, CALVIÑO A, LO H K, et al. Non-planar hole-generated networks and link flow observability based on link counters[J]. Transportation Research Part B: Methodological, 2014, 68: 239-261.
[20] CASTILLO E, MENÉNDEZ J M, SÁNCHEZ-CAMBRONERO S. Traffic estimation and optimal counting location without path enumeration using Bayesian networks[J]. Computer-Aided Civil and Infrastructure Engineering, 2008, 23(3): 189-207.

[21] CASTILLO E, NOGAL M, RIVAS A, et al. Observability of traffic networks. Optimal location of counting and scanning devices[J]. Transportmetrica B: Transport Dynamics, 2013, 1(1): 68-102.

[22] CASTILLO E, GALLEGO I, MENÉNDEZ J M, et al. Optimal use of plate-scanning resources for route flow estimation in traffic networks [J]. IEEE Transactions on Intelligent Transportation Systems, 2010, 11(2): 380-391.

[23] CASTILLO E, GALLEGO I, SANCHEZ-CAMBRONERO S, et al. Matrix tools for general observability analysis in traffic networks[J]. IEEE Transactions on Intelligent Transportation Systems, 2010, 11(4): 799-813.

[24] CASTILLO E, MENÉNDEZ J M, JIMÉNEZ P. Trip matrix and path flow reconstruction and estimation based on plate scanning and link observations [J]. Transportation Research Part B: Methodological, 2008, 42(5): 455-481.

[25] CERRONE C, CERULLI R, GENTILI M. Vehicle-id sensor location for route flow recognition: Models and algorithms [J]. European Journal of Operational Research, 2015, 247(2): 618-629.

[26] FU C, ZHU N, LING S, et al. Heterogeneous sensor location model for path reconstruction [J]. Transportation Research Part B: Methodological, 2016, 91: 77-97.

[27] Gentili M, Mirchandani P B. Locating sensors on traffic networks: Models, challenges and research opportunities[J]. Transportation research part C: emerging technologies, 2012, 24: 227-255.

[28] GAREY M R. Computers and Intractability: A Guide to the Theory of NP-Completeness [J]. Revista Da Escola De Enfermagem Da USP, 1979, 44(2): 340.

[29] YANG H, ZHOU J. Optimal traffic counting locations for origin-destination matrix estimation[J]. Transportation Research Part B: Methodological, 1998, 32(2): 109-126.

[30] HU S R, PEETA S, CHU C H. Identification of vehicle sensor locations for link-based network traffic applications[J]. Transportation Research Part B: Methodological, 2009, 43(8-9): 873-894.

[31] KLEIN L A. ITS sensors and architectures for traffic management and connected vehicles [M]. CRC Press, 2017.

[32] GENTILI M, MIRCHANDANI P B. Locating active sensors on traffic networks[J]. Annals of Operations Research, 2005, 136(1): 229-257.

[33] MÍNGUEZ R, SÁNCHEZ-CAMBRONERO S, Castillo E, et al. Optimal traffic plate scanning location for OD trip matrix and route estimation in road networks [J]. Transportation Research Part B: Methodological, 2010, 44(2): 282-298.

[34] NG M W. Synergistic sensor location for link flow inference without path enumeration: A node-based approach[J]. Transportation Research Part B: Methodological, 2012, 46(6): 781-788.

[35] MÍNGUEZ R, SÁNCHEZ-CAMBRONERO S, Castillo E, et al. Optimal traffic plate scanning location for OD trip matrix and route estimation in road networks [J]. Transportation Research Part B: Methodological, 2010, 44(2): 282-298.

[36] SÁNCHEZ-CAMBRONERO S, Castillo E, Menéndez J M, et al. Dealing with error recovery in traffic flow prediction using Bayesian networks based on license plate scanning data[J]. Journal of transportation engineering, 2011, 137(9): 615-629.

[37] WANG N, GENTILI M, MIRCHANDANI P. Model to locate sensors for estimation of static origin-destination volumes given prior flow information[J]. Transportation Research Record, 2012, 2283(1): 67-73.

[38] WANG N, MIRCHANDANI P. Sensor Location Model to Optimize Origin-Destination Estimation with a Bayesian Statistical Procedure[J]. Transportation research record,

2013, 2334(1): 29-39.

[39] XU X, LO H K, CHEN A, et al. Robust network sensor location for complete link flow observability under uncertainty[J]. Transportation Research Part B: Methodological, 2016, 88: 1-20.

[40] 彭仲仁,刘晓锋,张立业,等. 无人飞机在交通信息采集中的研究进展和展望[J]. 交通运输工程学报,2012,12(6): 119-126.

[41] 杜荣义,彭仲仁. 无人机逆向车辆检测数据时效性分析[J]. 交通运输系统工程与信息,2014,14(1): 34-40.

[42] BARMPOUNAKIS E N, Vlahogianni E I, Golias J C. Unmanned Aerial Aircraft Systems for transportation engineering: Current practice and future challenges[J]. International Journal of Transportation Science and Technology, 2016, 5(3): 111-122.

[43] BARMPOUNAKIS E, GEROLIMINIS N. On the new era of urban traffic monitoring with massive drone data: The pNEUMA large-scale field experiment[J]. Transportation research part C: emerging technologies, 2020, 111: 50-71.

[44] ROSENFELD A. Are drivers ready for traffic enforcement drones?[J]. Accident Analysis & Prevention, 2019, 122: 199-206.

[45] WOJKE N, BEWLEY A, PAULUS D. Simple online and realtime tracking with a deep association metric[C]//2017 IEEE international conference on image processing (ICIP). IEEE, 2017: 3645-3649.

[46] WANG Q, ZHANG L, BERTINETTO L, et al. Fast online object tracking and segmentation: A unifying approach[C]//Proceedings of the IEEE/CVF conference on Computer Vision and Pattern Recognition. 2019: 1328-1338.

[47] WANG L, CHEN F, YIN H. Detecting and tracking vehicles in traffic by unmanned aerial vehicles[J]. Automation in construction, 2016, 72: 294-308.

[48] GUIDO G, GALLELLI V, ROGANO D, et al. Evaluating the accuracy of vehicle tracking data obtained from Unmanned Aerial Vehicles[J]. International journal of transportation science and technology, 2016, 5(3): 136-151.

[49] 李俊彦,宋焕生,张朝阳,等. 基于视频的多目标车辆跟踪及轨迹优化[J]. 计算机工程与应用,2020,56(5): 194-199.

[50] TUERMER S, KURZ F, REINARTZ P, et al. Airborne vehicle detection in dense urban areas using HoG features and disparity maps[J]. IEEE Journal of Selected Topics in Applied Earth Observations and Remote Sensing, 2013, 6(6): 2327-2337.

[51] LEITLOFF J, ROSENBAUM D, KURZ F, et al. An operational system for estimating road traffic information from aerial images[J]. Remote Sensing, 2014, 6(11): 11315-11341.

[52] SZELISKI R. Computer vision: algorithms and applications[M]. Springer Science & Business Media, 2010.

[53] NEJADASL F K, LINDENBERGH R. Sequential and automatic image-sequence registration of road areas monitored from a hovering helicopter[J]. Sensors, 2014, 14(9): 16630-16650.

[54] UMBAUGH S E. Digital image processing and analysis: human and computer vision applications with CVIPtools[M]. CRC press, 2010.

[55] REDMON J, FARHADI A. Yolov3: An incremental improvement[J]. arXiv preprint arXiv: 1804.02767, 2018.

[56] BABENKO B, YANG M H, Belongie S. Robust object tracking with online multiple instance learning[J]. IEEE transactions on pattern analysis and machine intelligence, 2010, 33(8): 1619-1632.

[57] 苏岳龙,魏铮,姚丹亚,等. 混合交通状态下交叉口排队机动车流启动车头时距研究和应用[J]. 公路交通科技,2008,25(7): 113-117.

[58] SUN Z, BAN X J. Vehicle trajectory reconstruction for signalized intersections using mobile traffic sensors [J]. Transportation Research Part C: Emerging Technologies, 2013, 36: 268-283.
[59] HE Y, YAN X, WU C, et al. Evaluation of the effectiveness of auditory speeding warnings for commercial passenger vehicles — a field study in Wuhan, China[J]. IET intelligent transport systems, 2015, 9(4): 467-476.